高見澤 昭治 著

無実の死刑囚・増補改訂版

三鷹事件 竹内景助

日本評論社

目次

第八章　確定判決の不合理性と再審に向けた闘い……266

プロローグ――事件発生から七〇年目を迎えて

『無実の死刑囚』とは、三鷹事件で一人罪を負わされた竹内景助のことである。ところで三鷹事件と聞いて、どれだけの人がその実態を知っているだろうか。下山、三鷹、松川と、一連の事件の名前は聞いたことがあるとか、当時、国鉄と呼ばれたところでなにやら変な事件が続いたという認識はあるかもしれない。しかしほとんどの人にとって、三鷹事件というのは東京・三鷹駅で電車が暴走し、多くの人が死亡した過去の出来事程度の理解ではないかと思われる。

三鷹事件は単なる電車の暴走事件ではない。六名が死亡し、多数が重軽傷を負った大事故であったことは事実だが、事故直後に国鉄労働組合員だった者などが次々と逮捕され、「共同謀議に基づく共同犯行」として一〇名が起訴され、死刑や無期懲役などを求刑されるという刑事事件へと〝発展〟した。ところが裁判では一人を残して他はすべて無罪とされた。

最大の問題は、竹内景助一人が一審判決で無期懲役を宣告され、それが高裁で一度の事実調べもなく死刑に変えられ、無罪を訴えたにもかかわらず、最高裁で弁論も開かれないまま確定したことである。同人はその後、再審を申し立てたものの、一〇年間も待たされたあげく、刑務所の中で発病し、適切な治療をうけることなく獄死してしまった。三鷹事件というのは、その全体を指していう。

竹内景助は、死刑判決確定後も、刑務所の中で非業の最期を遂げるまで、必死の思いで無実を訴え続けた。その竹内が無実であり、司法被害者であるということが、この七〇年の間に徐々にではあるが明らかになった。竹内は、まさに三鷹事件の七人目の犠牲者であった。このたびの東京高裁第四刑事部の再審請求棄却決定は、そのことを明らかにせず誤った確定判決を追認した。恐るべきことと言わざるを得ない。


三鷹事件が発生した一九四九（昭和二四）年は、戦後史のなかでも特に激動の年であった。吉田内閣が経済を立て直すためということで、公務員の大量整理（馘首）を行い、国鉄だけで一〇万人近い労働者が馘首を通告される。そうした中、下山国鉄総裁の轢断事件を初めとして、三鷹、松川で大事故が立て続けに起こり、三鷹事件、松川事件では共産党員を中心に多数の労働者が逮捕された。

それを契機に、国鉄労働組合は〝合法闘争〟を掲げるいわゆる民同派が大勢を占め、定員削減は労働組合の強い抵抗もなく当初の予定通り進められた。共産党に対してはマッカーサーが共産党中央委員二二名を公職追放するなど弾圧が強化され、さらに新聞社や公務員からは共産主義者とその同調者を排除するレッドパージが、それほどの抵抗もなく、急速に進められた。

翌一九五〇（昭和二五）年六月には朝鮮戦争が勃発した。アメリカ軍は日本を基地として朝鮮半島に出動していき、日本中に張り巡らされた国鉄が軍需物資の輸送に使われた。当時は鉄道こそ貨物輸送の大動脈だった。

三鷹事件などは、労働者の大量首切りや軍事優先の輸送力確保をスムーズに進めるために、当時の権力中枢と繋がりのある機関が政治目的で引き起こしたものだとか、米軍が陰で糸を引いていたなどという〝陰謀説〟が、この間、強く指摘されている。三鷹事件や松川事件が何者かによって仕組まれた〝謀略〟であり、共産党を非合法化し、戦闘的な労働組合を弾圧するために惹き起こされたものだとしたら、その目的は完全に成功したといってよい。本書でも三鷹事件が竹内の犯行ではないことを明らかにする社会的背景として、前半で客観的な資料を基にそのことに若干触れてはいるが、それが主眼ではない。

無実のものを死刑にするといった間違いがどうして起こったのか。三鷹事件の長大な判決を丁寧に読み返し、捜査記録や当時のマスコミ報道を改めて詳細に検討すると、検察官、裁判官など司法当局の思い込みと、マスコミの間違った報道が、何よりも無実の竹内を死刑に追いつめた元凶であったと考えざるをえない。

検察が中心となって、思想や組織に対する予断と偏見を基に、客観的な証拠がないにもかかわらず、政治的な目的に沿って共産党員である労働者を中心に次々と逮捕した。そして誰もが事件とは全く関わりのないことを強く訴えたにもかかわらず、誘導や暗示、強制などによって〝自白〟させることを中心とした捜査を進め、強引に起訴した。その結果が、一審判決によって「共同謀議による共同犯行」だとする起訴事実は、「全く実体のない空中楼閣」と決め付けられ、死刑を求刑された者も含め、竹内以外、全ての被告人が無罪となり判決が確定した。したがって、検察の責任が、最も大きいことは言うまでもない。

新しい憲法が制定され、新刑事訴訟法もその年の初めから施行されたばかりであった。憲法三八条第一項は「何人も、自己に不利益な供述を強要されない」と規定し、同第二項は「強制、拷問もしくは脅迫による自白又は不当に長く抑留もしくは拘禁された後の自白は、これを証拠とすることはできない」と明示し、同第三項では「何人も、自己に不利益な唯一の証拠が本人の自白である場合には、有罪とされ、又は刑罰を科せられない」としている。また、『疑わしきは被告人の利益に』という刑事裁判の鉄則がある。それにもかかわらず、「空中楼閣」だとして検察当局の意図を退けながら、確たる証拠がないまま、自白を偏重して竹内に無期懲役を宣告した一審裁判官たちの責任も重大である。

さらに、全く事実調べをしないまま無期懲役を死刑に変更した控訴審、弁論も開かずにこれを八対七の僅差で確定させた最高裁判所の事件の処理については、処罰感情と治安意識にとらわれてしまい、人権を尊重し社会正義を実現する使命を見失った裁判官の姿勢とともに、法律的にも大きな問題があることは明らかである。

しかし、三鷹事件を追っていると、裁判所や検察・警察を批判しているだけでは足りないことが分かる。その一つが捜査当局に追従し、これを先取りするかのような間違った報道をしたマスコミの責任である。冤罪が生まれる背景には、当局に利用されるマスコミの事件報道の存在が常に指摘されるが、三鷹事件もまた最初から大々的に当局の意向に沿った間違った報道がなされた。

三鷹事件が竹内の犯行であるとされ、最終的に死刑判決が確定した原因として弁護人の責任も指摘せざるをえない。経験豊かな六〇名もの弁護士が最強といわれる弁護団を構成して精力的に取り組んだにもかかわらず、その活動がもっぱら「共同謀議に基づく共同犯行」だという検察側の構図を打ち破ることに注がれ、こと竹内に関しては全く不十分な、ないしは間違った認識のもとに、肝心な弁護活動は行われていない。

一言で言うならば、単独犯行だ、共同犯行だという竹内の〝自白〟の変転に惑わされ、ほとんどの弁護士が竹内の真意を全く理解せず、はたして竹内の〝自白〟通りに電車を発進させることが物理的に可能だったのか、竹内が本件実行行為をすることに合理的な疑いを生じさせる客観的な事実や証拠は存在しないのかなどについて、弁護団が真正面から取り上げて問題とすることもなく、そうした弁論も立証も全くといってよいほどなされていない。本書の後半は、竹内の〝自白〟の矛盾や問題点と共に、客観的な証拠からも三鷹事件が竹内の犯行ではありえないことを明らかにする。

本書の執筆にあたって特に注意したことは、著者の主観や推測をできる限り排して、事実に即した論述を心がけたことである。本書は、膨大な裁判記録を中心に、当時の新聞記事や関係者の手記など、公表されている資料に基づいて記述しており、そのためにそれらを度々引用していることを初めにお断りしておく。

死刑判決が冤罪だったとして無罪になったケースは、日本では免田事件をはじめこれまで四件を数える。アメリカではＤＮＡ鑑定の結果、二〇〇人以上の無実が判明したと報告されている。重い刑を言渡されたことに納得できずに、冤罪だとして再審を申し立てている事件は、現在、主なものだけでも一七件、日本弁護士連合会が支援しているものだけでも一三件にのぼる。日本では刑事裁判の有罪率は九九、九％を越えており、犯行に関わっていなくても、一旦起訴されてしまうと、無罪を勝ち取ることは至難なことである。恐るべきことに、その中には本書が取り上げた三鷹事件など、死刑判決を言渡された事件も多数含まれている。

竹内景助は死刑判決を受けた後、獄中から社会に向け、文字通り懸命になって無実を訴え、裁判所に対しては再審を申立てた。ところが、再審がまさに開始されようとする直前に、脳腫瘍によって亡くなってしまった。激しい頭痛や嘔吐などを訴えたにもかかわらず、「拘禁反応」だとか「詐病」だとされ、医療を施されることなく獄死したのである。竹内の無実を信じていた多くの支援者たちは、「命令のない死刑執行だ」として、改めて権力の無法を批判し、その死を悔やんだ。

竹内が面会した妻に対して最後に言った言葉が「くやしいヨ!!」だったという。本人はもとより五人の幼い子供を抱え冤罪を晴らそうと、極貧の中、各地で夫の無実を訴え続けた妻の政さんも一九八四（昭和五九）年には逝去してしまい、その無念さ、遺された子供たちの苦労を思うと、涙を禁じえない。

本書の初版本がきっかけで、父親の無実を信ずる竹内の長男が再審を請求し、申立てから七年半かかり、この度、再審請求が棄却されたが、それを覆すために、直ちに異議を申立てた。本書では、新たにそれに至る経過とその内容を紹介し、増補改訂版とした。

事件から七〇年経過したとはいえ、司法の間違いは正さなければならない。マスコミの果たした役割を考える上でも、このまま真実を闇に葬り去ることはできない。三鷹事件の実態を明らかにして後世に伝える必要がある。

本書によって、三鷹事件の真実が大きく浮かび上がり、真相が広く社会に理解されることを期待したい。

第一章 事件発生と当時の社会情勢

一――三鷹駅で何が起こったか

◉事故の状況

一九四九（昭和二四）年七月一五日午後九時二四分、当時はサマータイムを採用していたから現在の午後八時二四分、国鉄中央線三鷹駅西方にある電車区引込線の一番線（北側から二本目）に停めてあった七両連結の電車が暴走。そのまま時速六〇キロを超すスピードで約六〇〇メートル走って、駅構内を横断し、大音響を立てて車止めを突破した。電車はホームから改札口に通じる階段をぶち抜き、駅前三両はさらに駅便所、巡査派出所などを粉砕し、さらに道路を横切り、三鷹町下連雀二三四の下田運送店を半壊したところで、斜め横に傾きながらジグザグの状態になってようやく停まった。

この電車事故で、南口の改札口へ向かって歩いていた乗降客が、電車の下敷きになったり跳ね飛ばされたりして、六名が死亡、十数名が重軽傷を負った。

◉事故現場の状況

　そのときの模様を翌日の朝日新聞は、「無人電車、街へ突進　突如車庫から猛スピードで」という見出しを付けて報じ、死者は一〇名とされ、その中には三鷹市内の医師や明星学園高校の三年生、会社員、鉄道技師など六名の名前と共に、他に「氏名不詳」のものが四名即死したと伝えた。実際の死亡者は六名であった。現場がいかに惨状を極め、混乱していたかが分かる。

　六名の犠牲者の名前は、森鷗外や太宰治の墓のあることで有名な三鷹市内の禅林寺の墓地に建てられた、「三鷹事件遭難犠牲者慰霊塔」に刻まれている。三鷹電車区構内は当時とほとんど変わっていない。しかし、事故現場である駅南口駅前は広範囲に区画整理され、駅から広場をはさんで南側へと洒落たペデストリアンデッキがバスやタクシーの発着する大きな広場を見下ろすように作られるなど、情景は一変し、事故を思い起こさせるものは全く残っていない。

　朝日新聞は事故翌日、「故意か事故か　八王子管理部　直ちに原因を追及」という三段抜きの見出しに続けて、次のような記事を載せた（本書二一〇頁参照）。

八王子管理部に入った情報では、武蔵野地区署、三鷹町署から警官五十名が現場へ急行、整理にあたっている。一方八王子管理部は、整理に反対して辞令返上闘争をつづけている三鷹電車区労組員の一部策動分子が故意に起こした事件ではないかとみて、中川公安係長以下十五名の公安官を急派調査中だが、電車が便所、交番をひき倒し、四メートルの道路を突切っている点から見て自然発車にしては程度を越しているとの意見が有力で、運転台の指紋を検出している。また事件発生と同時に三鷹駅構内の電燈がいっせいに消えたことも、計画的にスイッチを切ったものか、事故によって架線が切れたものか、判然としていない。

事故直後にどこから入った情報か定かでないが、八王子管理部が早々に「整理に反対して辞令返上闘争をつづけている三鷹電車区労組の一部策動分子が故意に起こした事件ではないかとみて」、多数の公安官を派遣したことは特に注目される。同紙は続けて「何者か動かした　車庫に入れた運転手語る」という二段の見出しを掲げ、脱線した電車は一五日午後四時五五分検車を終わり、「点検したあとパンタグラフを下し、ブレーキをかけスイッチを切っておいた。降りた時は何の異常も認めなかった。この電車が自然に動き出すことは絶対に考えられず、何者かによってスイッチを入れ運転を妨害しない限り動き出したことはいままでにない」と報じた。

さらに「電車はどうして動く?」という見出しで、次のように解説している。

―電車は車庫に入ると、運転士が運転席のカギをかけて下車し制動器用のハンドルを助役に預けることになっているが、運転室のカギは各電車共通のもので、非番の時も運転士が持っている。

また運転用のコントローラは前方に押すと始動し、手を離すと自然にバネ仕掛で元へもどるようになっているが、ブレーキに関係ないから、いったん速度がつくと、そのまま二、三キロは走る、と当局運転部では語っている。

◉事故現場での目撃情報

当日の報道でさらに目につくのは、「興奮して叫ぶ男〝六三型電車の惨状を見ろ〟」という見出しの、二段抜きの記事である。そこには次のように書かれている。

目撃者の三鷹駅前下連雀二五六ラジオ商青木徳氏（二二）は語る。西側踏切（武蔵境側）があがっているので、安全と思って渡ろうとしたら、矢のようなスピードで車

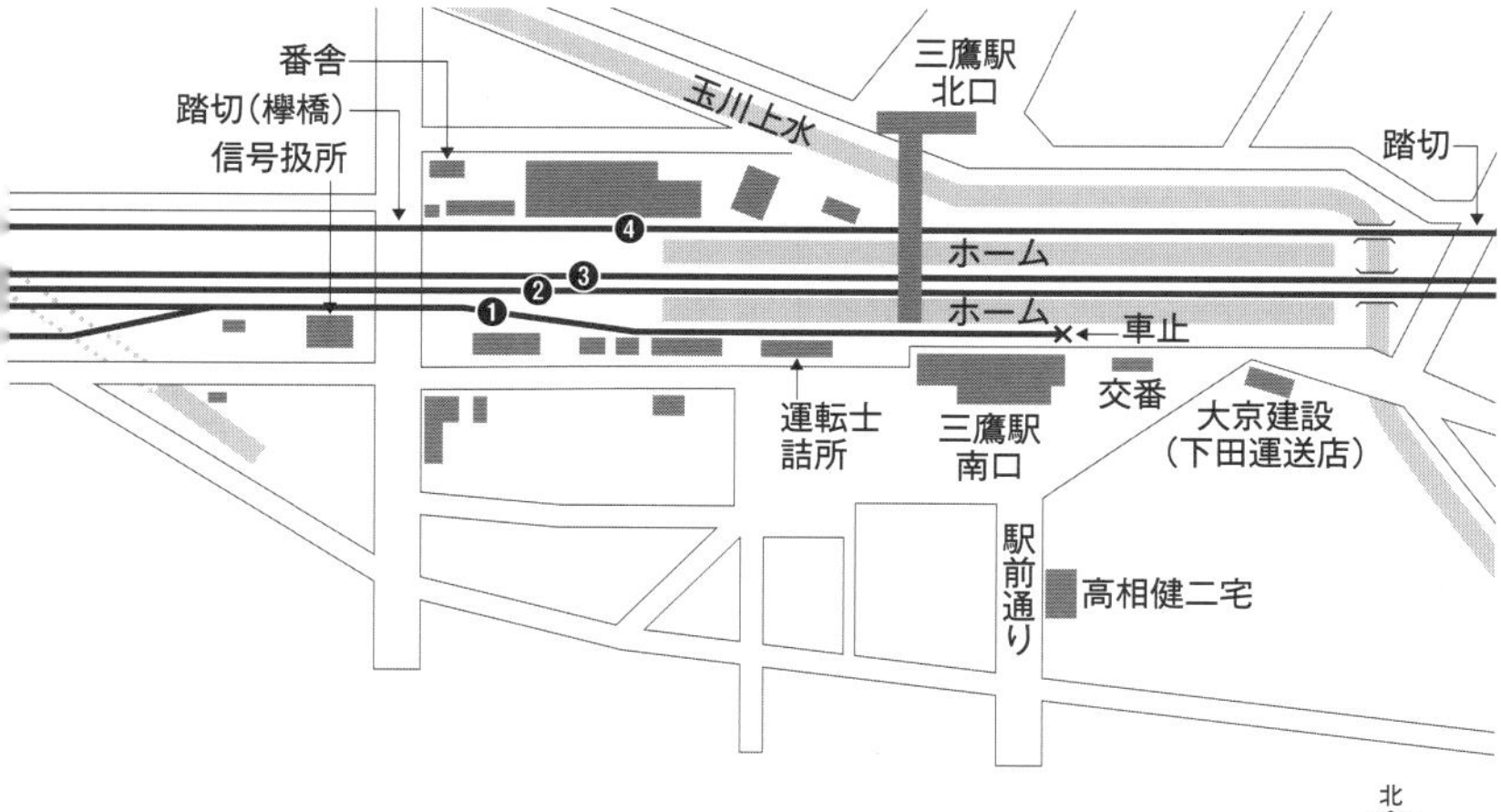

庫の引込線から電車が走って来た。あわてとびのいたが、ヘッド・ライトが消えて運転台には確かにだれもいなかった。客の乗っていない室内燈が明るくついたまま、電車は下り線ホームを突切って人家にとびこみ、とたんにあたりは真暗になった。

約五十メートル離れた家に帰った時、家の前に二十五歳前後の背の低い男がいて、手をふり足をふりながら「この惨状をみろ。問題の六三型電車の惨状をみろ。国鉄首切りをするとこんなざまだ」と演説していた。

六三型電車とは、戦時下、鋼材不足が深刻な中で緊急輸送のために作られた電車であり、床や扉は木造で、室内には天井がなく屋根の骨組が露出していた。中でも電気系統とブレーキ系統が特に故障が多く、火災事故をよく起こしていた。一九五一（昭和二六）年に、京浜東北線で最前部車両にパンタグラフの架線が巻き込まれて発火し、車両が全半焼した

▶「三鷹事件」関係図

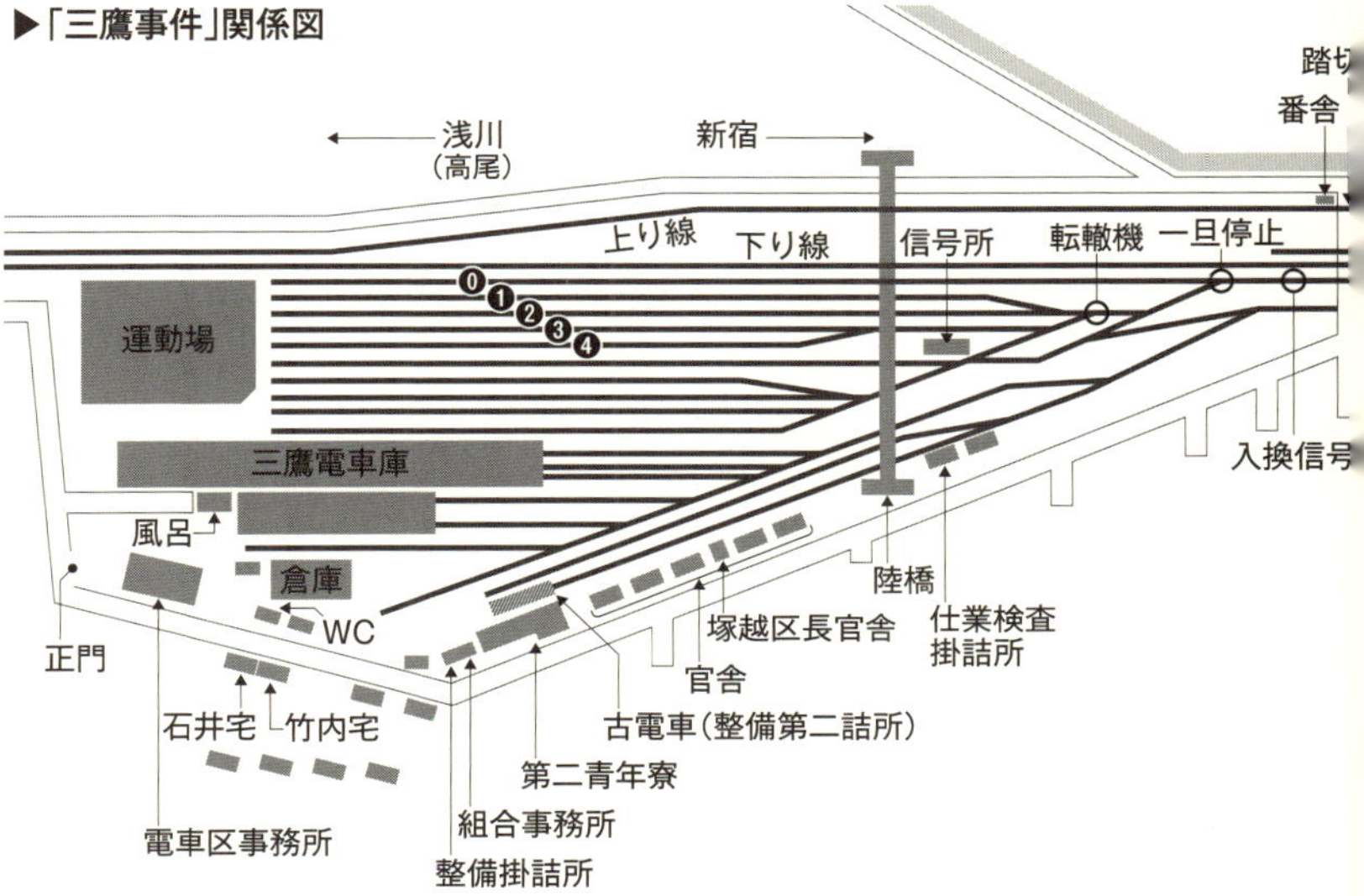

ため一〇七名が焼死、九〇名が重軽傷を負った「桜木町事件」も六三型であった。
朝日新聞は続けて「飛下りた人影?」という見出しで、次のような目撃者の話を掲載した。

目撃者付近の千石和夫君（一六）の話によれば、同電車が疾走しはじめて間もなく脱線手前約百メートルの箇所で、電車から飛下りた人影を踏切付近からハッキリみたという。

◉労働組合員の関与をにおわす新聞報道

同じ七月一六日の紙面で、朝日新聞は、「電車区長を軟禁」という記事を載せた。いわゆるベタ記事で扱いは小さく、事件とどう関係するかは触れていないが、先の六三電車について演説する男の記事とともに、三鷹事件を決定的に方向付ける報道であった。

三鷹電車区では十五日午前十時ころ塚越区長が国電スト以来整理された同区員二十三名に区長室でとりかこまれ、十二時まで軟禁状態で押問答をつづけたといわれる。

「国電スト」というのは、三鷹事件の一ヶ月少し前の六月九日から三日間にわたり、首都圏で一部の電車を停めて行われた国鉄労働者によるストライキである。それによる「整理」（馘首）やその影響については後で触れるとして、三鷹事件を大きく報じた同じ紙面で、先の八王子管理部に入った情報とともに、この短い記事を見た読者は、三鷹事件は最初から国労の組合員が関与しているという疑念を持ったものと思われる。
しかも、その横に「真相究明へ」という見出しで、東京地検馬場次席検事が「事件については十五日夜地検八王子支部から報告があった。運転手の乗っていない怪電車とはまだ聞いていない。もしそうだとすれば刑事事件として徹底的に捜査、眞相をはっきりしなければならない。（磯山、橋詰の）両検事が現場に行っているというから、警察と協力して適宜な処置をしてくれると思う」という談話を載せている。事故か事件かも判明しない時点で、検察官がこの事件が起こるのを待っていたかのように直ちに現場に直行するという、異例な対応をしていることに注目する必要がある。

一六日の朝日新聞は「街路に飛出した電車と、めちゃめちゃにつぶされた交番」というキャプションをつけた事故現場の写真を大きく掲載しているが、その真上にマッカーサー元帥の顔写真入りで、『無法者』の虚偽の言分　ソ連の非難にマ元帥反撃声明」という大きな囲み記事を掲げている。そこには、駐日ソ連大使が行った総司令部の労働政策に対する非難に対して、「このような主張をする意図は明らかである。すなわち日本をソ連の影響下におさめようとする彼らの悪だくみが完全に失敗したこと、および、たとえ極くわずかな少数分子の手によるものにもせよ無秩序と暴力を日本に持ちこむことによって、日本における進歩的な民主々義の潮流を一転させ、専制的な力を信奉するソ連の全体主義的思想に引きつけようとする期待が破られたことである」などと語ったことが紹介されている。

三鷹事件が発生した一九四九（昭和二四）年には、湯川秀樹がノーベル賞を受賞し、古川広之進が水泳自由形で世界記録を出すなど、明るいニュースもあった。しかし一方で前年には「鉄のカーテン」や「冷たい戦争」が流行語になるなど、米国とソ連の冷戦が進み、翌年には朝鮮戦争へと突き進んだ。国内的には三鷹事件をはさむように、七月五日には国鉄総裁が列車に轢断された状態で発見される下山事件が発生、八月一七日には東北本線で列車が転覆脱線し運転士ら三名の乗務員が死亡するという松川事件が発生した。

当時の日本がどのような状況にあり、占領軍の労働政策で労働者がどのような事態に追い込まれて

朝日新聞　昭和24年（1949年）7月16日（土曜日）　第22765号

無人電車、街へ突進
突如車庫から猛スピードで
昨夜三鷹駅の怪事件
家と交番粉砕　死者十　重傷七

「無法者」の虚偽の言分
ソ連の非難にマ元帥反撃声明

街路に飛び出した電車と、めちゃめちゃにつぶされた交番（手前）

故意か事故か
直ちに原因を追及

何者か動かした

興奮して叫ぶ男

品川でも一騒ぎ

民同派の全員退場
国鉄中闘委　警告文で対立す

熱海決議の撤回

解雇通告、大半終る
拒否者は極めて少数

反共対策で一致
廣川氏・犬養氏と会談

金利引上げ

蔣総統　各地を歴訪

◉翌日（1949 年 7 月 16 日）の朝日新聞。事故報道の隣にマッカーサーの反共声明

いたかについては後でまた触れるとして、占領軍総司令官が三鷹事件発生当時、どのような姿勢を示し、マスコミでの扱いを受けていたか、この囲み記事からも垣間見ることができる。

二――事故直後から矛先は労働組合員に

◉翌日には二人の容疑者に逮捕状が

事故から二日目の七月一七日、朝日新聞は「二容疑者に逮捕状　三鷹電車区分会元執行委員長ら」という大きな見出しを掲げ、次のように報じた（本書三一頁参照）。

一昨十五日夜、死者八名を出した中央線三鷹駅の無人電車事件に対し、国警都本部と東京地検八王子支部は十六日早朝、国警都本部武蔵野支所に合同捜査本部を設け、国警都本部仙洞田刑事部長が本部長となり、ただちに本格的捜査を開始。同日午後地検八王子支部は、同事件の容疑者として元三鷹電車区検査掛、同電車区分会飯田七三元執行委員長（三三）および元中野電車区運転士、同電車区分会山本久一元闘争委員長（四六）の両名に対する逮捕状を東京地裁八王子支部に請求。同四時逮捕状が発せられるとともに捜査本部は両人の検挙に全力をあげたが、十七日午前三時半まではは両名とも逮捕されなかった。一方、十六日午前東京地検馬場次席検事、勝田刑事副部長検事、午後は、斎藤国警本部長官、今泉東鉄局長らがあいついで捜査本部を激励、現場検証を行った。なお、同日午後から十七日にかけて、徹夜で車体下の死体発掘が行われた。死者八名のうち、六名は十七日午前二時までに身元が判明したが、他の男女各一名の死体の身元はなお不明である。

ここで「国警」というのは国家地方警察の略で、当時は自治体警察とは別に全国組織として存在していた。三鷹事件は自治体警察には任せられないということであろうか、検察庁が加わって直ちに「合同捜査本部」を設置したことは、当局が事件直後から三鷹事件をいかに重大な事件であると位置づけていたかが分かる。

同紙は、前記のリードのすぐ左に、二枚の大きな写真を、㊤昨朝本社記者と語る飯田元委員長、㊦今暁零時半ころ中野署付近で写した山本元闘争委員長（中央）というキャプションをつけて掲載した。そこには「両名とも共産党員」「逮捕状の内容　殺人ほか数件」などの見出しをつけている。

さらに、飯田元委員長の話として、「昨夜私が事故の直後駅前広場でアジ演説をやっていたというがとんでもないデマだ。私はあの事故の時は午後七時ごろから駅前の洋品店高相健二方で組合の会合をやっていたが、大きい音がしたので現場に飛出しひとまわりしてから復旧作業に協力するよう組合員の動員のため事務所に帰った。ちゃんとしたアリバイがある」ということも報じた。それに続けて、「当夜、駅前で細胞集会」という見出しで、高相氏の妻が「二階六畳と二畳に十五、六名が集まり何事か協議していたが、その席には飯田七三元委員長（三三）ほか三鷹電車区のものが多数集まっていた。しかし事件突発とともに何処にか散って行った」と語ったことを伝えている。

共産党の組合員らがこの高相宅に集まっていたことが、当局から、当初はアリバイ作りとされ、途中からそれが共同謀議のためとされてしまったのである。

◉疑惑を掻き立てる記事の数々

朝日新聞はそのような記事を掲載する一方、「当夜の怪事と流言」として、次のような記事を載せている。

▽三鷹駅前巡査派出所の宮信義（五四）浅野克己（二一）中西重雄（二五）山田重夫（二五）の四巡査の話では、三分間位は煙とほこりで何も見えなかったが、やがて人だかりの中で六月国電ストの際解雇された見おぼえのある男が「六三型電車の欠陥はごらんの通りだ」と大声でわめいていた。捕らえようとしたが負傷者の救出や電気がスパークする危険を警戒していてとり逃がしてしまった。事件が起こる二時間前〝八王子管理部の共産党員が十六日零時を期してスト計画を立てている。その朝に三鷹付近で重大事故が起こる〟という情報が三鷹町署からあったので警戒に当たっていたところだった。

▽三鷹署員の話によれば、逮捕状を発せられた山本久一元闘争委員長（四六）は十五日中野電車区で〝今夜半大きなことが起こるからみんな覚悟をしていろ〟といい、また同じことをどこかに電話していたという。

▽現場付近の商店、民家などではその夜、数箇所で「政府のやり方が悪い。国鉄の再建を考えないで首切りを強行しようとしている」と叫んでいるのを見かけたという人々が相当数あったという。

これは捜査当局にとって極めて重要な情報だった。それが判決ではどうなったかは後で見るとして、朝日新聞は、同じ日（一七日）の「天声人語」で、次のような意見を披瀝している。混乱している現場で集めた〝情報〟が確実であることを前提に、朝日の看板コラムがこのような感情的な表現をしていることに驚かされる。

これは〝自然発車〟だなどとはちょっと考えられない。果して元執行委員長、元闘争委員長と肩書のつく二人の人物に逮捕状が発せられた▼このうち飯田という人は、あの惨状の現場で「国鉄首切りをするとこんなザマだ」と演説をぶったといわれる。見かねた付近の人々が「死んだりうめいたりしている人の前でよくもそんな非人間的な宣伝ができる！」と詰つたという▼国鉄の制服をきた人が救助の手伝いもせず見物しているので「あなたも鉄道の人でしょう」というと、「自分はこの作業の命令を受けていない。後始末の掛りは別にある」と答えたそうだ。これも〝遵法〟というのか▼こういう事例に接すると「人間性」というものをどこかに置き忘れた一群の人種がいることがわかる。頭髪の逆立つ怒心を感ずると共に、ハートのない人工人間かとの哀れみをも覚えるのである▼街にはり出された共産党のビラや写真をみると、国鉄の荒廃を過大に指摘し、これが事故の原因をなしているのだから、人員を減らすどころではないという意味の国鉄防衛運動を展開している。しかし近来の鉄道事故の危険は人為的な妨害によるのが実情で〝防衛〟はピント外れである。一連の妨害が共産党員と関連があるとは断ぜられぬが、三鷹事件の究明はいろいろな疑問に解明を与えてくれるだろう。

それに応えるように、三鷹事件合同捜査本部は、そのことを新聞が報じた七月一七日、「国鉄首切りをするとこんなザマだ」と事故直後に現場で演説をぶったという理由で、飯田七三を逮捕した。ところが、演説していた人物を中西巡査が間違えていたことが間もなく分かったにもかかわらず、中西がその間違いを検事に報告したのは事件後二〇日もたってのことだとされている。

さらに、「今夜大きなことが起こるからみんな覚悟をしていろ」と言っていたということを理由に、合同捜査本部は中野電車区の元執行委員長山本久一を逮捕した。山本は事故発生時刻のアリバイが実証され、しかも、そのようなことを口にしたり、どこかに連絡していたという事実もなかったことも判明したことから、一ヶ月を越える長い勾留の後、八月一六日になって釈放された。これは一体どういうことであろうか。

ここでさらに注目しなければならないのは、駅前巡査派出所が暴走した電車によって完全に壊されたにもかかわらず、当夜そこに勤務していた四人の警察官がその時刻には派出所を離れていて、一人として被害に遭っていないことである。事前に警察には何らかの情報があったことは第一審の公判廷で同人らが認めていることから間違いない事実である。ところが情報を得た警察は事故を未然に防止する対策を何ら講じなかったばかりか、駅員や乗客に対してそのことを知らせなかった。

◉事故現場の実態はどうだったか

当時一橋大学の学生で、新宿方面から来て三鷹駅で下車したところで事故を目撃した堀越作治は、被害者を救護しようとすると、突然、米軍のMP（憲兵）が現れ、「アウト、ゲラウエイ」と言われ、現場から追い出されたことを、『軍国少年〝Fe〟の日記』という自伝的な書き物に残している。堀越は、その後、朝日新聞の記者となり、編集局長や研修所長を歴任した。

報道写真には脱線した電車の前で国鉄職員のような人物がかがみこんで何かの作業をしているのを、一人のMPが銃のようなものを手にして見守っているところや、何人かのMPや米兵が脱線した電車に乗り込もうとしている様子が写されている。MPというのは軍人の取り締まりが本来の任務であるのに、なぜ日本の列車事故の現場にこれほど早くに駆けつけ、救出活動をしようとする民間人を現場から排除したのか。報道管制が敷かれたためか、新聞はそのことをどこも報じていない。

◉進駐軍は現場で何をしたのか

事件発生の直前にはすでに進駐軍のジープがとまっていたことを、暴走電車に突っ込まれた運送店の下田留吉が目撃しており、第一審第八回公判で天野検事の尋問に対して、次のように証言している。

問　九時二〇分頃と思われる。飛び込んだ時の瞬間の模様ですね、これをあなたが見聞したままに一つおっしゃっていただきたいのですが。

答　約二、三分前にジープが交番の東側に止まっておったのを知っているのです。ジープが走る時にライトをつけて出るときに私が見ておったのです。スパークが三回すると、事故電車が私のところに飛び込んできたのです。

また、三鷹電車区運転手の山路巧は当日午後一〇時頃事故現場から構内運転手の詰所に帰る途中、暴走電車によって破壊された第一ポイントのところで、二人の米兵がうずくまって何かをしている姿を目撃したことを第

◉事故当夜に現場はMPや米兵が取り仕切る。写真：共同通信社

一一回公判で弁護人の尋問に対し証言している。

さらに、電車事故調査の専門家であった篠塚春夫は事故直後に八王子管理部の堀江運転課長から事故調査の特命をうけ、技術調査団を編成し、事故当日の午後一〇時半頃事故現場に到着し、すぐに調査を始めようとした。ところが、堀江課長から「実は駐留軍関係の方で写真を撮らなければ手をつけてはいかんというお話があるようであるから、とに角今晩は調査はできないだろうから、まあおそらく翌日になるだろうから、それまで待機しておってくれということを申されました」と証言している（第一審第三〇回公判）。三鷹事件が謀略事件だとされる一つの大きな理由が、そこに存在する。

国警本部と東京地検の現場検証が始まったのは翌日の一六日午前七時半、国鉄東京鉄道局による事故原因調査が始まったのは午前一一時半であった。

田町電車区分会委員長であった鈴木勝夫は事故調査の専門家として国労調査団に加わっていたが、裁判が始まるとともに被告人らの特別弁護人となり、第五回公判でその時の調査の状況を次のように述べている。

…この現場にはいりまして、私どもは、技術者として一番この事故と結びつけて調査しなければならない点は、電車を動かす電気回路にある筈であります。そこで私どもは第一番に電車の電気回路の調査を最初から計画しておりました。

処が、この電気回路の全部のものが取り去って、どこかに持ち去られておった。しかも持ち去らなくてすむような物が、無理矢理にアセチレンで切断され、しかも切断した箇所の機器関係、電気回路のすべての構成が、私どもの調査の対象にならない。（中略）

そしてその次に、もう一つ申し上げるのは、最後に、電車には編成が六つありまして、動力車が二ついておる。そして一番最後の動力車に付随する二輛、この二輛は、一番事故の原因を調査する必要なものであるにも拘わらず、私どものはいった時には、この二輛の車は、もうどこかに運び去られておった。そして、所謂調査条件の中で、機器にはふれてはいけない、二〇分まで、という制限によって、何ら科学的調査をすることはできなかった。

以上を総合すると、事故直後に進駐軍が現場に入り救出活動をしようとした国鉄職員や一般市民を排除しただけでなく、日本側の現場検証や事故原因調査前に現場にいち早く立ち入り、重要な証拠となる電気回路などの機器が取り外され、現場から持ち去られていたことが分かる。

◉破壊工作は共産党員の仕業に

三鷹事件は単なる電車事故ではなく、何者かによって〝仕組まれた〟事件であるとするならば、それを命じたのはどういう人物で、実際の〝工作〟をしたのはいったいいかなる組織なのか。

前記の三鷹交番駅前派出所の警察官らの法廷での証言や、三鷹駅直前で停まったまま何の情報も入っていない電車の中で、事件直後に人込みをかき分けながら「やったのは共産党員だ」と低い声で語りながらゆっくりと通り過ぎて行った人物がいたという泉三太郎（ロシア文学者）の目撃記録（「三鷹事件の奇妙な証言」文藝春秋四五巻六号）、それに当日、電車に飛び込まれて家を半壊にされた下田留吉の兄の下田照蔵が、法廷で「日本通運に勤めていた兄の息子の下田栄一が来て、二時頃に『今晩三鷹に大事故をこしらえるということを中野電車区で聞いた。まず共産党じゃあないかという話をしていた』のを聞いた」と証言した（第一審第一〇回公判速記録）という事実などを合わせ考えると、事件発生前から三鷹事件は共産党員の仕業であるという〝筋書き〟がどこかで作られ、そうした宣伝の下工作ができていたことをうかがわせる。

ＮＨＫのチーフ・ディレクターで『戦後史の謎・三鷹事件』の番組を制作した片島紀男らは、三鷹事件の特別番組を編成する中で、アメリカ公文書館のＧＨＱ（占領軍総司令部）資料の中から貴重な報告書を発見した。それはＣＩＣ（駐日防諜部隊）の調査員が七月一六日午前一一時一五分に、三鷹事件の事故現場から『電車の破壊工作の可能性』と題する報告をしていたというものである（片島紀男著『三鷹事件　一九四九年夏に何が起きたのか』一三八頁以下）。

片島はその報告書に、「運転手が電車から飛下りたという事実は、おそらく破壊工作が行われていたことを示している」という「Ｇ－２のコメント」が添えられていることに注目し、「Ｇ－２の判断は、当然のごとく日本の政府、警察へも流され、『三鷹事件は国鉄内の共産党員の破壊工作の可能性がある』というシナリオが作られ、共産党の大量逮捕へとつながっていく発端になったとも推測できる」としている。

Ｇ－２（参謀部）とはＧＨＱ内で日本の民主化を進めていたＧＳ（民政局）と対立するタカ派の組織であったが、それにしても三鷹事件になぜ米軍がこれほど早くに関与してきたのか。翌年に始まる朝鮮戦争を前にして、国鉄が担っていた輸送力を確保することは戦略的に最も重要な課題であったとしても、被害者の救出活動まで阻止し、いち早く現場に立ち入り、重要な証拠物件を持ち去った理由は何なのか。

事件から七〇年近く経ったいまでも上記の資料を超えるものは見つかっておらず、真相は明らかでないが、占領軍が三鷹事件をいち早く「破壊工作」と決め付け、吉田内閣に働きかけて、捜査当局を共産党員による犯行へと向けさせたことは、間違いのない事実といってよいであろう。

三――当局の対応と当時の政治・社会情勢

◉吉田首相が「虚偽とテロの戦法」と共産党を攻撃

その後の三鷹事件の方向性を決定したと注目されるのが、事故の翌日である七月一六日に、早々と発表された吉田茂総理大臣の長大な声明である。

朝日新聞は、「不安をあおる共産党」という横見出しに、「虚偽とテロが戦法　整理は国家再建のため」という縦の見出しをつけ、吉田茂総理大臣の顔写真入りで、大きな囲み記事にしてこれを報じた。朝日新聞だけではなく、全てのマスコミが吉田首相の声明を大きくとり上げ、報道した。国家権力のトップが三鷹事件発生に合わせたかのように、このような声明を出したこと自体、三鷹事件の真相を理解する上で極めて重要と思われるので、これを引用する。

▽最近労働不安、闘争計画、あるいは実力行使などに関して様々の報道および観測が新聞紙上をにぎわしていることはきわめて注目すべきことである。これらの観測は社会の関心をよび起しているが、民心に混乱と危虞の種をまくことを目的とする共産党の宣伝に源を発している現実を了解するならば、かかる危虞の存在理由は少しもない。私は現下の情勢の一部面について国民諸君に対し解説をこころみることが適当と信ずる。(中略)

▽まず今回の行政整理について一言するならば、国家再建の主要な一環である経済安定を達成するためには何よりも先に国費を節約して国家予算の均衡を実現することが肝要である。わが国の各

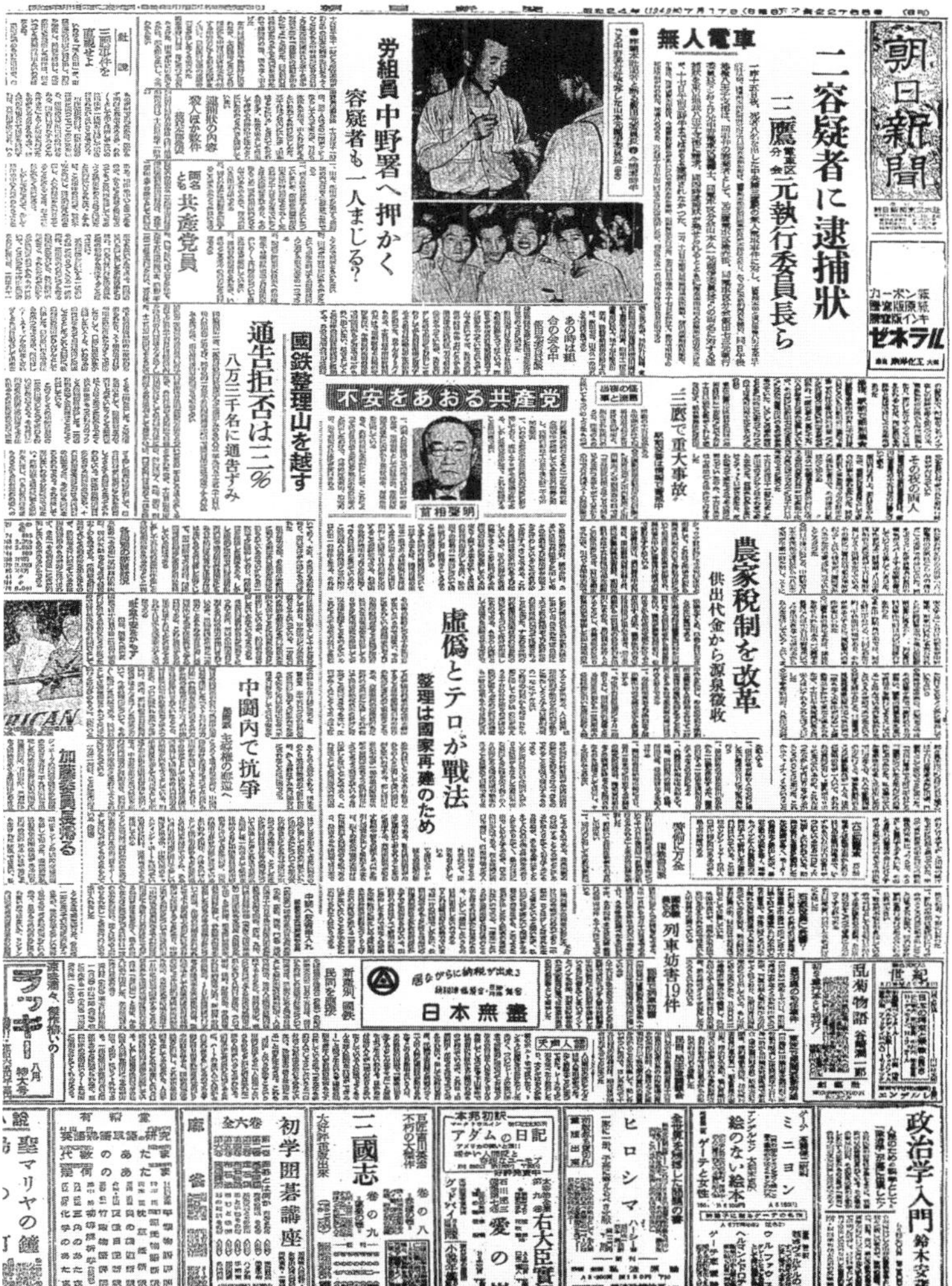

◉ 1949 年 7 月 17 日の朝日新聞。三鷹事件記事に接して吉田首相の反共声明の記事

政府機関および企業は驚くべき人員過剰となっているので、この過剰人員の整理こそ均衡予算の第一の要件となる。それ故に新たに国民の信を得た第五国会において可決された定員法によって政府機関および政府企業の定員を思い切って削減されることになった。すなわち今回の行政整理実施案は右の定員法の規定にもとづいて政府が作成したものである。（中略）

▽社会不安が一部労組の険悪な気配や無節制なちょう戦的態度によってちょう発されていることは見逃しえないところであり、これは主として共産主義者の扇動によるものである。共産主義者の意図するところがどこにあるかはとりたてて追及するにも及ばぬが、あらゆる機会をとらえて人心の不満と憎悪をあおり大衆をかりたてて、暴力行為に出でしめんとするのが、彼らの常用手段である。彼らは盛に流言を飛ばし、直接行動だの人民革命などとふれまわって、民衆をおどかしている。

▽虚偽とテロが彼らの運動方法なのである。（中略）共産主義者が鳴らす警鐘や彼らの発するバ声を割引し事態を正しく観察するならば、現下の社会不安の大部分は雲散霧消する種類のものであろう。（以下略）

◉社会情勢の変化と大量解雇

三鷹事件が発生した一九四九（昭和二四）年は、世界的にも国内的にも大きな歴史的転換点となる激動の年であった。

同年一月には中国人民解放軍が北京を制圧し、一〇月には中華人民共和国を樹立。国内では一月に行われた総選挙の結果、共産党を敵視する吉田茂総裁率いる民主自民党が過半数の議席を占め、第三次吉田内閣が成立した。解散前に一一一議席あった社会党は、議席を四八に激減させ、逆に共産党は従来の四議席から三五名を当選させる躍進を遂げた。占領軍ばかりか日本の支配層にとってそれは由々しい事態であった。

社会党が大幅に議席を減らしたのは、最初の社会党政権といわれた民主党・国民共同党との連立である片山内閣が保守政権とほとんど変わらない政策で国民を失望させ、九ヶ月足らずで総選挙に追い込まれ、その後をついだ民主党の芦田均を首班とする連立内閣も、西尾末広など社会党閣僚が昭電疑獄に問われ、七ヶ月で政権を投げ出してしまったことにある。

総選挙後の吉田内閣の下に開かれた第五国会で、激しい論争と対立の中、五月三〇日に成立したのが「行政機関職員定数法」で、同法は六月一日から施行されることになった。定員法に対する反対闘争の中心は、当時最強といわれた国鉄労働組合で、国労はその時点では共産党がリーダーシップを握っていた。国鉄の整理予定者は一〇万人といわれ、職員の六分の一という大量首切りにどう立ち向かうか、組織をかけて反対せざるをえない状況に追い込まれていた。

政府は官公労の労働組合や、共産党とその同調者による反対闘争を押さえ込むため、四月四日に「団体等規正令」を発布し、暴力主義的・反民主主義的な団体や個人の活動を禁止した。また、労働組合の闘争を抑えるために「労働組合法」と「労働関係調整法」を改定し、デモや集会を制限する「公安条例」が、東京都を初め各都道府県で準備された。

この間、三月には経済安定政策、いわゆる「ドッジ・ライン」が発表された。ドッジというのは、当時のアメリカ財界のリーダーの一人で、労働組合や左翼勢力の要求を断固として拒否してきた筋金入りの反共の闘士でもあった。

国鉄労組は新定員法に反対するために、六月九日にいわゆる「6・9国電スト」を決行することを決め、翌日の始発から、中野、三鷹、蒲田の電車区や車掌区がストライキに突入した。しかしGHQ

の労働課長から禁止命令が出され、一一日の夕方にはスト体制を解いた。このいわゆる「国電スト」で、後に三鷹事件で逮捕・起訴されることになる三鷹電車区の飯田七三執行委員長を含む一一名と、中野電車区の山本久一闘争委員長ら一一人が懲戒解雇された。そのほとんどが、分会で指導的な役割を果たしてきた共産党の活動家であった。

そうした中、奇妙なことに6・9スト前後から、日本各地での国鉄事故に関する報道が毎日のように新聞紙上をにぎわせた。中には明らかに子どものいたずらと思われるものも含まれていたが、国民の間に列車妨害が作為的に行われているという錯覚を生じさせていたことは間違いない。

六月一日定員法が施行され、七月四日、国鉄から組合に対して、第一次人員整理三万七〇〇〇人、七月一二日に第二次整理六万三〇〇〇人が通告された。労働組合員にとって大変な事態であったが、あたかもそれに関連があるかのように下山定則国鉄総裁が七月五日早朝に失踪し、日付が変ったばかりの深夜、列車に轢断された状態で発見されるというショッキングな事件が起こった。下山事件である。それから一〇日後に三鷹事件は発生した。

七月四日は米国の独立記念日だったが、マッカーサー元帥は共産党の暴力的性格を強調し、「かかる運動に対して法律の効力、是認および保護を、今後与えるべきや否やの問題を提起する」と述べて、共産党の非合法化を暗示する「重大声明」を発した。三鷹事件の翌日に出された吉田首相の声明と照らし合わせると、日米の権力者の思惑がどこにあったかは容易に理解できる。

◉朝日の社説「三鷹事件を直視せよ」

吉田首相の声明にあたかも呼応するかのように、同じ七月一七日、朝日新聞は実態解明がなにもなされていないにもかかわらず、「三鷹事件を直視せよ」という社説を掲げ、想像を基に次のように論じた。

いわゆる「無人電車」が、東京三鷹市の車庫を飛び出し、道路を突破し、民家を破壊し、多数の市民を殺傷した事件は、何といっても近来の怪事といわねばならぬ。(中略)

この事件の目標が、社会不安を激発し、社会的混乱を引き起こし、人心の動揺をあおり立てることにあることは、おおよそ想像にかたくないだろう。(中略)

革命情勢を高唱する一部の声、その中に起こりつつある一連の事件、平市署の占拠につらなる暴動的な動きから、鉄道妨害の続発など、それをだれが扇動するかは断定がつかぬものは多いが、こういった一般的な情勢ならびに空気は一昨年の十一月、ゼネスト直前のフランスに酷似するものがある。(中略)

このような情勢に直面して、最近わが国の労働組合の健全分子の間に、扇動者に対する強烈な批判の傾向が目立ってきたことは注目すべき事実である。それは組合内部の一部極端分子のゴリ押し的な戦術に対して、組合員自身が自主的にこれを防衛しようとする傾向となってあらわれている。国鉄中央闘争委員会における民同派の動きや、十六日の東芝大会における民同派の活動などは、その最も顕著なあらわれである。それは決して安直ないわゆる分裂騒ぎではない。政治活動と組合運動との限界を自覚し、自ら自分自身をまもろうとする組合本然の姿への復帰と見るべきである。

われわれは、労働組合の内部にこのような健全な動きがいよいよ活発に展開されることを望むと同時に、国民一般が、不安を醸成扇動するものに対して、あくまで鋭い批判を怠らぬよう期待してやまない。

これが大新聞の社説であるとはとても思えないような、一方的な論説には驚く他ない。読者は三鷹事件が共産党の仕業に間違いないと思わされたであろうし、最後の方では労働組合員によって列車転覆も行われていることを前提に、労働組合の一方の勢力に公然と肩入れをしている。

こうした論調は決して朝日新聞に限ったことではない。読売新聞は一七日の社説で「三鷹事件を徹底的に究明せよ」と題して、「当局の捜査が進むにつれて、それが解雇された元国鉄職員の集団的な犯行といわれているので、まったく驚いた」「今度の事件が起きて見ると、あるいは列車妨害も国鉄職員が片棒をかついでいるのだといわれても仕方があるまい」「一般国民はこのような事件が続発すると、国鉄員に対して厳しい敵対心と不信を抱くようになるだろう」「われわれは一部国鉄員の猛省を促すとともに、当局の徹底的究明を切望するものである」と論じた。

さらに毎日新聞にいたっては、同日の社説で「極刑にせよ」という見出しの下に、「三鷹事件は計画的破壊行為であり、かつ思想的関係のあることが明らかになった。これは極めて重大である」「法を破り社会の平和をみだすものに対しては、徹底的な検挙とその厳罰をもって臨むべきである。背後で糸を操るものがあったならば、これに対してもむろん当然である。ことに、自分たちが直接あずかっている交通機関をテロの具に供するような徒輩に対しては、一点の仮借の余地もない」と決め付けている。

〝テロ〟という文字が吉田首相の声明と同じように使われているが、「背後で糸を操るもの」や「自分たちが直接あずかっている交通機関」という表現の対象が、どのあたりを想定しているか、読者は容易に理解できたはずである。

四――国労内部の対立とニセ指令文書

◉大量解雇を前に激しく対立

三鷹事件の背景を解明するために、国鉄をとりまく情勢と労使関係、それに朝日新聞の社説で健全な組合運動を進めていると書かれた「民同」（民主化同盟）派の実態と、その動きを概観しておくことにする。

国鉄の職員数は、戦時中の軍需輸送が増大する中、女子や年少者の代替雇用を含め、敗戦までの一〇年間に定員の二倍半の五四万人に増加し、敗戦後は軍隊に召集されていた職員の復帰などでさらに膨らんでいた。国鉄は赤字が続いたが、その原因は職員の「水ぶくれ」だとして、当局は、一九四六（昭和二一）年七月に、適正職員数四八万人を超える七万五〇〇〇人の削減を提案した。

それに対して、四六年四月に発足した国鉄労働組合総連合は、海員組合などとともに同年九月一五日にゼネスト体制を組んで対抗し（国鉄九月闘争）、その結果、当局は九月一四日に提案を全面撤回した。

組合は九月闘争には勝利したものの、方針をめぐって組合内部に深刻な対立を抱えるに至っていた。四七（昭和二二）年には国鉄職員の九五パーセントを組織した全国単一組織の国鉄労働組合（国労）に改組したが、内部で厳しい抗争が繰り広げられていた。

三鷹事件が発生した年の一九四九（昭和二四）年六月一日に公共企業体日本国有鉄道が発足し、初代の国鉄総裁に下山定則運輸事務次官が任命された。その同じ日に先に触れた定員法が施行され、独立採算制の公共企業体として、とりわけ厳しい人員削減が求められ、九月末までに、約九万五〇〇〇人を整理することが義務付けられた。

七月一〇日、社会党、国鉄民同、産別民同、総同盟は国鉄再建会議を開き、「共産党は政府の反動的政策によってもたらされた混乱に乗じて、法秩序を無視、産業を破壊するためのゲリラ的大衆暴動を撃発しようと企んでいる」という声明を出した。

そうした中、国労は先に述べた「国電スト」の痛手を乗り越え、いかに大量整理に対抗するかについて、六月二三日から二六日にかけ熱海で第一五回中央委員会を開いた。会議では、闘争方針をめぐって「最後はストライキも辞さない」とする左派と、共産党の組合指導に反発し、「あくまで合法闘争」を主張する民同との間で激烈な論争が繰り広げられた。二六日の午前二時を回ったところで、「最悪の場合はストを含む実力行使を行う」という最後の確認事項について書面投票が行われ、ぎりぎりの過半数でその方針が可決された。

これに対して、翌二七日、政府は治安関係閣僚会議を開き、鈴木労相、増田官房長官が、「熱海での国労中央委員会の決議はそれ自体公労法、定員法に違反している。法治国家の国民は合法的手段で対処されたい」との声明を発表した。

そして六月三〇日に政府は閣議を開き、行政整理による退職者への退職手当令を定めて発表するとともに、七月一日を期して人員整理を断行することを決めた。そして、運輸大臣から定員法に基づく人員整理通告があったのである。

これに対して国鉄労働組合は、「国鉄復興を念願とするわれわれにとって、この整理基準は絶対に容認できるものではない。したがってわれわれは過日の中央委員会決定の方針にもとづいて、徹底的に最後まで国民の支持のもとにたたかう」、しかし「好んで実力行使に出るものではなく、あくまでもこの問題を正常な団体交渉によって解決を望むものであり、政府もこれに応ずることを確信する」「政府は今からでも直ちにこのファッショ的整理案を撤回し、平和のうちに団体交渉をおこなうことを望む」という声明を発した。

そして、翌七月二日、国労の役員と国鉄側は、局長会議室で席についた。ところが、冒頭、下山総裁が「念を押すようだが、このことで団体交渉はできないことになっている。組合と協定して結論を出すというものではないし、組合の合意がなくとも、当局は既定方針どおり実行する」と述べ、その後、数時間にわたって問答が続けられた。最後には下山総裁は「もう、これで話を打ち切りにしたいと思う」の一言で、部屋を出ていってしまった。

その後も、国労側は団体交渉を求めたが、当局側は応じず、七月四日に第一次三万七〇〇名の整理通告がなされ、七月五日に下山総裁が行方不明となり、その深夜、六日午前零時頃、無残な轢死体となって発見されたことは前述したとおりである。

日本中が異様な雰囲気に包まれる中で三鷹事件が発生することになるが、下山、三鷹事件のいずれも人員整理とのからみで、労働組合や共産党との関係が取りざたされた。そうした経過を経て、あたかも待っていましたというように、前記の三鷹事件についての吉田首相声明の発表や朝日新聞などの社説へと繋がっていくことになる。

◉出回っていた共産党の「ニセ指令」文書

三鷹事件の関係で、あらかじめ見ておかなくてはならないのが、日本共産党が出したように装った「指令文書」の存在である。

三鷹事件の裁判に証拠物件として提出されたビラやチラシの中に、『危うし!! 祖国! 計画台風—八千万人の足を狙う秘密指令』と題する文書がある。文書の冒頭には「共産党労働総攻撃再指令」と書かれ、「国労の第一次七月攻勢は失敗した」と総括するとともに、「第二次労働攻勢では積極戦法への転換を期する」とし、その目標として「七月十日が活動の開始、七月一五日は共同闘争宣言を実施、七月二〇日は国鉄、全逓、東芝を中心とした実力闘争」を掲げている。そして「合法、非合法は見解の相違」であるとして、「山猫闘争の拡大を人民闘争へと発展させるという非合法戦術を国労中央闘争委員会へ口頭で指令した」と記載されている。

小松良郎は『新版　三鷹事件』で「共産党のニセ指令」というキャプションを付して、『計画台風』と表題に書かれた本の写真を掲載し、「三鷹電車区の民同派の組合員は、事件が発生する前に、これが共産党の秘密指令だといって、ガリ版に刷ったビラを組合員に見せて回った。この指令を八王子管理部やその他で見た新聞記者もいる」と記している（同書三六頁）。

これらの怪文書には、不気味な文字がならんでいるが、共産党が出す指令としては不用心であるばかりか、いかにも幼稚で、何を目的にしているか全く不明である。たとえば、六月一四日の「共産党指令第二百十一号」には、①非能力発揮戦、②自然事故原因不明の事故発生戦術、③混乱時に対して非協力的怠慢戦術、④突発事故による休暇又は欠勤戦術、⑤右の時に対して遅刻戦術、というようなことが書かれていた。

この中の②などは、あたかも三鷹事件を予告するような内容でもある。しかし、事件が起きたときに証拠にされるような文書をわざわざ作り、それが外部に広まったところで事件を起こすなどということは、〝愉快犯〟ならともかく、合理的に考えればありえない。むしろこうした内容のことを書いたものが事前に出回ったことから、この怪文書は反共的な組織ないしはグループが事故の発生を想定し、意図的に作成したものとしか考えられないというのが、大方の見方である。ところが、それを誰が、いつ、何のために作ったかについて、捜査された形跡はない。

このような文書が事前に作られたこと自体、事件を惹き起こす〝陰謀〟の存在を感じざるを得ないが、事件後の捜査の方向と進め方を見ると、捜査当局やマスコミが、こうした〝謀略〟に易々と乗せられていったことが分かる。

三鷹駅で無人電車が暴走した後、捜査がどこに向けられ、第一審の判決で〝空中楼閣〟と決め付けられるような捜査がどのように〝進展〟したか、またそれを新聞がどう報じたかを、次に追ってみることにする。

第二章　新聞報道に現れた捜査の動き

一――共産党員の元国鉄職員を逮捕

◉最初に二人を〝殺人罪〟で逮捕

事故の翌日に逮捕状が出された三鷹電車区の元執行委員長飯田七三と中野電車区元闘争委員長の山本久一は、三人の国会議員や共産党員である労働組合員らとともに、七月一七日、合同捜査本部の置かれた武蔵野署にそのことを抗議し、説明を求めるために赴いた。ところが木陰で十数人の労組員に護られながら様子を伺っていたとき、署長から無届集会（公安条例違反）だとして解散命令を命じられ、スクラムを組んでいた飯田と山本の二人は、約三〇名の警察官によって、その場で逮捕された。

合同捜査本部の田中検事は、逮捕の数時間後、報道陣に対して逮捕の理由を「両名は共謀のうえ、七月一五日午後九時二三分ころ三鷹電車区で停車中の七両連結の電車を発車させ、三鷹駅構内一番線で右電車を転覆させて殺害した疑い」と説明。「逮捕状の罪名は殺人罪になっているが、取調べの進行次第では罪名が変わるかも知れない」と付け加えたという（朝日新聞七月一八日）。

同記事に続けて朝日新聞は「黙秘権を行使　取調べを受ける両名」という見出しで、「新刑事訴訟法で認められた黙秘権を行使しているため捜査は傍証固めに努めなければならないと当局はいっている」と報じた。

一八日の朝日新聞は、「捜査本部に押寄せた共産党員ら」という大きな文字のキャプションをつけた五段抜きの写真を掲載している。奇しくも同日の一面のトップは、「民同、著しく台頭　国鉄労組、最近の動き」という記事であった。リードで次のように伝え、本文で全国各地の情勢を詳しく報じている。当時の社会的な関心事であったとはいえ、このような内容の記事が詳細に報じられていることに驚かされる。なお、「革同」とは国鉄革新同志会、「中闘」とは中央闘争委員会の略であり、「革同」は多くの場合共産党系と同一歩調をとっていた。

すでに国鉄の整理通告はほとんど終わり、拒否者も非常に少なく最初混乱を予想された国鉄整理は案外順調に進んでいる一方、中闘内部において共産、革同の統一左派と民同系の対立はいよいよ激化しているが、この情勢が国鉄労組の各地方支部にどう反映しているかについて、本社通信部を通じて調査した。その結果、一七日までに判明したところでは、①左派が大部分整理された関係から結果として全国的に民同派の台頭は必至と見られている②実力行使を避け民同派の線で合法的に闘う空気が強くなっている③整理開始後周囲の情勢不利とみて「遵法闘争」もほとんど行われていない。なお左派もこの情勢をみてとり実力行使について慎重な態度をとつて闘争の長期化をはかり、勢力の維持につとめようとしているようである。

さらに朝日新聞はその記事の横に、「中闘委員の解雇、当局、今明日中に発令か」という見出しで、次のように報じた。

国鉄の第二次整理が大詰めになるにつれて中闘委員に対する当局の処置が焦点となってきた。当局は初めから強硬な態度をとり第一次以来、地方支部、分会の組合役員には思いきったメスを入れてきたが、中闘委員についても同様の態度でのぞむことに決定。早ければ今明日中に発令する模様である。

人員は共産党、革同を合して十四、五名くらいで、解雇の理由は熱海中央委員会の「ストを含む実力行使」の決議および十五日組合が当局に発した警告文に賛成した者は整理基準の非協力者に該当するとみなしたものである。

解雇者は公労法により組合専従者にはなれぬので統一左派の大幅な解雇は国鉄中闘の勢力分野に大きな変動を生じる結果になる。

これを見ると、国鉄当局が攻撃の対象を、組合員の中でも共産党員とその同調者に的を絞っていることが分かる。それに呼応するように、三鷹事件の捜査対象もそこをターゲットに集中することになる。

◉高相宅など四ヶ所を捜索

三鷹事件合同捜査本部は、捜査開始三日目の一八日、事件発生の当夜に飯田七三を含む三鷹地区共産党細胞（支部）員が集合していた三鷹市下連雀二五六の小間物商高相健二宅や三鷹電車区など、四ヶ所を捜索した。

一九日の朝日新聞は、その際、闘争委員長以下各委員の会議ノート、ビラ、闘争指令電報の控え、議事録や厚生帳簿を押収したと報じた。それに続けて、「七時いったん本部に引き上げた後、捜査首脳陣によって同時刻までに集め得た全資料を総合検討の結果、『捜査の範囲は次第に縮小され、事件は糸口の段階から急速に発展を見せる段階に達した』との結論を得た模様で、また某捜査首脳は、『近日中に新しい重要な人物の登場になるかも知れぬ』と言明、捜査はにわかに活気づいて来た」と報じている。

後で大問題となる高相宅での会議については、当初はそれ以上詳しくは報道されていない。注目されるのは、翌七月二〇日、朝日新聞が「捜査首脳に聞く」として掲載した記事である。「事件発生から四日目の一九日、本紙記者は捜査本部の某首脳（特に名を秘す）と次の一問一答を行った」として、以下を報じた。

問　飯田、山本両容疑者を逮捕した理由は。
答　両名が〝無人電車〟に直接手を下したとは思わないが、あれだけの大事件が発生した時刻に、しかもその現場で、災難に会った人たちを救おうともせず演説していたとすれば、常識的に考えても検挙せざるを得ない。（中略）
問　両容疑者があくまで口を割らない場合は。
答　両名から事件解明の糸口をつかみたいとは思っているが、口を割らない場合でも捜査が中断するようなことはない。
問　事件の性格は。
答　個人の単独犯行では絶対にない。運転技術をわきまえた多人数の計画的犯行だと思う。
問　下山事件との関連は。

答　両事件の現場が、ともに東京でも有名な共産党細胞の発達した地区である点について、今のところ関連性があるとの印象が強い。（中略）
問　捜査本部の心構えは。
答　相次ぐ下山、三鷹両事件の発生について、国民は思想的背後関係があるのではないかとの疑問を持っているに相違ない。この疑問と批判に応えるため、身命をとして事件解明に当たり、捜査の結果がどうでようとも、国民に内幕をぶちまけるつもりだ。

名前や所属を隠すことを条件に、政府高官や警察の首脳部が新聞記者に話をすることは現在でもよく行われている。しかし、「両名が〝無人電車〟に直接手を下したとは思わないが、あれだけの大事件が発生した時刻に、しかもその現場で、災難に会った人たちを救おうともせず演説していたとすれば、常識的に考えても検挙せざるを得ない」という恐るべき捜査方針を披瀝したうえに、「国民は思想的な背後関係があるのではないかとの疑問を持っているに相違ない」と、国民を盾に捜査の方向性を示しているのは、話す方も話すほうだが、それをそのまま記事にする記者も記者であるといわざるをえない。

◉「無人電車のトリック」を報道

これより先、読売新聞は七月一七日、「ハンドルに紐　犯人は発車後飛出す」という見出しを付けて、写真入で「無人電車のトリック」を掲載した。まさにスクープであった。
それが竹内を三鷹事件の実行犯に結びつける「紐」となるのだが、そこには写真に添えて次のような説明が付されている。

問題の電車はどうして走ったか――この無人電車のトリックを解くため捜査本部ならびに国鉄当局では事件当夜の十五日深更から現場の事故電車を中心に三鷹駅信号手、踏切番などの関係者を召喚、事情聴取したが、事故電車の運転ハンドルが発進位置におかれたままヒモで固く結びつけられていることが判明した。ハンドルは発進位置におしつけておかないとスプリング仕掛けで逆転し、やがて停車するのでこれを防ぎ電車を突っ走らせるためのトリックとみられ、事件は計画的な犯行であることが決定的となった。さらに調査の結果、

一、問題の電車は十五日午後四時五十五分ころ入庫した際パンタグラフを降ろしてあり、自然発車はあり得ない。

一、電車は一番先頭のモーター車だけで運転された形跡がある。

一、問題の電車には運転士、車掌等の乗務員の姿は全く認められず、ヘッド・ライトは消えていたが室内燈は光々として輝いていた。

以上により当局では〝無人電車〟を走らせた魔の手はまずハンドルをくくりつけてのち、パンタグラフをあげるヒモをひき電車がスタートした瞬間、車外に飛び出たものとみられ、犯人の範囲を電車区関係の運転、検査、技工の三者に限定捜査を進めている。【写真は〝無人電車〟の運転台】

事件当日の夜には、前述のとおり、日本側は現場で調査や捜査ができなかった。したがって「捜査本部ならびに国鉄当局では事件当夜の十五日深更から現場の事故電車を中心に三鷹駅信号手、踏切番などの関係者を召喚、事情聴取した」という記述自体すでに事実と異なると思われるが、この記事と写真が三鷹事件を決定的に方向付けることとなる。

前記の説明には、「事故電車の運転ハンドルが発進位置におかれたままヒモで固く結びつけられて

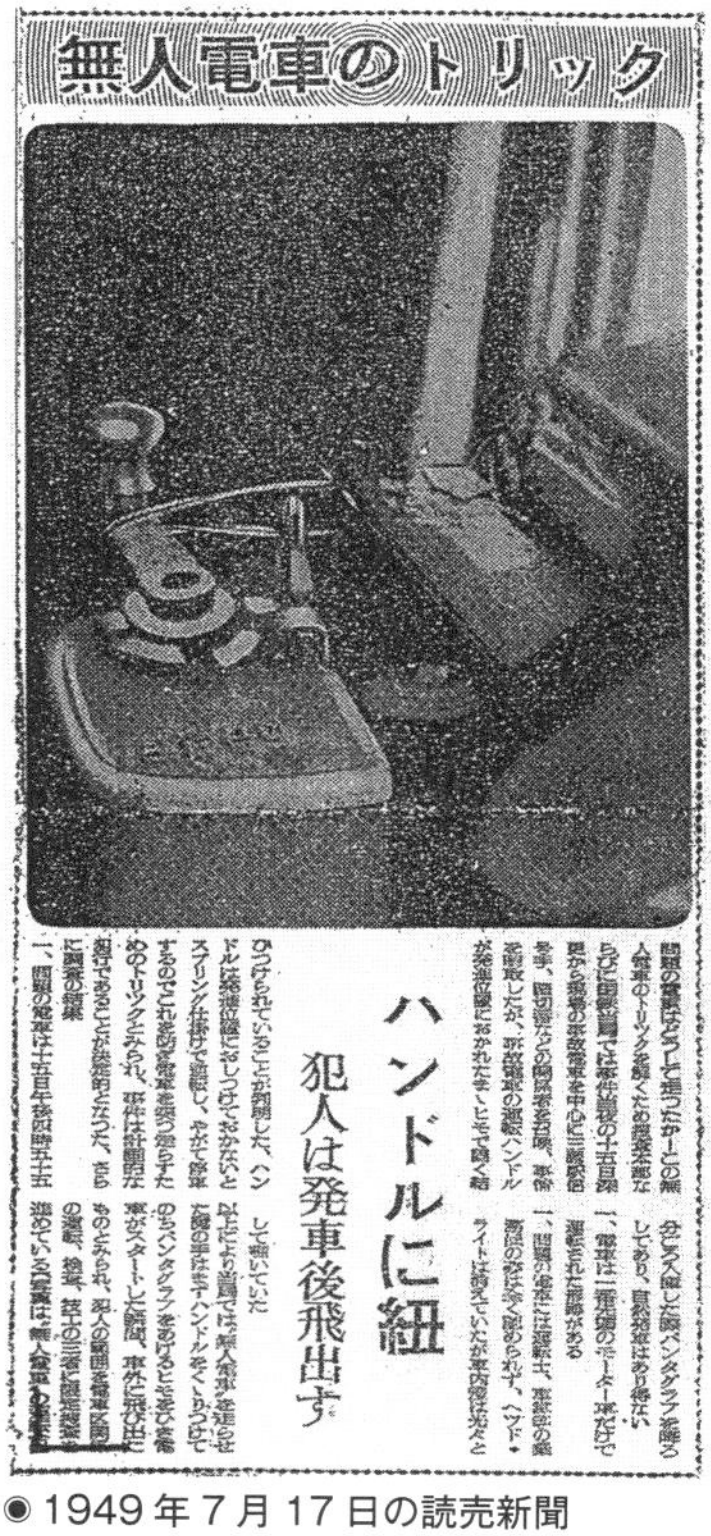

◉1949年7月17日の読売新聞

いることが判明した」というが、果たしてそのとおりだったのか、これにも注目する必要がある。

この読売新聞の記事と写真については、五日後、アカハタが「共同調査団発表」ということで、「読売新聞のデマ記事―デッチあげた『無人電車運転台』」という記事と別の写真を掲載している。その記事は、「十七日午後共産党代議士と会見した田中検事はキクナミ氏の詰問に対して、『読売新聞の写真は同社が勝手にあのようなものを作って掲載したもので、事故を起こした電車のものではない。あの記事と写真にはわれわれも困っている』と言明した」と報じ、さらに三鷹電車区分会員達が口を揃えて「ハンドルの形状が違う」ことを述べているとして、「ホンモノ」の運転台の写真を掲載した。

当時の読売従組書記長増山太助の著した『検証・占領期の労働運動』という本がある。そこには、「三鷹事件直後に、GHQから『無人電車運転台の写真』が各新聞社に特配され、掲載を強要した。しかし、画面は修正され、印画紙も日本製のものではなく、入手が不可能であった」などのことが紹介されている。増山は同年七月一二日からの第二次読売争議で解雇されるが、後になってそのことを内部のものから直接聞いて知ったという（片島前掲書一七二～一七三頁）。

二――証拠になる物が次々と発見される

◉ハンドルの発見と指紋の検出

七月一九日の朝日新聞は、一八日に無人電車から飛び降りた男の目撃者が数人出ていること、近くの主婦が三鷹電車区付近の中央線本線北側のサツマイモ畑にエアーブレーキのハンドル（ニギリに木のおおいのないもの）が突き刺さっているのを発見したことを、合同捜査本部の発表として報じ、発見されたハンドルの写真を載せた。合同捜査本部は、「発見されたハンドルはこの事件に関連があると考えている」と発表した。これについて二一日の朝日新聞は、「国警都本部鑑識課で指紋をとったところ、発見者田中直一さん夫婦のものでも、紛失まで使っていた某係員のものでもない二個の指紋を検出した」と報じている。ところが、その後これらの情報はどうなったのか、裁判ではエアーブレーキのハンドルも指紋も証拠として提出されずに終わっている。

一方、毎日新聞は七月二二日、イラスト入りで「当局想定による犯人『あの日の手口』」を掲載した。それを見ると、上から、①ハンドルで空気制動弁を操作し、②コントローラーを全速の位置に固定、③パンタグラフを上げ電流を通し、④犯人は立去る、⑤次第に空気管は充満されていく、⑥一分半後には、自然に電車は走り出した、という説明が付されている。②のコントローラーの絵の横には、カギ、古クギ、紙ヒモの絵と文字が添えられている。

毎日新聞はその左横に、「犯人は四、五名か　ヒモで無人操縦」という大きな見出しを掲げ、「当局ではこの想定により捜査を押し進め、犯人は運転操作に精通したもので、しかも問題の制動弁ハンドルの置き場所（三鷹電車区内検査係または物品倉庫）に出入りし得るものと見込んで二〇日夜から捜査範囲を縮小、同電車区仕業検査係などを中心に内偵を開始した」と伝えた。「手口は簡単」というのが、捜査本部の発表であった。

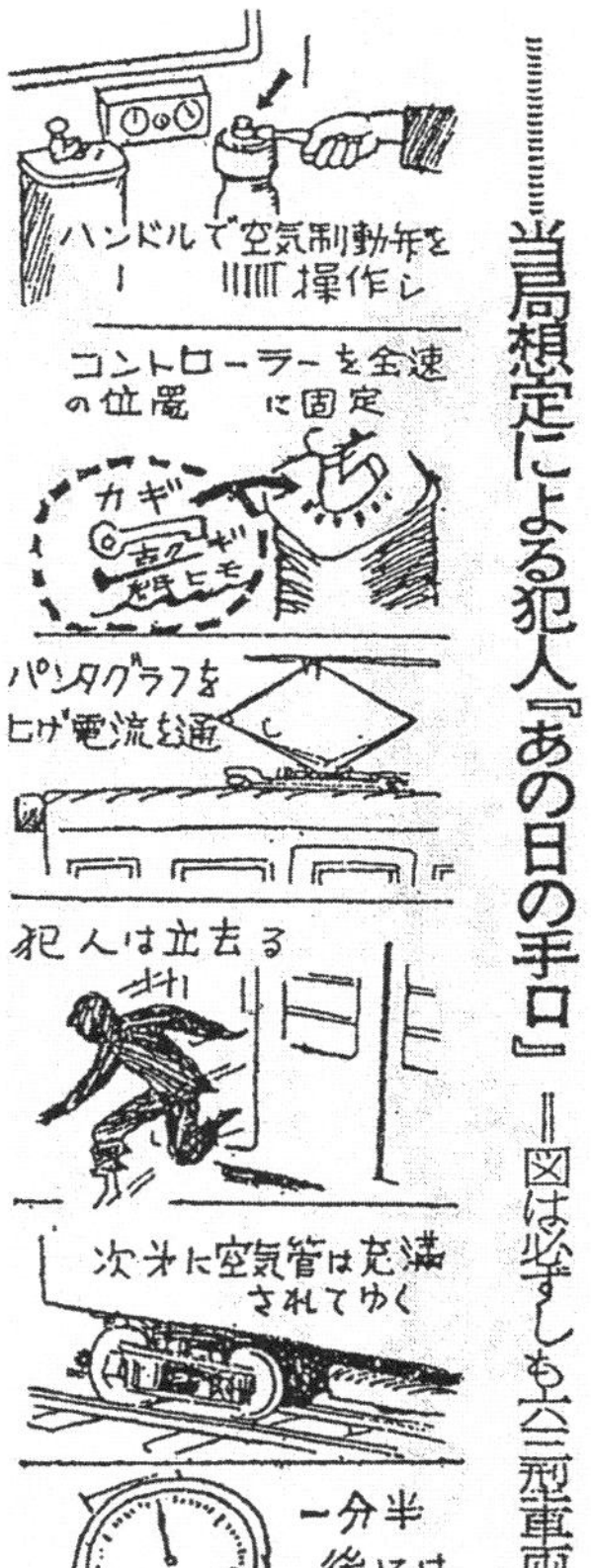

◉7月22日の毎日新聞イラスト

◉鍵穴には「鍵」が差込まれたまま

それに続けて毎日新聞は、「コントローラーの鍵発見」という見出しで、次のように報じた。

捜査当局では運転席にあった古くぎと、紙ひものほかに更にコントローラーのカギ穴に始動用のカギが差込まれたまま残っていたのを、二十一日国警科学捜査研究所へ送り検査を開始したが、こ

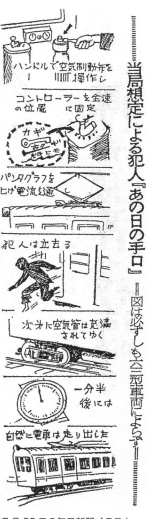

のカギは電車を動かすためコントローラーを操作する場合、絶対に必要なもので、これについては二十日の捜査会議で岩井国警本部銃器課長が説明したと考えられる五つの場合の電車を動かす方法のうちコントローラーを用いない他の四つの方法はこれまでの調査でいずれも否定されたので、犯人はコントローラーの側面にあるカギ穴にこのカギを差込み自由に動くようにした上、全速の位置に紙ひもと古くぎで固定し、パンタグラフをあげ、発進させたという基本線の確証があがったわけである。

このカギは長さ一寸五分、幅三分位のもので、運転士と検査修繕係員が予備と合わせて各二個を常時持っているものである。

捜査機関が「カギ穴に始動用のカギが差込まれたまま残っていた」と発表してからおよそ一ヶ月後、竹内がまったく違う「犯行手口」を〝自白〟することになる。この事実は竹内の供述の信憑性を考える上で極めて重要である。

◉数名による計画的犯行と断定

「捜査首脳に聞く」(朝日七月二〇日)と同じ紙面で、同紙は「〝運転者〟の目星つく」という大きな見出しをつけた記事を載せ、「捜査首脳は『無人電車を直接動かした人物についての輪郭も大体目星がついた』といっている」と記述しているが、それ以上の具体的な内容はない。同紙は続けて、「実地検証で確信」という見出しの下に、合同捜査本部が一九日朝から無人電車が走った線路の状況や、ハンドルが発見された地点と電車停留地点との関係などについて現場検証を行い、「捜査本部ではこれら不審の点を総合した結果、数名からなる計画的犯行と断定を下したもようである」と報じた。

その内容を引用すると、次のとおりである。

問題の電車が普通停車位置から百メートルあまり引き込んで止められており、零番線電車と二番線電車の陰に隠れて両側から見通せない状態にあったこと、三鷹駅寄りの合図所からは電車がすぐそばを走るまではわからないようになっていたこと、普通の場合、電車七台の前部に一編成入ることになっていたが、当夜は入っていなかつた。

以上のことから、どうして「数名からなる計画的犯行」と断定できたのか理解に苦しむが、各紙とも当局が「数名からなる計画的犯行と断定」という結論をそのまま伝えるのみである。

なお、同日の朝日新聞は、飯田、山本が殺人事件で地検八王子支部に送検されたことを報じ、さらに三鷹署への「中央線一通勤者より」という匿名の投書を掲載した。

あのとき立川行電車一台目から見ていたが、問題の電車後方より二両目（進駐軍専用車の前）の客室内を後方から前方へ（西より東へ）一人の男がひどくあわてた様子で走っているのをチラッと見うけた。黒のヒサシ帽子、白シャツを着て、前ボタンをはだけていたように思う。途中一度後方を振り返り、左手に何か引きずっていたようだ。中肉中背、少しやせ型かも知れない。年齢二十七、八歳。

翌七月二一日、朝日新聞は、「電気に精通した男　捜査線上に浮ぶ〝ホシ〟」という見出しの下に、次のような大胆な推測を行っている。

捜査当局が現場付近の地取り、聞込み、家宅捜索で押収した資料、無人電車の鑑識、三鷹電車区内の重要参考人の召還、畑から発見されたハンドルの調査などを総合して浮かび上がらせたホシの影は次のようなものであったものとみられている。

一、事件現場に非常に近い特定の職場にいる
二、職場は相当高率の整理者を出した職場である
三、背後関係を持っている
四、電車の構造に非常にくわしく、しかも運転台を使わなくても電車を簡単に、かつ自身は危険を感ぜずに動かせるような方法（例えば各電車の電気接続系統を操作して電車を走らせる方法）を知っているもの
五　機械より電気方面に明るい者で、そういう熟練者は一つの職場にそう多くはいないといわれる

このような大胆な推測記事を新聞が大きく掲載することに驚かされるが、三五頁で引用した事件発生二日目の社説が、そうしたことを許す〝土台〟になったと思われる。

それに続けて同紙は「なぞの指紋二つ　捜査本部　証拠固めに全力」として、次のように報じた。三鷹事件の捜査側がさらにどういう者をターゲットにして、いかなる証拠を手に入れていたか、これを読むと良く分かる。

合同捜査本部では、無人電車を直接動かした人物の輪郭をつかんでいる模様で、その裏づけに全力をあげ、無人電車の運転台、車両の部分品、発見されたハンドルなどの物的証拠を再検討すると

ともに、飯田、山本両名の線から導き出される職場、思想両方面からの背後関係についても資料を集めている。

そして、背後関係として、「飯田、山本両名に、直接ではないまでも多少の関係があるものと思われる会合が事件の当日、既報の高相小間物店における共産党の集会以外に次の二つがあった」として、三箇所をとりあげている。しかし、それらはいずれもその後そのまま立ち消えになっている。

◉二名を引き続き拘留

飯田、山本は、七月一七日に殺人罪で逮捕されたが、犯行を否認し続け、二〇日には列車転覆致死罪により東京地裁八王子支部の相川判事の決定で勾留された。その後の朝日新聞の三鷹事件関係についての見出しを追うと、「意味ありげ　飯田の言動」（二二日）、「容疑者　口を割らず」（二三日）、「新容疑者近く逮捕」（二四日）、「捜査の資料そろう」「参考人取調べ終わる」（二五日）と続く。

そして七月二六日の朝日新聞には、「首謀者？五名浮かぶ　証拠を固めて検挙」として、次のような記事が掲載された。

三鷹事件合同捜査本部は、二十五日から、無人電車転覆、共同謀議のもっとも濃いものとして元三鷹電車区組合員五名の事件前の行動に捜査の全力を集中している。この五名は、さきに逮捕された飯田、山本両容疑者とかねてから度々接触し、事件当夜はいずれも現場付近で飯田容疑者と会合しているほか、事件発生後の行動に種々不審の点があり、アリバイの点についても、ことさら作為した形跡がみられるとしている。当局の証拠固めによって、この一団の検挙は必至とみられる。

三——共産党員らとともに竹内を逮捕

七月二六日に〝憶測〟で伝えられた逮捕は、実際は八月一日の早朝になされた。翌二日の朝日新聞は一面トップで、「七名を新たに逮捕　三鷹事件　背後関係の急追へ」という五段抜きの大きな見出しに続き、次のような記事を載せた。

◉新たに七名の身柄を確保

三鷹事件合同捜査本部は事件共謀者に関する基礎捜査を終わり、一日朝かねて有力容疑者として内探中の元三鷹電車区員技工横谷武雄（二七）、同運転士田代勇（二四）、同外山勝将（二五）、同宮原直行（二八）、同伊藤正信（二六）、同検査掛竹内景助（二九）、同整備掛清水豊（二〇）の七人を東京地裁八王子支部相川判事の「電車転覆致死罪」容疑の逮捕令状により、一せいに検挙した。宮原宅では運転用カギ二箇を押収した。このうち竹内を除く六名はいずれも共産党員だと係官はいっている。この七名中には無人電車の直接運転者をふくみ、これで事件直接関係者の検挙は一段落し、今後は背後関係と横の組織につき捜査の重点が指向されると当局は言明している。なお、同日朝、東京地検八王子支部田中副検事の指揮する別班は中野、三鷹両電車区、国鉄労組八王子支部事務所など八ヶ所の家宅捜索を行い、証拠類多数を押収した。

朝日新聞はその横に連行される横谷と取調べを受ける竹内、それに田代、外山、宮原、伊藤、清水の顔写真を載せ、組合における役職など七名の詳しい経歴を紹介し、全員が国電ストなどですでに解雇されていることを伝えた。

さらに、同紙は「〝初め転覆を計画〟容疑者の一人が供述」という見出しを付けて、具体的な手口を次のように報じた。

某容疑者は取調べの係官に対し、無人電車の発車方法および発車目的につき同人の見解として次のような注目すべき供述をしたと係官は語っている。

電車はコントローラーをヒモでしばったのちパンタグラフを上げて発車させた。第二ポイントで転覆させて線路をふさぐ目的だったが、技術的に未熟だったため圧さく空気の制動とコントローラーの操作を誤り、フルスピードを出しポイントを突き破って一番線に突入した。もし初期の目的通り第二ポイントで転覆すれば、九時十八分着の三鷹止まりの電車は同時刻に入庫してきて正面衝突し、運転台の作為の跡は完全にいん滅されることが計画されていたものである。

これを見ると、計画的な犯行を立証するために、逮捕前にかなりの取調べがなされ、自供を迫っていたことが分かる。

◉「発車」は竹内、横谷と推定

同じ八月二日の朝日新聞は、七名を五ヶ所の警察に分散留置し、取調べを開始したが、「一部の容疑者たちの口はほぐれ出しており、捜査本部は総合した傍証と直接取調べの結果から無人電車は竹内、横谷両名の担当で行われたと推定している」と報じた。さらに同じ紙面で、「山本との関係に疑い」

をもつて、中野でも三名を検挙したことを伝え、また「アリバイは〝作為〟飯田を中心に数回会合」という見出しに続けて、「当局の調査によれば逮捕された七名は無人電車を直接動かした共謀者とみている模様で、中野電車区の三名も山本久一との関係から関連あるものとみている」として、次のような記事を掲載した。

▽三鷹の田代、伊藤、横谷、外山、宮原、清水、竹内の七名は特に飯田を中心に密接な連絡を取り、数回秘密に会合していた。事件当夜も現場付近の高相方に会合しているがこの会合も作為的なアリバイと当局はみている。伊藤は事件直後六三電車を攻撃するアジ演説を行い、横谷は脱線電車の最前部運転台をのぞき込んで証拠隠滅を企てようとしたとの容疑が深い。また、宮原らも直後に現場付近をうろついていたのを目撃されている。横谷、外山は二十五日捜査本部から呼出が出ると電話で連絡をとってともに姿を消し、外山は二十八日には出頭して取調べを受けたが、横谷は出頭を拒み、父義一さん（六九）は「息子は人民政府樹立の最初の犠牲者だ」と近所の人にもらしたともいわれている。

▽宮原は終戦後すぐに入党しているのに事件後脱党届けを地区委員会に出し、拒否していた解雇届、退職金を受領しているが当局はこの事実に対しても疑いをもつている。同人が同僚に「おれが留置場に入ったら差入れを頼む」といった言葉にも関心をよせている。田代は本年はじめ約三ヶ月間横谷の家に同居しており、その後も密接に連絡をとっていた。事件発生数週間前三鷹駅前付近で六三電車（無人電車の編成車両）の危険性を誇大に宣伝するアジ演説会等を主催していた。また、事件後容疑者らは「アリバイ固守」「真相究明の行動隊編成」などの指令を発していたともいわれている。また、ここ数日間の取調べの結果、横谷らはさる二月の南武線の大がかりな列車

妨害事件にも関連あり、宮原らは国電ストのさい、中央線の臨時列車を妨害して臨時運転者竹内電力課長に暴行を働いた等の容疑も副産物として浮び出たと本部ではみている。

このように新聞記事を長々と引用したのは、捜査機関がどのような根拠を基に、いかなる予断をもって、一〇人もの多数を検挙したかを明らかにしたかったからである。同記事の隣には、〝自供は期待しない〟という刑事部長の談話が載せられているが、逮捕者に対して、自白を迫る過酷な取調べが、早朝から深夜まで連日にわたって続いたことが、後に法廷で明らかにされる。

四――捜査の中心は〝自白〟を得ることに

◉「アリバイは〝作為〟」などの報道

その後の捜査は物証よりも、逮捕した容疑者に〝自白〟させることに重点が置かれた。捜査機関の動きを、朝日新聞の報道でもう少し追ってみよう。

八月三日の紙面では、「直接運転者を追及」「当局〝首謀者飯田〟に確信」として、次のように伝えている。

事件の共謀方法について当局は飯田を中心に幾人かが犯行前後の連絡、事件当夜の見張り、直接運転などの役割を受け持ったものと推定。これら共謀者は七容疑者中に必ずおり、飯田が中心首謀者であるとの確信をますます深めている。
そして共謀の実体を解くカギとして無人電車には後尾ライトしかついていなかったこと、ハンドルや運転台の五つの指紋、ヒモ、クギなどの物的証拠に期待をかけている。

ところが、同紙は続けて、「七容疑者今日送検」という見出しの後に、「二二日午後八時合同捜査本部発表。七容疑者中には取調べに対して黙秘権を行使しているものはいない」と報じた。さらに同紙は、「合同捜査本部は、二二日朝東京地検から数名の検事の応援を決定。直ちに容疑者の本格的取調べを行うことになった。七名の取調べで当局が得た収穫はつぎのようなものである」として、以下のことを伝えている。〝収穫〟という言葉は、捜査当局の言葉だろうが、これを書いた記者の本心も同じ思いであったと思われる。

一、容疑者らの供述はアリバイの強調に終始しているが、すでに一部のものはアリバイのズレをみせている。
一、事件直後の一七日夜、容疑者らの多数が出席した三鷹町下連雀の某所の秘密会合で「近く某工場（三鷹近郊）がストに入る。それで警備にスキが出たらまた新闘争戦術を強行しよう」と申合わせたと容疑者の一人は述べた。
一、押収書類の中から三鷹事件に関する報告書、指令書と思われる文書を発見した。
（中略）
一、三日までは七容疑者の取調べに全力をあげるはずで、次の検挙はそれ以降とみられ、さらに第四、第五の検挙に発展。その間に中野関係者との結びつきなど、多方面にわたる捜査の総合を見込むと、事件捜査の一段落するまで八月一ぱい要するものと見られる。

語るところによれば『二名を除く他の容疑者は取調べに対し軟化しつつあり、すでにアリバイを崩す確信を得た』と自信をもらしている。三日夜までの取調べで判明した事実は……」として、次のようなことを伝えた。

◉躍起になってアリバイつぶし

八月四日の朝日新聞は、「アリバイ崩れだす」「食い違う供述」という見出しで、「取調べ責任者の

一、共産党員の外山、横谷、伊藤、清水、田代、宮原（事件直後脱党届を出している）各容疑者の供述によると事件当夜は高相方のフラク会議に何れも出席していて、事件突発をきいて現場にかけつけたことになっているが、竹内容疑者だけが構内フロに入浴し、その後夫婦で陸橋をわたり散歩していたとのべ、この点にアリバイ切りくずしの糸口を発見した。

一、当局は事件発生時刻（九時—九時半）入浴者電車区運転士高橋倉之助氏ら六名について簡単な聞きとりを行った結果、「竹内を見たように思う」と答えたのは一名だけで、他の五名は竹内がいたことを否定するか「気がつかなかった」と消極的な否定をしている。（中略）

一、高相会議のアリバイを疑問視する心証として、

①容疑者を含む出席者は高相アリバイに関する限り、こまかい点まで正確な時刻を記憶しているにもかかわらず、質問が前後のことになると、急に的確さをかく。

②高相会合には時刻の点では何れも正確に一致した答えをするが、尋問が会議の内容、出席者数、人名などになると各人の供述がくいちがって来る。

③会談の内容は相当長い（六時―九時半）にもかかわらず、供述する会談の内容は少ない。

上記の記事の中で、「フラク」という言葉は、最近すっかり使われなくなったが、「フラクション」の略語で、「政党や労働組合などが、大衆団体や他の組織の内部に設けるグループ組織のことで、とくに左翼運動で用いる勢力拡張の一戦術」という意味に使われていた。

後に三鷹事件の電車転覆について共同謀議をしたとされた高相会議は、この時点では「アリバイ」作りのために口裏を合わせていると見られ、それを崩すことが取調べの重点であったことが分かる。

そして、重要なのは、「竹内容疑者だけが構内フロに入浴しその後夫婦で陸橋をわたり散歩していた」こと、事件発生時に「竹内を見たように思う」と、竹内が入浴していたことを目撃しているものが少なくとも一人いたことが、当局によって確認されていたという事実である。「この点にアリバイ切りくずしの糸口を発見した」というのは何を言おうとしているのか、これを書いた記者はどう理解していたのであろうか。

さらに八月六日、朝日新聞は「供述、核心に近づく」「大きく浮かぶ竹内」という見出しで、「捜査当局のにぎるキメ手は次のようなものといわれる」として、以下のとおり報じた。

一、宮原は重要な供述を行いつつあり、同人が事件後共産党に脱党届を出した動機についても追及されている。供述中に「高相会合中の夜九時二十分ころ飯田が時間をたずね、〝もう二十分ぐらい会議をしよう〟といった」ということは作為的アリバイを裏付けるものと当局はみている。

一、無人電車を走らせた直接犯人については、アリバイが崩れつつある竹内が大きくクローズアップされており、電車暴走の時刻に現場付近の構内西端で彼と会ったという元三鷹電車区技工坂

——本安男君（一八）が重要な参考人だと当局はみている。

（以下略）

坂本安男が、捜査当局に対して「電車暴走の時刻に現場付近の構内西端で竹内と会った」と語ったということが、文字通り竹内にとって〝命取り〟となることは後でみるとおりである。

五――ついに〝自白〟する者が現れる

◉最初に共産党員二名が虚偽の自白

新聞報道を追う限り、その後しばらく捜査はあまり進展していないことが分かる。

朝日新聞に掲載された三鷹事件関係の記事の日付と見出しを羅列する。

- ●八月七日「詰所でも〝謀議〟出席者中に新容疑者？」
- ●八月八日「南武線の妨害に横谷ら関係か　三鷹事件捜査本部で重視」
- ●八月九日「飯田きのう起訴 山本も今明日中に」「首謀者は飯田 捜査本部、起訴に確信」
- ●八月一〇日「秘密組織を追及　三鷹事件　捜査すすまず」
- ●八月一一日「第三次検挙近し 一部は釈放か」
- ●八月一二日「横谷が下手人か　ハンドルの指紋合致」「竹内容疑者にも新事実」「関係者は二十数名 正犯も三、四名未検挙」

●八月一三日「大写しされる五名 当局の取調べ集中」「七名の起訴確実　傍証固めほぼ終わる」
●八月一四日「〝秘密行動隊〟暴かる　外山が主導役」
●八月一五日「崩れる高相アリバイ　黒川氏が証言〝伊藤君は出席せず〟」「クギは無関係」
●八月二〇日「物証依然つかめず　二十三日で拘留満期」

この間で注目されるのは、八月一二日に報じられた「横谷が下手人か　ハンドルに指紋合致」と「竹内容疑者にも新事実」という記事である。前者については「三鷹現場付近の田中直一方の畑から発見されたハンドルからとれた指紋は、国警本部鑑識課で七容疑者の指紋と照合中であったが、十一日横谷容疑者の特徴と一致していることが判明。この物的証拠により、同容疑者が直接下手人であるとの疑いはいよいよ濃くなった」と記載されている。しかし、裁判では指紋は証拠として提出されなかった。

また、「竹内容疑者にも新事実」の内容は、次のとおりである。

三鷹事件捜査本部は、暴走電車の直接犯人として、元三鷹電車区運転手竹内景助（二九）の傍証を固めているが、次のような新事実が出た。

一、事件発生の時刻に竹内を三鷹電車区技工坂本安男（一八）が目撃したことは当局で確認、そのほかにも目撃者が現れている。

一、事件当夜の供述で竹内は「妻と散歩した」というが、妻はおぼえがないといっており、当夜のアリバイはくつがえっている。

一、事件直前ころから自転車、机など家具類を買い入れているが金の出どころに疑いがある。

はたして捜査当局は竹内の妻から本当に事情を聞いているのか、マスコミも独自の取材ができたはずだが、当局の報告だけをそのまま載せているだけである。とくに最後の部分など三鷹事件とどう結び付くのか、不可解である。

そのほかこの間の具体的な動きは、八月八日に飯田が「電車転覆致死罪」等で逮捕されたということ以外になく、見出しは相当に大きいが、内容はほとんどない。むしろ後に竹内の自白との関係で注目されるのは、「クギは無関係」というところくらいである。

なお、この間、八月一七日の朝日新聞は、「東北本線に『第二の三鷹事件？』」という見出しで、列車転覆事件が発生し、機関士ら乗務員三名が死亡したことを伝えている。これが、「松川事件」の第一報である。

その後、八月二一日の朝日新聞は、三鷹事件について「容疑者を全員起訴　伊藤、清水ら自供始める」という、極めて重大な報道をしている。

伊藤容疑者の自供の要点は、清水は事件の真相を知っている。計画されていた九月革命後、飯田らを中心として三鷹人民電車区を樹立する計画があり、容疑者の数名も要職につくことになっていた。（中略）

清水容疑者は、事件の実行計画を最後に確認したとみられる七月十四日（事件前日）電車区内で開かれたフラク会議の内容にふれる一方、事件前日、三鷹電車区内から中野電車区の特定人に対して事件を暗示するような電話をかけた事実、同日八王子某所に外山と二人で出かけ「応援を求めた」ことなどについても供述し、さらに竹内容疑者が直接下手人らしいとの口ぶりを示しているといわれる。（中略）

これら伊藤、清水両容疑者の供述は、当局の話によると「事件を一挙に解明する紙一重のところまで迫った」ものであると伝えられる。

同紙はそれに続けて「下手人は竹内 川口検事談」として、「今夜の会議で起訴方針を決定する。現地側としては七容疑者いずれも電車転覆致死罪で起訴する確信をもっている。会議では同時に第二次検挙の範囲についても検討されるはずである。竹内は下手人とみていいだろう」と述べたと報じた。そして、「三容疑者も府中へ」という見出しで、二〇日午後、八王子刑務所に収容中の竹内、清水、宮原の三人が府中刑務所に移送されたことを明らかにした。これが竹内にとって決定的な〝転機〟になることは第五章で詳しくみるとおりである。

六――竹内の当初の〝自白〟とその内容

◉「死刑は前から覚悟」と報じる

八月二三日、朝日新聞は、「死刑は前から覚悟　竹内容疑者が自供」というセンセーショナルな見出しで、竹内が〝自白〟したと報じた。しかしその内容は、見出しの印象とはだいぶ違う。以下がその全文である。

三鷹事件の容疑者として起訴を決定した七容疑者のうち横谷、竹内、清水、伊藤の四名は十六日来取調べ係検事の尋問に対しそれぞれ無人電車の暴走計画に参画したと思われる供述を行った。

すなわち直接下手人と断定された竹内容疑者は検事の鋭い追及につまったあげく「おれは初めから死刑を覚悟していた」ともらし、横谷容疑者は涙を浮べて「共産党が悪いのではない。私の責任だ」という意味のことを口走ったという。また対外連絡をやっていた伊藤容疑者は事件前後のフラク会議の内容やフラクの動きについても核心に近い供述を行い、友好団体との実力行使に関する連絡に当っていた事実の一部を漏らした。清水容疑者も微妙な供述を行って「これまでいったらもう判るだろう」ともらし、さらに「おれは少年犯として取扱われるだろうか」と検事にたずねたといわれる。

これらの供述から当局はすでに四名は犯行を認めたにひとしいとの心証を強めている。

ところが、その記事に続いて同紙は、それと矛盾することを伝えている。「自白者なし　川口検事談」という見出しの下に、「八王子検察本部川口検事は二十二日夜の記者会見で次のように語った」内容というのは以下のとおりである。

一、容疑者のうちには相当の陳述をしている者はあるが、自白している者は一人もいない。

二、七名に対する電車転覆致死罪の関係は一応二十三日で取調べを終了。後は参考人調べに全力をそそぐ。

三、第三次検挙については目下のところ容疑者を逮捕するにたる資料が少ない。

この談話を読むと、新聞記者の判断が先走っていることがよく分かる。

◉七名を新たに起訴

そうした状況の中、八月二四日の朝日新聞は、「七名きのう起訴」「下手人は竹内・横谷」「飯田を含めて共同正犯」という見出しをつけ、前日、竹内らを刑法一二五条（往来危険）、一二六条（汽車転覆等及び同致死）、一二七条（往来危険による汽車転覆等）で起訴したことを報じた。これで先に起訴された飯田を含め、三鷹事件で八名が起訴されたことになる。なお、朝日新聞は上記の刑法の条文をそこで紹介しているが、適用法条をめぐって最高裁まで争われることになる。

報じられた起訴事実の概要は次のとおりである。

外山、清水、横谷、田代、伊藤、宮原、竹内、飯田らは、国鉄三鷹電車区車庫内に停車中の電車を運転者のいないままで暴走させようと共謀し、七月十五日午後九時二十分ごろ、横谷、竹内両名は、一番線に入庫中の七台連結電車の発進操作をして、無人のまま同駅下り一番線に向けて進行させ、脱線転覆破壊させ、折から同駅付近に居合わせた秦俊次ほか五名をレキ死または圧死させた。

ここで注目されるのは、それに続けて報じられた堀検事正との次の一問一答である。それを読むと、報道側も起訴にはかなりの疑問を持っていたことが分かる。

問　キメ手となる物証がないといわれているが、人証その他の証拠で公判維持の自信はあるのか。

答　それは裁判所に予断を与えることだから公判まではいえない。

問　横谷、竹内のほかは、事件の分担が起訴事実にははっきりしていないが……。

答　捜査の都合上いえない。新刑事訴訟法の建前から、公判廷で立証していくことである。（中略）

問　八名の検挙で事件は終了したか。

答　補充的な検挙はあるかもしれないが、事件の本体の検挙は大体終わった。

また、同じ紙面で同紙は、「検察当局に政治的意図なし」という見出しのもとに、堀検事正の談話として、「世情一部に検察側が政治的意図を持って行動しているかのような宣伝をなすものがあるが、事実を曲げるもはなはだしいものであって、全く心外とするところである」と報じた。

労働組合を中心に、三鷹事件の捜査方法に対して、強く批判する声があがり、抗議行動がくり返されていた。そのことについてマスコミはほとんど報じなかったが、この記事によって検事正がそれを気にして、政治的意図があることをわざわざ打ち消そうとしていることがよく分かる。

ところで、二三日の竹内ら七名に対する起訴後、高相宅で「偽証アリバイを立案した疑い」で全国に指名手配をしていた共産党地区委員の喜屋武由放を二五日になって新たに逮捕した。そのことを報じた二六日の朝日新聞は、「三鷹事件の捜査終わる」という見出しで刑事部長の談話を載せている。

ところが八月二九日には、元三鷹分会執行委員長の先崎邦彦が電車転覆致死容疑で逮捕され、後日、喜屋武と共に起訴されることになる。これで先に釈放された山本を除き、三鷹事件の検挙者は一〇名となり、その一〇名が「共同正犯」として裁判にかけられることになった。

◉「竹内が自白」と弁護士が公表

八月二七日の朝日新聞は、「竹内容疑者が自白　今野弁護士から公表」と、次のように報じた。

既報のとおり検察当局によって無人電車を暴走させた下手人と断定された竹内、横谷の両名は、すでに犯行の一部を自供しているとみられたが、二十四、五両日、府中刑務所で弁護人と会った竹内景助被告は、検察当局の発表を肯定して、「自分が犯人であることは間違いない。犯行の当日の行動については、平山検事に八月二十日逐一自白した」と、重要な自白をしたと二十六日今野弁護人によって公表された。

右について堀検事正は「検察当局としては、いかなる行動が被告と弁護人によってなされようと、いまの段階では黙殺するより仕方がない。竹内が自白したということも、おそらく自分側に都合のいいことだけが採り上げられているのではないかと思う。こちらとしては当然これに対抗しうる十分な材料を係検事が持っているものと思う。八王子本部と連絡したうえ、明二十七日これについての見解を明らかにしたい。」と語ったが、竹内被告の自白については全面的に否定しなかった。

なお東京地検馬場次席検事は同夜、次のように語った。

「検察庁としては、竹内が〝自分一人でやったことだと自白した〟と言う事実については、今のところ肯定も否定もしない」

公判を前に、担当弁護人から竹内が「単独犯行」を〝自白〟したと公表したことは、それ自体大問題で、この今野弁護士の行動については、後で詳しく取り上げる。これについて翌日、馬場次席検事が「弁護人の公表は意外」という次のような談話を発表したことを朝日新聞は伝えている。

竹内の自白したことが真実であるかどうかについては、現段階では検察庁として明言を避けたい。たとえその事実があったとしても、本人や家族などの立場を考え、刑訴二百五十六条六項の精神からみても絶対に発表する時期ではなし、弁護人から公表されたというが、それが事実とすれば真に

意外である。検察庁は竹内ほか七名を、証拠にもとづき事件の共同正犯として起訴したものであり、その証拠は公判において明らかにすべきものだ。

刑訴二五六条六項というのは、起訴状は裁判官に予断を生じさせるような書類などを添付したり、その内容を引用してはならないことを定めた条項である。検察側が三鷹事件は「単独犯行」だと竹内が〝自白〟したとする今野弁護人の動きを、何とか封じられないかと苦慮していることがよく分かる。

七――当局が描いた事件の全容

八月二二日の朝日新聞で報じられた内容によって、起訴までの経過に加え、起訴に当たって捜査当局とともにマスコミが三鷹事件の構図をどのように描き、何に注目していたかがよく分かるので、ここにその全文を引用する。

●計画発生の要因

三鷹電車区は東鉄局内十三電車区内でも最も大きな機構で、過激分子も多く、同地区の友好団体の急進分子とのつながりは密接かつ強力であった。六月ストの際も、予想を裏切って支部の指令を待たずにストに突入し、国鉄整理発表の時も辞令受理を拒み、区長を軟禁した。また真夜中に入庫中の全電車の横腹にスローガンを大書し、ガリ版刷りのゲキ文をはりめぐらすなどの過激な行動をとった。一方、友好団体の応援を得て「六三電車の危険性」をことさら強調する宣伝に専念していた事実もあり、かくて同電車区内の一部には〝九月革命〟の遂行を信じ、その先頭に立たんとする機運がみなぎつていた。

●計画立案の過程

六月スト以来同電車区内の飯田、外山を指揮者とする急進グループは、スト失敗の取りもどしに躍起となって来た。これらの具体的な討議は、電車区内共産党フラク会議でくりかえされ、このグループは数名の指導者を中心とする秘密結社の様相を呈し、電車機関区内秘密行動班の結成となった。

この直後、国鉄第二次整理が発表されて、組織の大半が解雇されると、さらに強硬な実力行使をもくろむグループが発生して来た。このグループは数次の会合を持ち、事件発生前日（七月十四日）には、午前中に三鷹駅高相方、午後は同所および電車区内廃車内で合同して最後案をねった。

●発車方法

七月十五日午後九時二十四分、この日精密な車両検査を終わって一番線に移された電車が突如として進行、時速七十キロという猛スピードでポイントを破壊し、三鷹駅に激突、付近の民家、派出所を破壊するとともに、死者六名、多数の負傷者を出す惨劇となった。

事件発生と同時に左翼団体は一せいに自然発車を主張したが、現場に急行した東京地検、国警本部、地元の三鷹町署はこれを否定。「計画された犯罪行為」と断定。これの科学的証明を国鉄、国警科学捜査研究所、各私鉄技術者団体に依頼した。

現場検証、車両検査の結果、三者とも自然発車を否定、大別五通りの運転方法をこの暴走電車について調査した結果、次の方法で電車が運転されていたと一致して断定するにいたった。

前部運転台室に潜入した何者かがクギ、針金でコントローラーのカギをゆるめ、ノッチを全速の位置に押し、ヒモでノッチの基部にあるクラッチに結びつけて固定、運転台後部のパンタグラフを上げるヒモを引いた。一番線に停車後約四時間、エア・タンクの空気が全く失われていた電車は、パンタグラフが上げられても直ちに発車せず、一分二十秒、タンク内に一定量の空気が入るとともに時速五キロで進行、十数秒後には全速の位置に装置された電気回路は全能力を発揮、時速七十キロとなった。

●捜査の結論

国警都本部捜査二係（知能犯）は四日以来、中央線沿線国鉄労組に内探を進めていたが、事件発生とともにこの内探にもとづいて合同捜査本部は確信をもって飯田七三、山本久一両名を事件の首謀者として七月十七日逮捕、続いて外山ほか六名を「電車転覆致死罪」の容疑で逮捕した。

当局は逮捕当初から、竹内景助容疑者を無人電車運転の直接下手人の一人と推定した。その根拠は、竹内は共産党員でも秘密行動隊員でもないが、常に彼らの秘密会合に出席しており、彼の性格は激情かつ軽率であった。これらの点から、竹内は無人電車運転の実行者としてグループから扇動されたものと確信した。この推定は、同人の事件当夜のアリバイが全く崩れるにいたって裏付けられた。

飯田は、六三電車の逆宣伝、区長軟禁、アジビラ散布の計画の指導者であり、彼の指揮下にあったメンバーはいずれの場合にも七容疑者を含めた特定のグループであった。そして外山は飯田と一心同体で計画に参画していた。

この確信にもとづいて傍証固めを行った結果によれば、飯田、外山は首謀者、竹内、横谷、清水の三人は実行者（竹内は運転者、その他は見張人など）、伊藤、田代はその三人を援助していた。

「秘密行動隊員」とか、「秘密結社」とか、いかにも意味ありげな言葉も使いながら、朝日新聞は「起訴状の内容は、大体この線に沿って行われるものとみられる」と自信たっぷりに記載している。この記事によって、各被告人の位置づけや、起訴にあたって検察当局が構想していた暴走車両の発車方法と、それを竹内が「激情かつ軽率」な性格のために扇動されて実行したという内容で三鷹事件を捉えていたことが理解できる。

第三章 法廷内外での熾烈な闘いと竹内の孤立

一 一審裁判所の構成と社会的な関心

◉鈴木コートに決まった経緯

三鷹事件の第一回公判は一九四九（昭和二四）年一一月四日、東京地方裁判所第二刑事部で開かれた。三鷹で起きた事件は、通常であれば東京地裁八王子支部に係属し、そこで審理が行われるが、三鷹事件は支部では審理が困難であるということから東京地裁の本庁に移送された。

九名の被告に無罪を言い渡した鈴木忠五裁判長は、『一裁判官の追憶』（谷沢書房）の中で、「三鷹事件の頃」という項に約八頁を割き、いろいろと貴重な事実を書き残しているが、そのあたりのことを次のように記している（同書三一八頁）。

この事件は、自由法曹団その他の弁護士が数十人名を連ねて弁護に当たることになったため、八王子支部では審理が困難であると認め、事件を東京地裁に移送してきた。地裁では、特別事件の配点は判事数名で構成する常置委員会で決めることになっており、自分もその委員の一人であったが、当時刑事第二部には特に大きな事件は係属していなかったし、担当事件数もわりに少なかったので、三鷹事件はこの部で担当するしかないであろうと考えていた。その予測どおり、委員会ではこれを第二部に配点と決定し、同時に、この事件の終結まで普通事件の配点を停止することを決めた。

三鷹事件についての裁判は、被告人の数も多く大事件であるにもかかわらず、審理は翌年の七月一四日に結審を迎えた。ちょうど三鷹駅で無人電車が暴走し大事故を起こしてから一年目の前日だった。その間、実に六〇回の公判を重ねるスピード審理であった。

当時は四頁建てという少ない紙面のなかで、全ての新聞が三鷹事件の発生からほとんど連日にわたって捜査状況などを掲載し続けてきた。その後の裁判の進行についても、だんだん小さくはなったが、毎回のようにその内容を報じており、マスコミがいかに三鷹事件に注目していたかが分かる。

◉傍聴を求めて徹夜組も

マスコミはもちろんのこと、一般の市民が当時どれほど三鷹事件に関心をもっていたかを理解するために、第一回公判当日の朝日新聞(一一月四日付)が大きな写真を付けて掲載した「泊り込む傍聴者　三鷹事件の〝人気〟」という記事を引用しておく。

三鷹事件公判前夜の三日夜、日比谷の東京地裁の裏門前に時ならぬ〝うなぎの寝床〟が並んだ。徹夜できょう四日の公判を待つ人たちだ。四日朝八時半から渡す一般傍聴券はたった六十枚というのに、午後六時ころから次第に集まる人が多いので、同所守衛が整理券を出したらすでに八十余名に達していたという。

一番乗りは三日の夜明けころからガン張っていたという二十三、四歳の若い工員、大部分が工員か会社員で、二十代の人たちばかり。遠く福島県から上京したという青年もおり、なかに事務員風の女性も数人まじっていた。それ以降、集まった人達は、あきらめて引返していったが、それでも定員以上の人達が底冷えのするコンクリートの道路上に毛布にくるまって徹夜した。

そこまで苦労して傍聴する市民の関心がどこにあったかは知る由もないが、その後の展開をみても、三鷹事件は確かに注目に値する刑事事件であったことは間違いない。

◉審理に付された被告人達

ところで、一〇名を起訴した後も検察側はさらに〝アリバイつぶし〟のために参考人として何人も調べ、その中から偽証容疑で鉄道技術研究所の闘争委員であった石川政信と共産党三多摩地区委員の金忠権を逮捕し、一〇月六日に両名を起訴した。

その結果、三鷹事件の被告は総数一二名となり、すべてを併合して審理することになった。三鷹事件の被告人全員について、当時の年齢と逮捕日、解雇前の所属とともに、検察官がそれぞれの被告をどう位置づけ、後にどのような刑を求刑したか、次頁に表で掲載しておく。

◉公判前の裁判所をめぐる動き

担当する裁判長が決まり、大きく報道されたことから、「各方面からさまざまな投書が裁判所や自宅宛に舞いこんだ」ことを鈴木は前述の本に書いている。それは当然としても、ここで特に見逃せないのは、「この事件には占領軍当局が大きな関心を寄せていることが分かっていたし、公判となれば一般傍聴人が殺到するであろうと予測されていたので、われわれは公判開廷前に、軍当局にたいして、公判廷に占領軍の特別傍聴席を設けてもよい、という申入れをした」と書いていることである。

鈴木はそれに続けて、「ところが、軍当局は、軍が裁判に圧力をかけていると思われては困るから傍聴には行かないことにする」という「意外な回答をよこした」ことを紹介し、「さすがに民主主義国の軍人である。われわれは感心させられた」と、〝率直〟な感想を記している。

占領時代の裁判官が何に配慮しているかが分かる。「裁判官の独立」との関係でそれ以上に驚くのは、その後の記述である（同書三一九頁）。

ところが、こちらの司法官僚は、それとはまったく違った態度を示した。この事件を担当することになって間もない頃、西久保所長から、最高裁の刑事局長が諸君と懇談したいので一席設けるといっているから、全員で出席してもらいたい、という話をうけた。時の刑事局長は岸盛一君であった。

▶三鷹事件の被告人

氏名	年齢	逮捕日	所属	求刑
飯田七三	(32)	7月17日	電車検査掛分会委員長	死刑
喜屋武由放	(23)	8月25日	共産党三多摩地区委員長	死刑
竹内景助	(28)	8月1日	電車検査掛	死刑
外山勝将	(24)	8月1日	電車運転士分会闘争委員	無期懲役
横谷武男	(27)	8月1日	技工分会闘争委員	無期懲役
田代　勇	(23)	8月1日	電車運転士分会青年部長	懲役15年
清水　豊	(19)	8月1日	検査掛分会闘争委員	懲役15年
伊藤正信	(25)	8月1日	電車運転士分会社会部長	懲役12年
宮原直行	(25)	8月1日	電車運転士分会闘争委員	懲役8年
先崎邦彦	(22)	8月25日	電車区事務掛分会委員	懲役8年
石川政信	(27)	9月22日	鉄道技術研究所闘争委員	懲役3年6月
金　忠権	(31)	9月23日	共産党三多摩地区委員	懲役3年6月

鈴木裁判長は、その岸最高裁刑事局長からの〝懇談〟の申し入れを断ったものの、結局、「指定の日に所長室で一同所長と夕食をともにした」ことを明かし、「食糧難の時代だったとはいえ、じつにお粗末な洋食のうえに、たがいに話しあう話題もないので、皆口を噤んだまま黙々として美味しくもない洋食をたべた。食事はすぐ終わったけれども、こんなにまずい夕食をたべたことは絶えてなかった」と記している。

裁判官をやめ、弁護士になってからの書物とはいえ、実名をあげてそのことをわざわざ書いたところに鈴木の反骨精神を見ることができる。しかし、次の文章はいささか気になるところである。

食事の終わりごろになって、これは刑事局長が軍の意向をうけて申し出たことなので、軍のほうには局長から適当に報告してもらうことにする、と所長は言ったが、それをそのまま信じることはできなかった。前の特別傍聴席問題から考えて、軍当局がそのようなつまらぬことを言ってくるはずはなく、これは明らかに刑事局長がかってに軍の意向と称して企てたことにちがいなかった。だが、その意図がはっきり見え透いていて不愉快きわまりなく、その的はずれの企ては笑止千万というほかなかった。

鈴木裁判長がその時に感じた最高裁刑事局長の「意図」とは、一体何であったのか。毎日新聞で司法記者を長く務め、編集委員や社会部長を歴任した山本祐司は、『最高裁物語』（日本評論社）の「はしがき」で、当時最高裁事務総長だった五鬼上堅磐《ごきじょうかきわ》が、「GHQから、あの裁判はこう判決せよ――と命じられると、私は地方の裁判所へ説得に出かけた。米兵にピストルをつきつけられて判決をした裁判官もいる。〝裁判の独立〟どころではなかった。暗い恥部だから最高裁にもあの当時の記録はな

い。ぼくらが始末した」という打ち明け話を、直接、聞いたことを紹介している。

大変な時代であったことがよく分かるが、第一章で簡単に触れた当時のマッカーサーを初めとする占領軍の意向や、事故直後のＭＰの関与、それに政府の当時の思惑を考えると、鈴木裁判長が懸念したことがおおよそ理解できるのではないかと思われる。

二――一審冒頭での被告人らの訴え

◉弁護団の構成と裁判長の異例の訓示

弁護団は戦前から冤罪事件などで大きな業績を残していた布施辰治を団長に、岡林辰雄、青柳盛雄、林百郎（共産党代議士）、小澤茂、為成養之助など自由法曹団の錚々たるメンバーに加え、今野儀礼（元判事）、田坂貞雄（元東京弁護士会会長）、長野国助（前東京弁護士会会長）、藤井英男（後の日本弁護士連合会会長）など六〇名の弁護士が名を連ねた。その中には正木ひろし（本名・昊）、鍛治利一、丁野暁春（元判事）など、異色の弁護士も参加していた。第一回公判には、実に五一名の弁護士が出廷したが、それだけ見ても三鷹事件が法曹界においていかに重大視された、大事件であったかが分かる。

一方、公判担当検事は東京地検副部長の勝田成治と川口光太郎、天野一夫の三検事で、川口は被告人らの取調べの中心でもあった。過酷な取調べにあたった田中、平山、神崎検事などは加わっていなかった。

三鷹事件の第一回公判は一九四九（昭和二四）年一一月四日午前一〇時に開かれた。戦前に陪審裁判のために使われた大きな法廷には、ニュース映画のカメラも入り、傍聴人で熱気に包まれた。そうした中、フラッシュを浴びながら被告人らが入廷し、その後さらに一〇分間の撮影が許された。

それが終わると、冒頭、鈴木裁判長が、次のような訓示を行った（第一回公判速記録。以下、特に別の記載がないかぎり、同記録による）。

裁判官は憲法の規定によってその良心に従い、いわば国民の名において独立してその職務を行うのであって、憲法及び法律の規定に定めるの外《ほか》何ものにも拘束されない全く不偏不党白紙の立場で至公至平純粋の心を以て凡《あら》ゆる事件に臨むのである。この裁判権の独立は厳正公平な裁判が迅速に行われるための保障であって、このために又、裁判は裁判所の公開の法廷において静粛な秩序ある手続きの下に行われなければなら

◉東京地裁第一回公判。戦前の陪審法廷が使われた。ライトとカメラが見える。

ないのである。この法廷においては、被告人も弁護人も検察官も傍聴人も、総《すべ》て裁判長の秩序維持の命令に従わなければならない。

◉弁護側は冒頭から検察側を激しく攻撃

このようなことを、裁判の冒頭にわざわざ告げることによって、鈴木裁判長は関係者を牽制するとともに、信頼を得て審理を円滑に進めようとしたものと思われる。しかし、裁判長が「では、これから調べに入ろうと思う」と人定質問をしようとすると、すかさず布施弁護団長が立ちあがり、「裁判長、私は、この裁判を簡明に且つ迅速に進行させるために、この段階において緊急必要な発言をいたしたい」として、問題点四点について一五分間を目途に述べることを宣言した。その内の二点目を最初に紹介すると、以下のとおりである。

いろいろの意味で波乱を予想されているこの裁判の目標と意義をはっきり申し上げて置きたいと思います。私共弁護人は、被告諸君等と共に、所謂三鷹事件、電車暴走事故の発生を心から悲しみ、災害の犠牲者諸氏に心からの弔意を表すものである。それ故に、私共弁護団は、この裁判で協力しようとする意義と目標はあくまで事件の真相を闡明して、この事故の発生に関係のない全被告の無罪を主張するばかりではない。裁判所の名によって、こういう弾圧検挙の不当を、政府当局に警告する。特に鉄道当局にこういう事故発生の原因の所在をよく警告して、再びこのような暴走事故の起こらない対策の確立ということにまで努められることが裁判の正しい意義であるという目標と意義を掲げて置きたいのである（中略）。

布施弁護団長の発言はだんだん激しさを加え、検察側を次のように糾弾した。

憲法第三十八条は、検事若しくは警察官が何等科学的な、客観的な根拠なく目星をつけた被告が自白を強要されないという人権を保障されているのであります。更に憲法第三十六条は、検事及び警察官に向かってそういう自分の目星をつけた犯人から自白を求むる拷問を禁じているのでありま す。又新しい刑事訴訟法は、自白証拠の採用について制限禁止をしているのであります。それにも拘わらず、本件の検事等は自分勝手に、目星をつけた被疑者に憲法違反の自白を強要しておったことは、被告諸君から述べられるでありましょう。最も気の毒な弱い被告に対しまして、陰険悪辣な人権蹂躙によって多数の自白をでっちあげ、そうして多数の被告達を個々に弾圧し、多数の不法を敢えてしております。本件の起訴を粉砕して、犯罪捜査というものは絶対に目星検挙をやってはいけない。自白強要をやってはいけない。そういう人権蹂躙を根絶やしにするために、科学的捜査の方針を確立する一つの資料として、画期的な意義を持つ事件としての裁判の進行には我らは弁護人としてできるだけの協力をするであろうというのが、私達のこの裁判に期待する意義と目標であることを申し上げます。

そう述べたあと、布施はさらに、「裁くもの汝も亦裁かれるであろう」と、裁判に関与するものの心構えを裁判長にも望むなど、裁判の冒頭で思うところを滔滔と述べた。

布施の発言は長時間に及んだが、全体を要約すると、⑴この裁判は事件が吉田内閣の陰謀であることを明らかにする意味で重要な裁判である。⑵全被告は無罪であり、検事の自白強要の事実を明らかにする。⑶検事には証人を直ちに偽証よばわりしないことを要望する。⑷裁判所が公正適切な態度をとる限り弁護人は無駄な闘争をしない、ことの四点であった。その裂帛の弁論がその後の被告人らの意見陳述や審理の方向性に大きな影響を与えたことは間違いない。

布施は刑事弁護人として弁護士の歩みを始め、警察・検察の自白獲得の手口を知り尽くしていた。布施は「また戦前と同じことを」という思いを抱いたのであろう、「裁くもの汝も亦裁かれるであろう」とは、一九二四（大正一三）年発行の布施の著書『裁くもの裁かれるもの』序文における言葉である。

布施に続いて岡林、鍛治弁護士がそれぞれ意見を述べ、その後さらに弁護側が発言しようとしたが、裁判長がこれを制止した。その後弁護側の要請で特別弁護人として元国鉄中闘副委員長の鈴木市蔵、元東京十三電車区連盟委員長鈴木勝夫、共産党中央委員宮本顕治、法政大学教授乾孝の四名を許可し、ようやく人定質問に入った。

◉捜査の不当性と公訴取消しを強く訴える

それに続けて、被告人が次々と発言を求めて挙手した。それに対し裁判長は、各被告とも五分ということで陳述を許した。竹内を除く一一名は、こもごも取調べの不当性と公訴の取消しをはげしい口調で求めた。ところが、竹内は「取調べに当たった検事さんにできるだけ立会ってもらいたい」とだけ発言し、最初から他の被告人との違いを見せた。

午後になっても検察側は起訴状の朗読はできず、長野国助、正木ひろし、上村進など一〇名の弁護人が五分ずつ意見を述べ、官憲の陰謀性や人権蹂躙を指摘した。さらに林百郎弁護人からは、「検事の取調べは欺瞞と詐術による自白の強要である」として、弁護団が調査した各被告についての取調べ状況を読み上げ、取調べの際の違憲行為は明らかだとして、公訴の取消しを求めた。

それに呼応するように、飯田、清水、横谷被告人らが過酷な取調べの模様を具体的に発言した。横谷は〝自白〟に追い込まれた調べの実態を切々と訴えた。

その後、梨木作次郎弁護士から、「かかる人権蹂躙による取調べについては、立会っている三検事も共同の責任と思われるから検事の退廷を求める」と発言し、川口光太郎検事らに迫った。それに対し、鈴木裁判長から、「先に弁護団から取調べ検事に立会ってもらいたいという要求もでていることと食違があるから意見を統一してもらいたい」という要望があり、結局、第一回期日には起訴状朗読に至らず、五時半に閉廷した。

第二回公判は、一一月一八日に開かれた。午前中は、公訴の取消し請求や〝拷問検事〟の退席などについてのやり取りなどがあった後、鈴木市蔵特別弁護人から三鷹事件の背景として労働運動や国鉄事故について意見陳述がなされた。鈴木の陳述は検事の度重なる異議の申立ても振り切り、当時の政治状況にも触れて長時間に及んだため、起訴状の朗読は午後になってようやくなされた。

後で見るように、検察側はこうした被告・弁護側の冒頭での発言を刑事訴訟法に違反するとして、高裁、最高裁で厳しく批判することになる。

起訴状の内容は実に簡潔であった。電車転覆致死罪で起訴された被告人については、以下のように記載されている（飯田についての起訴状のみを引用するが、原文は読点の全くない一文で構成されていて読みにくいので、読点と振り仮名を加えた。他の被告人についても同文である）。

被告人飯田は、喜屋武由放、外山勝将、清水豊、田代勇、横谷武男、伊藤正信、宮原直行、竹内景助、先崎邦彦らと共謀の上、東京都北多摩郡三鷹町上連雀国有鉄道三鷹電車区電車庫内に停車中

の電車を擅《ほしいまま》に発進させ運転者無しで暴走させようと企て、昭和二十四年七月十五日午後九時二十分頃、右謀議に基づいて竹内景助、横谷武男両名が同車庫一番線に入庫中の七両連結電車の発進操作をし、無人でこれを三鷹駅下り一番線に向け驀進させて電車の往来に危険を生じさせ、因《よっ》て同電車を同線車止めを突破して脱線転覆破壊するに至らせ、折柄同駅及び付近に居合わせた秦俊次、藤見正義、長谷川一道、海後隆一、遠山菊介、亀井静武を轢死又は圧死させたものである。

罪名及び罰条は電車転覆致死罪、刑法第一二五条、第一二六条、第一二七条、第六〇条とされたが、前述したようにこれが事実関係とともに、その後、最高裁まで争われることになる。

この起訴事実に対して、弁護側から罪状認否の前に質疑があるとして、「共謀はいつ、どこで行われたか」などさまざまな点について質し、裁判長もそのうち何点かについて釈明を求めた。

それについて、検察側は、共謀関係について、初めて次のように明らかにした。

共同謀議は組合運動の空気の中で徐々に計画されたものであるが、特に七月一〇日夜の古電車内での竹内被告を除く他の被告らを含む一〇数名の会合、七月一五日組合事務所で一般組合員も出席した会合、引き続き古電車内で被告人ら大部分がいて、その結果横谷被告が竹内被告に話を持ちかけ、竹内は古電車の中に入り、飯田被告らと会った。同日夕刻横谷が竹内を自宅から呼び出して話した。なお、同夜高相方でも本件に関する話が出ている。

その後、各被告人の罪状認否に入り、最初に飯田被告人から起訴事実は謀略の取調べによってでっち上げられたものであることが激しい口調で語られた。特に次の被告人らの述べたことは注目される。

清水　取調中、「証拠があるなら出せ」と検事にいうと、竹内、横谷の自白調書をもってきて、それを唯一の証拠にして私を恐怖に叩き込んだ。私は公訴を却下してもらいたい。

外山　私は最後まで頑張れなかった一人だ。一緒に検挙された他の者はみんな送られてしまった。本当のことをいった証人は偽証罪で送られた。検事さんから聞かされボーっとなって竹内、横谷さんが運転台にいたといってしまった。また「竹内が一人で背負いこんでいる。お前も同じ労働者として見捨てておけるのか」といわれ、竹内を助ける気持ちになって、いってしまった。非常にうまく誘導尋問にひっかかった。

◉竹内が単独犯行を認める

第三回公判は、一一月二一日に開かれた。冒頭、横谷被告人が「検事のでっち上げ」によって〝自白〟をしてしまったいきさつを、長時間にわたって述べた。横谷は、逮捕後は睡眠を取らしてもらえず、外部との連絡も断たれ、陰険な部屋に入れられた連日に渡る厳しい取調べがなされたため、「夢遊病者というか、フラフラした気持ちにさせられてしまった」などと、そのときの状況を具体的に供述した。

ところがそれに続いて、竹内被告が次のように法廷で罪状を述べた。

起訴状によりますと私は横谷さんと二人でやったことになっていますが、私が単独でやったのであります。（中略）

私は、私の考えにおいてストライキの口火を切ろうと思って、私はやったのであります。本日のこの席上において、なお人類の最大の権威において裁判の行われることに対して敬意を表します。

鈴木裁判長がその発言をうけて竹内に対し、「公訴事実の中、みんなが共謀して横谷とそちらと二人で電車をうごかしたのである、こういうことになっておる」と質したのに対し、竹内は「それが間違いでありまして、全く私の単独でやったものであります」と重ねて述べた。

偽証罪で起訴された石川、金被告人を含め、他の被告人が公訴事実をすべて否認したのに、竹内被告人が共同犯行を否認しただけでなく、なぜこのように自分の単独犯行であることを認めたか。竹内が無実にもかかわらず単独犯行を〝自供〟した経緯、さらに一旦は共同犯行を認めたものの、公判では単独犯行を主張し、途中で一転して犯行を否認しながら、最後にまた単独犯行を主張した意図・目的とその問題点については、章を改めて検討する。

竹内のそうした発言にもかかわらず、田代、宮原、伊藤被告人が公訴事実を否認するとともに、当日の公判で午前、午後にわたり、検事の取調べは精神的な拷問であったと、その時の状況をこもごも語った。伊藤は最初に「いつの世も白は白なり　されど力は白を黒にし」と自分の作った歌を披露し、続けて「検事にいわなければ死刑だというから本当のことをいえば殺される。うそをいえば出られると考え、検事が尋ねる通り、『会議に出たこと、中座したこと、車庫の方に行ったこと』をいった。するると『公判でそれをいえるか』と検事が聞くので『うそだからいえない』と答えたところ、渋谷の簡易裁判所につれて行かれて調書をとられた」などと、取調べの状況を詳細に明かにした。

その後、さらに喜屋武被告人が「かくも破廉恥な罪名の基に逮捕するとは、共産主義者にとって最大の侮辱である」などと取調べに徹底的に抵抗した状況を延々と述べ、さらに先崎、石川、金被告人がいずれも公訴事実を否認するとともに、取調べの酷さを厳しく指摘した。

◉検察側の反撃と弁護側との応酬

これに対して、検察側は第二回公判でも、政治的陰謀などなく、弁護人らの主張は裁判官に証拠もなく偏見、予断を与えるものだという内容の異議申立をしていたが、さらに一一月二五日の第四回公判で、川口検事が次の趣旨の発言を行い、被告・弁護側を牽制した。

検事は裁判の進行のため、あえて発言を控えていた。ところが各被告人、弁護人から虚偽の事実に基づく発言で検事を誹謗している。こういう態度は断じて許すことはできない。第一に本件に関しては断じて人権蹂躙、拷問の事実はない。これについては立証段階で明らかにするが、各被告とも言葉だけでその事実を示さないことがすでにこの事を証明している。

このような虚構、誇大な発言をし、新聞、雑誌、出版物などでこれを宣伝することは名誉毀損、侮辱、誣告、恐喝、脅迫罪に該当するので、適当な時期に断固たる措置をとりたい。

この事件が吉田内閣の陰謀、検事の陰謀といい、裁判所に偏見を与え、検事調書の信用性を失わせようとしている。このことこそ陰謀である。

そのような検事側の牽制にもかかわらず、第四回公判で引き続き布施弁護士から、「はじめの起訴状にはぜんぜん犯罪目的が書かれていない。後に変更された起訴状には、〝ほしいままに発進させ〟とあり、犯罪目的はこの〝ほしいままに〟という文字だけに過ぎない。すなわち被告は〝勝手に〟〝気ままに〟電車を暴走させたことになる。これこそ被告に対する誹謗であるばかりか人類に対する誹謗だ」などと起訴状の不備や問題点を主張した。

しかしこれについて鈴木裁判長は、「動機、目的を書く必要はない。それは立証段階で行われるものである」と、その主張を退けた。

三——双方の主張と証拠調の内容

◉冒頭陳述に明らかにされた検察側の構想

三鷹事件の証拠調べは、一一月二八日の第五回公判から始まり、冒頭陳述で検察側は約一時間かけて、「証拠によって明らかにする事実」を一一点にわたって述べた。そのうちで重要な点は、次のとおりである。

一、電車を発進させたものは被告竹内、横谷の両名で、その方法はコントローラーを針金で開錠の状態にし、これを三ノッチに入れその頭の部分と運転手報せ灯の電気回線との間をヒモで結びつけた上、パンタグラフをあげ二人はとび降りた。

一、このように電車を運転手なしで走らせることについて被告竹内以外の九名の被告などの謀議が行われ、この共同謀議のねらいは電車を車庫出口の一旦停止線の点で脱線転覆させることにあった。

一、この企ての動機は国鉄の行政整理の反対闘争を行ってきた被告らが思うように効果が上がらないので、局面打開の必要に迫られ、かねて危険だと宣伝していた六三型電車の自然事故と宣伝するためである。また一つには車庫入口を一時ふさいで間引運転と同様の効果をあげ、あわよくば全国的闘争の立上がりのきっかけにしようとしたものである。さらに整理に対する個人的憤り、当局に対するいやがらせの気持ちも加わっていた。

一、金、石川両被告人は一五日夜の高相方の会合に出席しており、被告人横谷ほか五名が同夜九時前後、同家を立ち出たことを知っているにもかかわらず、それぞれ別の裁判所で宣誓の上、証人として判事の尋問を受けたとき、事件発生前には会合から退席した者がないと偽証した。

検察側は以上の事実を、「三鷹電車区の職員、同電車区付近居住者らの証言、検証調書、鑑定書、その他の証拠書類、証拠物および現場その他の検証によって立証する」とした。

◉立証をめぐっての攻防

第五回公判の後、一二月二日の準備手続きで、検察側は検証調書や鑑定書、それに紙紐などの証拠物とともに、一一〇名という大量の証人についての取調べを請求した。

それに対して、弁護側は「人権蹂躙、自白強要に基く証拠は証拠能力がなく、検事の証拠申請は無用の取調べであり反対する」（第六回公判での布施弁護団長）、検証調書についても裁判所に予断をもたせるような内容であるなどと、弁護人らが入れ替わり立ち替わりさまざまな意見を述べ、また検察側申請の証人の大多数について、採用して取り調べることに反対した。

その中には、竹内のアリバイの立証に決定的に重要な証言であると考えられた丸山広弥も含まれていた。検察側の丸山に対する立証事項を見ると、「本件発生当時三鷹電車区浴室にいたこと及び右浴室内で見聞した事実」とある。検察側が丸山にどのような証言をさせようとしていたかは定かでないが、弁護側が「関連性なし」として丸山の証人採用に反対した。そのことについては改めて詳述する。

弁護側からは、現場付近及び事故電車の検証を申し立てるとともに、捜査担当の検察官や事故原因を調査した国鉄職員、それに吉田首相、増田官房長官など八三名の証人、それに精神的拷問についての鑑定人三名を申請した（第六回公判）。

鈴木裁判長は双方の意見を踏まえ、最初に検証調書のうち図面五枚と事故当時の写真七三枚を証拠として採用するとともに、次回に九人の証人について尋問を行うことを決定した。さらに、それに先立ち一二月一九日に現場検証を行うことを定めた。

◉厳しい尋問にさらされた証人たち

検察官が一一〇人の証人を申請したことは前述したが、第七回公判から裁判所の採用した証人が、次々と取り調べられた。小沢弁護士は古稀を記念して出版された『小沢茂を語る』の中で、検察側の接見妨害によって「三鷹事件では被疑者に接見できたのは弁護届をとる時の一回だけだった（同書八六頁）」ことを明らかにするとともに、偽証教唆で告訴されることを覚悟しながら夜間に出かけ民家に関係者に集まってもらい、証人との打ち合わせをした苦労を語っている（同八二頁）。採用された証人はいずれも激しい尋問にさらされ、第一八回公判（昭和二五年二月十日）で法廷に立った検察側申請の黒川証人などは、検察側の意に反した証言をしたために、証言を終えた後、証人控え室で偽証罪により逮捕された。

弁護側は、そのことを厳しく批判したが、検察側申請の証人として出廷した者は、その前に検察の長い取調べを受けて検事寄りの供述調書を作成されている。そればかりか、重要な証人については刑事訴訟法二二七条により第一回公判前に裁判官の尋問を受けて証人調書（相川調書）が作成されており、その上で証言台に立たされることになる。

取調べに当たった検事自身が証言する場合などは別にして、偽証罪で逮捕されることも覚悟で真実を述べるか、意に反して虚偽の証言をするかを迫られることになり、法廷で証言することが、いかに過酷で恐ろしい体験であったかが理解できる。検察側の申請で証言した多くの証人たちも、検察官たちが〝空中楼閣〟を築くための犠牲者であったといってよいであろう。

検察側が証人によって立証しようとしたことは、①本件発生前後における東鉄管内列車妨害事故の状況、②いわゆる国電スト後の三鷹電車区労組の動向特に人員整理発表前後の組合幹部の動静、③本件発生前日検査掛詰所に呼出され竹内景助、横谷武男等に人員整理につき詰問されたときの状況、④本件発生前後見聞した被告人らの言動、⑤当該電車を一番線に入庫させたときの状況、⑥電車の構造、機器、電気関係、とくに六三型電車の特徴、⑦当該電車が暴走していくのを目撃したときの状況、⑧事故直後の現場の状況、⑨本件発生直後現場において見聞した事実、⑩事故原因の調査状況、⑪本件事故による死亡ないしは負傷の状況とその影響、など多岐にわたっている。

公判記録はA5判に細かい字で収録されているものに限定しても、実に数千頁という膨大なものであり(その内の第三〇回公判までの速記録は、当時の法務府検事局が編集した『三鷹事件公判速記録』[一]～[六]に収録されている。それだけですでに三〇〇〇頁を越えている)、公判で証言した証人の名前を列記するだけでも数頁を要するほどである。

本書は、検察側が三鷹事件を共同謀議に基く一〇人の被告人らの共同犯行だとする、いわゆる〝空中楼閣〟をどのように築いたかを解明することが主題ではない。むしろ竹内単独犯行説に行き着いた第一審判決を批判し、竹内が無実であることの立証に主眼を置いている。そこで、裁判所がなぜ共同謀議による共同犯行説を取らなかったかについては、鈴木裁判長が書き残した、〝心証〟を引用することで済ませ、なぜ竹内の単独犯行だとされてしまったか、その原因がどこにあるかを中心に見ていくこととする。

◉検察側立証の中心は〝共同謀議〟の存在

鈴木忠五裁判長は、『一裁判官の追想』の中で、次のように述べている（同書二二一三頁）。

竹内以外の被告人らが当夜高相方で会合を開いていたことは認めたけれど、それは組合活動について相談していたのであって、犯行について話し合ったことなど絶対にない、とつよく否定していた。当夜被告人らが高相方二階に集まっていたちょうどおなじ時刻に、たまたま他の労組員二名（偽証罪に問われた被告人石川、同金両名）がやはりおなじ二階の間仕切りのない隣りの六畳間で組合活動のポスター書きをしていたが、そのことを知った検察官は、当然、高相、石川、金の三人は共同謀議の内容を聞いていたはずだ、と躍起になって三人を追及した。しかし三人は、いずれも被告人らは組合活動の話をしていたので、犯行のことを相談していたのではないし、そのようなことは全然聞いていない、とどこまでもありのままの事実を答え、検察官の意にそう返事をしなかったため、検察官はそれを偽証であるとして、他の被告人らを起訴すると同時に石川、金両名を偽証罪で起訴した。高相一人だけ起訴しなかったのは、彼が町の有力者であったからであろう。

高相は当時三鷹町議会議員として立候補を予定しているなど、町の有力者であったことは確かである。当局は国鉄労働組合をターゲットにしており、高相が逮捕を免れたのはそこからはずれていたからではないかと思われる。鈴木はそれに続けて次のように書いている。

――公判廷で調べた多くの証人のうち、この高相氏と鉄道技官の証言はもっとも重要な証言であった。

高相氏は、検察官の強引な追及にもかかわらず、終始落着いた態度で見聞したままの事実をはっきりと供述し、けっしてその証言を曲げなかった。これは、石川、金の供述と相俟って、高相方での共同謀議というものは、まったく根も葉もない架空の事実であることを明白に証明したのである。

（中略）

こうして審理がすすむにつれて、徐々に事件の真相が明らかになってきた。ことに、被告人らの自供調書が提出され、それを順次丹念に検討してゆくと、被告人らの自白というのは、いずれも断片的な個々の行動に関する供述のみで、しかもそれさえ常識に反する不自然な点が多く、それらをどのようにつなぎ合わせて、いわゆる「綜合考慮」してみても、この事件を共同謀議による犯行とすることはとうていできなかった。

そうした〝心証〟が判決にどのように纏められたかについては、第六章で明らかにするとして、裁判官が事件を竹内の単独犯行と断罪するに至る経緯を次にみることとする。

四――竹内の〝自白〟の内容とその変遷

◉最初の〝自白〟

竹内が、第三回公判（一一月二二日）で単独犯行であることを供述したことは前述したとおりである。しかし、竹内は八月一日に逮捕されて以来、連日にわたって厳しい取調べを受け、八月三日、八日、九日、一〇日、一三日、一四日、一八日、一九日付けの供述調書が証拠として提出されているが、その八通とも犯行との関わりを完全に否定している。つまり、犯行を〝自白〟するまで一九日間、否認し続けたことになる。その日数の長さに注目する必要がある。

ところが、府中刑務所に移送された直後の、八月二〇日に平山検事に対し、電車を発車させたのは自分一人でやったことを初めて認めた。その後、立て続けに供述調書が作成され、それとは別に竹内によって検事宛の四通の上申書が作られた。これら供述調書と上申書が検察側から証拠として提出され、第四三回公判で証拠として採用された。

取調べの状況については、竹内が書き残した記録を基に第五章で詳しく紹介するが、最初の竹内の〝自白〟調書には、冒頭、「真相を申し上げます」として、次の文章と図面二枚を提出している。そこには竹内の直筆で次のように記述されている。

私は十五日の当日夜九時ころ妻には内緒で、たぶん便所にでも入った時と思いますが、私は一人で外に出かけ先ほど提出した紙片記載の様な道順で零番線の方に早足で行き、偶然一番線の所に七両編成位の入庫電車がありましたから、私は一番線と二番線との間を通り、此の一番線の入庫電車の先頭車に入りました。勿論先頭車の運転台に入ったのです。その時、運転台の出入口ドアーは半分程内部に向かって開いて居り、次の仕切りドアーも開いて居り、之は全部開いていたのです。

私は直ぐ運転台に入り、直径三粍長さ一尺位の先の曲った針金でコントローラーの鎖錠装置を開いた後コントローラーのハンドルを前進位置に持って行きました。

そして、そのハンドルが、後で戻らぬようにする為、ハンドルの把手と運転室知らせ灯の回路電線とを紐で結び付けましたが、ハンドルの把手も回路電線の所も一握りで、二重廻しにはせず、而も其の中間に於いてくくって縛りました。

―其の時の模様を図面に書きましたから提出致します。―

ハンドルの把手と運転室知らせ灯の回路電線とを紐で結び付けた状況については、八月二〇日調書の一月ほど前に、すでに読売新聞と毎日新聞が大きく報じていたことは第一章で紹介した。竹内はさらに同日、次のように書き続けた。

斯様にした後運転台にあったパンタグラフの紐を引き、直ぐ私は運転台から外に飛出しました。扉は明け放しであったか、どうか判りません。そして直ぐ先ほどの図面の様な道順で自宅に帰りましたが使った針金は二番線か三番線の所に帰る途中投げ捨てて来ました。（中略）

そして、其の儘帰り途は駈足で来ましたが、其の一番線の電車が動き出す音は聞こえませんでした。そして其の間八番線の辺り迄来た時一回振り返って一番線の方を見ましたが、未だ発車して居なかった様な気がします。そして自宅に帰りましたが、湯呑場付近に来た時パッと停電しましたが、夫れが何処で点灯したか判然とした記憶はありません。然し、此の停電はほんの僅かで直ぐに点灯した様でありましたが、自宅に入ってから又消えました。此の際此の停電が如何なる理由で生じたものか別に気にもとめませんでした。

「一番線の方を見ましたが、未だ発車して居なかった様な気がします」とか、「夫れが何処で点灯したか判然とした記憶はありません」「此の際此の停電が如何なる理由で生じたものか別に気にもとめませんでした」というような内容を読んで、竹内が本当に〝真相を吐露したもの〟と感じられるであろうか。

しかも、「帰り途は駈足で来ました」という点は、唯一の目撃者とされる坂本の供述とは全く違うばかりか、図面に書かれた自宅と現場との往き帰りのルートであれば、坂本に出会うことは絶対にないことになる。

◉取調べの途中で〝共同犯行〟へと変更

上記の〝自白〟をした以降、どのように電車を発進させたかについての手順など重要な点は基本的に変わっていない。ところが翌日になって、「運転台から飛降り自宅に戻る際の帰途の順路次のように訂正願います」として、新たな図面を書いて提出し、それに沿った次のような供述調書が作成された。

本日其の様に訂正した理由は此の帰り途自宅横の草野方脇から第一青年寮に通ずる露地を電車区浴場の方に向けて出て来た背の高い若い男の人に出会った事を思い出したからです。私が、その男と行き会った地点は、先程提出した紙片中×点で記した地点です。従って昨日申した帰りの道順は誤りである事が判ったので訂正します。

事件からすでに一ヶ月以上経過し、しかも逮捕されてから二〇日間も犯行を認めずにいた竹内が、単独犯行を〝自白〟した翌日に、突然に自分で大事な点を新たに思い出したとして、訂正を申し立てたというのである。そのようなことが本当にありうるであろうか。

さらに驚かされるのは、検事側が三鷹事件は一〇人による「共同犯行」だとして起訴された後も、自分だけの単独犯行だと言い続けてきた竹内が、突然に共同犯行であることを認め、それが新聞に大きく報じられたことである。

◉手記に共同犯行を詳細に記述して公表

第二回公判を迎えようとしていた一一月一五日、読売新聞は「無人電車暴走の全貌自供　人間竹内の上申書」という見出しで、竹内の手記をスクープし、三面全紙を使って大きく報じた。

読売新聞に掲載された「上申書」の冒頭には、次のように記されている。

私は実は一一月四日の第一回公判において自分がどの線でゆくのが真実なのか非常に悩みました。自分が無罪なのか、単独か、共同かという三つの何れもが記憶において錯綜していたからです。然し時は刻々と移って行きます。自分はいま記憶に最も強く浮かび上がるところをここに申し上げ、かつ現在の心境の一端を述べ弁護の使用に加えさせていただきます。

読売新聞の小見出しには、「横谷にそそのかされ二人で運転台へ　戦慄　測らざりし悲惨な結果」「針金と麻紐拾う海軍ナイフを懐に零番線へ」「ハンドルを結ぶ　一旦停止辺りで脱線目標」という文字が大きく踊り、紙面の中頃には次のことが書かれている。

夕食後横谷君が来て「竹内さん」と呼んだので、私はゲタをはいて通りへ出て、電車区構内の鉄棒のあたりを歩きながら話をした。横谷が「昼間の話、今晩九時ころ一番線でやるから一番線へ来てくれ。やはり一たん停止のところで脱線させてストへ……」という。私も夕食をたべながら考えて決心していたので「ようし、いよいよやるか。オーライ」と返事をし、分かれて家に入った。あたりが暗くなったころ家を出た。

このように、竹内は〝共同犯行〟であるとしたうえで、実際にどのように電車を暴走させたかについて、以下のように記している。

一番線の方へ行く途中、針金を拾い、一番線のブレーキが緩んでいるかどうか確かめながら運転台に行き、一番線と零番線の中間どころで麻ヒモの茶色の丸まった物をそこのゴミすて穴で拾った。この時横谷が現れ「竹内さん御苦労さん」と少しふるえるような声でいいながら、零番線の電車の陰から近づいてきたので二人で運転台に入った。入る時横谷の後ろから外山、清水の二人が電車の陰から出て来るのを認めたが、口をきかなかった。私は運転台に入りいよいよハンドルに針金をさしこみ、これからやるんかと思うと気がモウロウとして心臓は激しく鼓動していた。

そして、犯行の〝手口〟や〝役割〟を詳細に書いた上に、竹内は上申書を次のように結んでいる。

今は総て記憶のままに申し述べて魂の安心だけも得ようと考えています。しかるのちなれば如何なる罰も天命であって人智の為すべかからざる処です。そして後新たなる魂を以て邦家の為に生き抜かんと決心しています。未だに過去の労働運動（特に国鉄）を以て喋々する者があるならばそれらは徒りに事を構えて能事終れりと為す階級であってかような事はいわゆる革命家に任せて置けばよいと考える。今や己の愚を悟るのみである。

右の上申書を、竹内は後に『幽囚録』という日記風の手記の中で公表しているが、どう見ても気持ちを素直に出しているというより、無理に取り繕っている様子が感じられる。

次のように伝えた。

翌一一月一六日、朝日新聞もこの「上申書」を詳しく掲載し、同じ紙面に「鍛治弁護人談」として、

◉共同犯行から再び単独犯行へ

第一回公判ののち九日竹内と会ったが、その時は「単独犯行」を主張しようとする心境になっていた。それで以前から書いてあったメモについて一点一点問うと、ちっとも変わっていないので「君の気持ちが楽になるように述べたらいいだろう」といって帰って来た。ところが十一日付の手記が届いた。別に「書け」といったわけではなく全く自発的なものだ。竹内は党員でないから細胞会議には出ておらず、共同謀議には参加していないで引ずり込まれた立場にあるわけだ。

鍛治弁護士は、竹内の手記を公表した理由について何も語っていないが、竹内が「共同謀議に参加していないで引ずり込まれた立場」であることが、竹内に有利であると考えて、すぐにこれを公表したのであろうか。それにしても、裁判の最中に、弁護人がこのような有罪の決め手になるような内容の手記をマスコミに流すことは許されない。

ところがさらに驚くべきことに、読売新聞が共同犯行をスクープした翌日の一一月一六日、今度は毎日新聞が「共犯供述は妄想が生んだ供述」という見出しを付けて、竹内の「第二の手記」を発表した。毎日新聞に掲載された手記には、前半で共同犯行を認めながら、後半では次のように書かれている。

検事から「一人でがん張るならそれでもよい、しかし家族はどうするつもりか」といわれ、また「一人でとてもさびしいだろう」といわれ一ヶ月余り責められ、党員が「竹内一人だというんだか

ら竹内一人で背負って行けばいいだろう、おれを早く出せ」といっていることも聞き、自分一人で志願囚となるよりは過去の闘争の罪滅ぼしに皆で背負って行くも同じだと妄想し出し、一〇月一三日二三度拒んだのですが紙と鉛筆を渡され私一人の自白と同じような気持ちからスラスラと書いてしまったのです。翌日自分一人ならまだしも仲間まで関係づけたことが悔いられ、さんざん頼んで撤回方を願ったが検事は「ウソのところはウソ、本当のところは本当とこちらで選択するから心配ない」といい、さらに調書をとってしまったので、もはやだめと思いましたが、私の生命といわんより魂を救うために上申書を取り消してください。

朝日新聞は同じ日の紙面で、「竹内再び〝単独犯行〟を主張　栗林弁護人談」という見出しに続けて、「竹内景助被告は十五日午後、担当弁護士の一人栗林弁護人に面会したいと申出て、府中刑務所で面会したが、竹内は私に『操作を行ったのは単独で、共産党や民同から何ら指示をうけていない』と述べた。私としてはもう少し見ていないと、どれが真実かという結論はでない」と伝えた。

さらに朝日新聞は翌一七日の紙面で、「三鷹事件の竹内被告を除く十一被告の弁護団は十六日、竹内被告が鍛治弁護人に宛てた手記に対して次の声明を出した」と、次のように報じた。

一、竹内被告の自供は死刑の脅迫をもってする拷問によるものであることをバクロした。
一、証拠に出せないような手記（鍛治弁護人に対するもの）を新聞に公表し、否認している共産党被告が共犯であるかのような予断を裁判所に与えたことは、法の禁止を破るものである。

一一月二一日に開かれる第三回公判で竹内被告人が裁判官たちの前で単独犯行であることを強調する以前に、マスコミによってこれだけの「予断」が裁判官に与えられていたのである。

五――竹内の弁護人の交代と分離公判

◉竹内の弁護人交代問題

ところが、一一月二五日に開かれた第四回法廷で、竹内の弁護人選任をめぐって奇妙な事実が本人の口から明らかにされた。鈴木裁判長から主任弁護人を誰にするかを問われた竹内は、次のように語った。

私が自由法曹団の人たちを断ったのがそもそもの始まりでありますが、これは検事の誘導尋問によって、私の心理というものは段々変って来まして、他の人のことまでいって進退谷ったのであります。今野先生、小沢先生には私一人だということを八月二十四日にはいいまして、今度又他の人のことを言って今野先生と小沢先生に顔向けができなかったのであります。それで、神崎検事が「自由法曹団を向こうに廻して闘う人はいくらでもいるから変えろ変えろ」というので、そんな気持ちになったのであります。それで、栗林先生と鍛治先生と丁野先生をお願いしたのでありますが、一昨日栗林先生が刑務所に見えられまして、裁判所から主任弁護人の要求があったからというので、私、栗林先生をお願いしたのでありますが、昨日鍛治弁護士が見えられまして、弁護人の慣例を破って、そういうこともできないから取り消せということで、私も自分の弁護人同志の間で、そういう縺れがでるということは、できるだけそんなことは心配したくないし、まずいと思いまして一応取り消したのであります。私の実際の気持ちからいたしますならば、今野先生と小沢先生に初めから本当にやって頂いて、お願いしたいのですが、今更又変えるということは世間に対して裁判長に対して、竹内というやつは何と気持ちの変るやつだと思われるのは、まずいと思って変えないで我慢しております。

この竹内発言で法廷が驚きに包まれたのは、当然である。どうして「進退谷《きわま》った」かは、第五章で詳しく見ることにして、当日のその後のやり取りを、朝日新聞は「弁護人依頼の内幕　竹内被告　暴露的発言」という見出しをつけて、次のように報じている。

　この発言で法廷は騒然となり、林弁護人は「勝田検事はなぜ弁護人の選任に立会ったのか。検事、弁護人が一体となって竹内自供を維持しようとしている。細君も今野、小沢君を非常に希望しているし、まだ解任していないのでいつでも選べる。いま竹内に聞いてみてください」と食い下がれば、鍛治弁護人は机を叩いて取消しを要求。勝田検事も「弁護人をとり変えろといったことはない。十一月二日竹内を検察庁に呼んだのは主任検事として他被告と同様、一度会っておきたいと思ったからだ」と答え、なお弁護人からの発言を「この問題は打切る」と裁判長は抑え、結局、栗林弁護人を同日の主任弁護人とすることを竹内被告も承認し、ケリがついた。竹内被告をめぐって自由法曹団と竹内派の争奪戦のような情景をえがいたが、同時にまた竹内派の中でも対立を表面化させた。

竹内の弁護人選任問題については、途中で鈴木裁判長が打切ったために、うやむやにされたままとなった。

最後の一文は表現自体稚拙な上に、いかにも〝野次馬的〟な記事としか言いようがないが、報道機関は、先に竹内が検事の立会いで弁護人を依頼したことに続いて、弁護人選任の経過を大きく取り上げた。竹内の〝自白〟や法廷戦術に大きく影響すると考えたからであろう。

しかしその後、竹内から解任を要求された栗林弁護人らが辞退したことが一二月一日の新聞に報じられ、弁護人の問題はひとまず収まった。

◉竹内の分離公判と証拠物についての供述

この間も、検察側申請のさまざまな証人が次々と採用され、法廷で証言したが、一月二五日の第一二回公判で、竹内被告人について公判が分離された。判決文を見ると第一三回公判で述べたことが、三鷹事件を竹内の単独犯行とする最も重要な証拠とされている。その内容と問題点については第五章で明らかにする。

ここで、注目しておきたいのは、検察官から請求のあった紐と針金について、次の第一四回公判で証拠として裁判長の尋問がなされ、それに竹内が次のように答えていることである。

なお、紙紐を出すように命じられた川口検事は、証拠物を出しながら、「紙紐ですが、当初は現場調書付属の写真にありますようにしっかりしたものだったが、その後鑑定、製作所を調査するために、静岡県に持って行ったりして、非常にもろいものになっています」などと弁解した。

問　その紙紐、覚えあるかな。
答　こういうものはありません。

問　覚えない、紙紐も覚えないの？
答　私の使ったのは麻紐で、もっと、緑色のような気がします。

また、針金については、川口検事は、「この針金ですが、電車構内を捜索しましたところ、全部で二百本余り出たのであります。その中竹内に示しましたところ『どうもこういう形だった』というのが五、六本あります。全部ここに持って参りました」と言って提出した。それに対して竹内は裁判長の質問に次のように答えている。

問　その中でそちらが使ったのと同じような太さのものがあるか。
答　いや、結局私はコントローラーのキイと同じようなものであれば大体いいわけですからそういったんです。
問　すると、どの位の針金の太さかがわからんのか、そちらが使ったのが。
答　結局この位の針金でこんな状態になっていれば大体みなコントローラーのキイの代用をします。
問　そういうふうに曲っていないといけないのか。
答　そうです。

そのようなやり取りの後、紙紐と針金が裁判所によって領置された。犯行に使われたとされる「紐」と「針金」については、材質や強度、形状についての疑問があるにもかかわらず、これだけの簡単な尋問で、弁護団からは全く質問が行われることもなく、証拠調べが同意された。そのことが三鷹事件を竹内の犯行だとする判決に繋がったことは、間違いない。

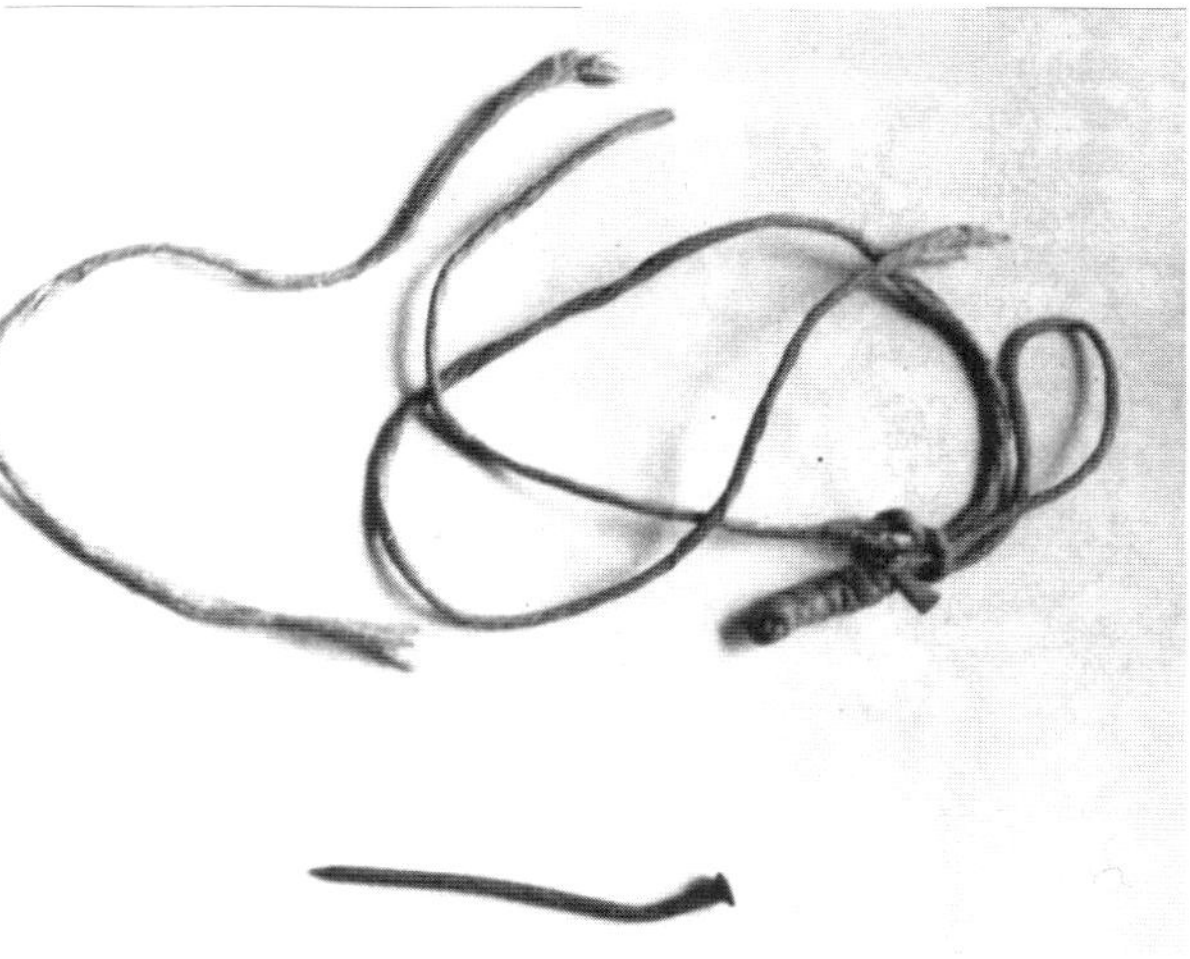

◉運転室から見つかった紙紐と釘。紙紐に「コイル巻き」が残っている（検証調書より）

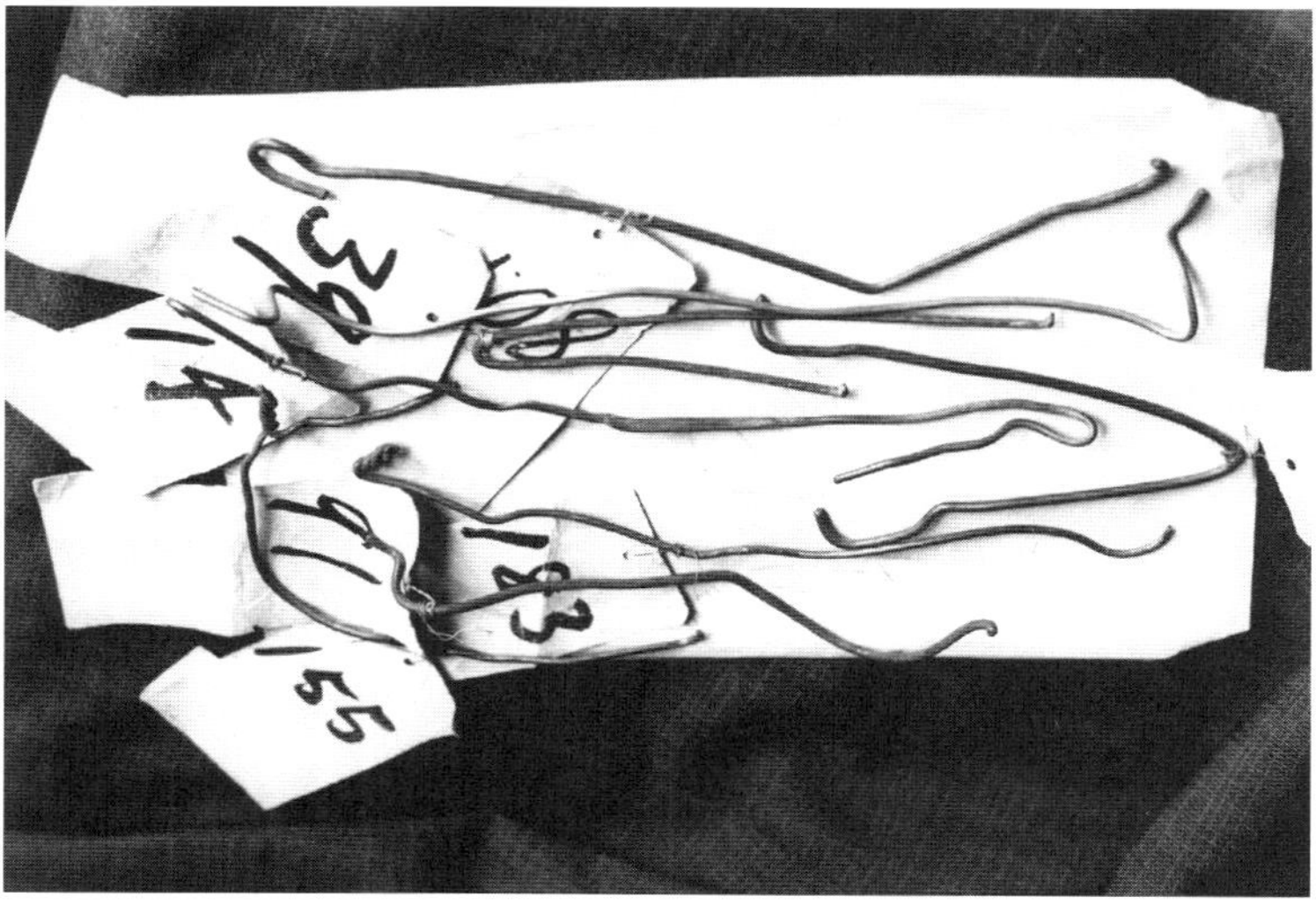

◉構内に落ちていたとされる針金（検証調書より）

なお、川口検事は、証拠物についての押収調書などを読み上げた後、「それからちょっと説明しますが、廃品ブロック置場に八月十六日に進駐軍が検査に来るので針金を拾い集めたということがわかったのでその方を調べたのであります」という、奇妙ではあるが重要な説明を加えた。しかしながらこれについて、裁判官も弁護人もだれ一人として関心をもたなかった。

六——一旦無罪を主張するが、再び単独犯行へ

◉無罪を主張した中で、証人調べが続く

その後、審理はまた他の被告人らと併合され、検察側申請の証人尋問が続いた。二月二四日の第二二回公判で、竹内は突然、裁判長の制止を振り切って「私は三鷹駅の事故に関しましては、何ら関係のないことを主張します」と無実を強く訴えた。

竹内は、二月二七日の第二三回公判期日前に犯行を否認するに至った理由などを今野弁護人宛の上申書にまとめ、それを当日持ってこようと考えていたが、刑務所側がその内容を写さなければ出せないということで、持ってこさせなかったことを弁護人に伝えた。冒頭そのことを今野弁護人が法廷で述べて、裁判の進行上重要な書面だと思うので、府中刑務所から取り寄せたいので連絡してほしいと要請した。しかし、裁判長から、「あなたのほうからとったらどうでしょう」と一蹴されてしまい、直ちに証人尋問に入った。

その日の公判で証人として出廷した坂本安男が、事件当日の夜、現場で竹内と会ったと証言したのに対して、竹内からも直接質問がなされ、「一五日の私の服装はどうか、記憶していますか」とか

「最初に警察に調べられたのは何時頃ですか」などのことを聞いた後、次のようなやり取りをしている。

問　正門の前で私を認めたということですが、当時の明るさはどの位だったでしょうか、相当ふだんでも暗いですね。
答　記憶はありませんが、たしかに会ったということは覚えております。
問　私は全然覚えておりませんが、そのときどちらから挨拶しましたか、私からですか。
答　僕からです。

それについて、竹内は「ああそうですか」の一言で終わっており、拍子抜けする感じがしないでもない。竹内の有罪に直結する唯一の目撃証人であるにもかかわらず、午前中いっぱいかけて行われた高相宅に下宿していた学生に対する長い尋問とは裏腹に、坂本証人に対しては小沢、今野の両弁護人から簡単な質問だけで終わった（公判速記録には「裁判長は弁護人及び被告人等、その他訴訟人関係人に対して同証人を尋問する機会を与えたところ、それぞれ尋問しませんと述べたので同証人に対する証人尋問を終了した」と、裁判長からわざわざ尋問を促す発言があったことが記されている）。

証人調べの後、前回から引き続いた検察側申請の証拠書類に対する意見を求められ、弁護人や他の被告人らが強く反対した。その後、竹内は府中刑務所でつけていた日記や郵便物など一切を、二二回公判に出ているときに持っていかれたことについて発言し、次のように意味深長なことを、しかも珍しくかなり挑戦的に述べた。

日記帳を実は押収されても、別に私は、日記帳に載せる自分の意思によって書いているのではない。一〇月頃検事にも一切それに迎合いたしましたから、そんなものは一切迎合的なことを書いている。そして中身を時々見て検閲するのを私は薄々知っているんです。だからそういうものを証拠に出されるようなことになりましても、それはその時更に十分釈明する用意がありますから…。

そして、三月三日の第二四回公判で、供述調書を証拠として採用して取調べをするかどうかについて意見を述べた際も、竹内は「この捜査の過程でいかなるひどい脅迫と強制を受けたかということを裁判長が知って頂くならば、当然これは裁判所自身が却下されるべき性質のものである」と主張した。その後、共同謀議などは存在しなかったことを中心にした弁護側申請の証人調べなどが精力的に続けられた。

注目されるのは、そうした中、四月二一日の第三八回公判で弁護団から、「昭和二十四年八月二六日付府中刑務所における今野義礼、岡林辰雄作成にかかる竹内景助の供述録取書」が証拠書類として提出されようとしたとき、竹内は、「弁護人の私の供述録取書に関する申請は弁護人の主観に過ぎず、私として面会内容をここで出されたら、おそらく客観的に見て私の単独犯というものが強調されてしまいます。それゆえ私は申請に反対します」と、強く訴えた。さらに竹内は、今野弁護人が「共謀の事実なしとの点を立証するもので、竹内に対する主張は最終段階で申し上げたい」というのに納得せず、無実の証明のために不利と考えて、結局、その申請を撤回させている。

さらに、四月二四日の第三九回公判の被告人質問でも、三鷹事件が発生する時間帯には入浴していたこと、電車を発車させたときの紐の結び方や、その後帰宅したときの順路について、「私は相川判事にも神崎検事にも、共同でやったと言わされてしまったので、それを全面的に覆すのは、この客観情勢では駄目だと思い、それで八月二十日の単独の線に戻ったのです」と訴えて、無罪であるという姿勢を変えていない。
相川判事というのは、八王子簡易裁判所で公判前の取調べ段階で、被告人らを尋問した裁判官である。詳しくは第五章で検討することにするが、その後の公判において取調べに当たった検事らが拷問や強制などの事実はなかったことを証言し、結局、竹内の供述調書などが次々と証拠として採用されてしまい、証拠調べが終わった。

◉死刑求刑後、再び「単独犯行」へ

六月一二日の第五〇回公判で検察官が厳しい言葉で犯行の悪質性を論告するとともに、竹内ら被告人三名に対して死刑を求刑、その他の被告人らについても無期懲役、ないしは長期の懲役刑を求刑した。その後、弁護側の最終弁論が続くことになるが、最初に布施弁護団長から総括弁論として、次のことが力強く述べられた。

1 本件は国鉄首切り反対闘争鎮圧と共産党弾圧の為の吉田内閣と鉄道官僚の陰謀であり、検事のデッチ上げである。
2 この事件は自然発車である。
3 竹内を含む全員が無罪である。
4 当局は事件が起きる事を予知していた。
5 検察当局は証拠を隠滅した。
6 アリバイが成立する。
7 検事は被告人や関係者に対し言語を絶する人権じゅうりんをやった。

それぞれの弁護人からさらにそれに沿って、熱の入った弁論が続けて行われた。ところが驚くことに、竹内はその後の六月三〇日の第五四回公判で、冒頭、とくに発言を求め、第二二回公判以来の無罪の主張を突然に翻し、電車を単独で発車させたことを主張し、法廷を混乱に陥れた。

竹内の法廷での陳述の内容は次の通りであった。竹内がそれまでの無罪の姿勢を突然覆した背景と、その意図・目的はどこにあったかについては第五章で明らかにしたい。

さる一一日の勝田検事の恐るべき政治的論告をきき真実をのべなければならなくなった。妻子のことと労働者の名誉のために犯行を否定しようとしたが、裁判長から「死んだ人をどう思うか」と問われ、また被害者の家族が「こどもがまだ傍らにいるような気がする」といったのを聞いて犯行を否定することができなくなった。私の単独犯行である。私の気持ちを一番よく知っている今野弁護人に主任をお願いし、他の弁護人はみんなお断りする。

これを受けた形で七月一〇日の第五七回公判において今野弁護人が最終弁論に立ち、「竹内君が単独犯行というのが真相だ」と述べるとともに、「竹内君の動機は、不当なクビ切に対するいきどおりであり、結果があんなに大きくなるとの認識はなかったから、死刑をもってのぞむのは重すぎる」と、死刑判決には反対だが三鷹事件は竹内の犯行であると主張した。

さらに竹内自身が、七月一二日の第五八回公判の被告人最終陳述でも単独犯行であることを強調し、「公判の当初にいったことが本当である。検事に事実無根の共犯を述べたことは、他の被告に迷惑をかけた」と述べた。

他の被告人や弁護人からはいずれも無罪判決を求める弁論が滔滔となされる中、こうして竹内の

「単独犯行」が完全に浮き上がったまま、事件発生からちょうど一年後になる七月一四日、三鷹事件の第一審審理は終結し、判決言渡期日は八月一一日と指定された。

これほどの大事件であるにもかかわらず、結審から判決言渡しまで一ヶ月も要しなかった。担当裁判官の意気込みもさることながら、そのことからも三鷹事件がだれによって、どのようにして引き起こされたかについての裁判官達の〝心証〟が早くに固まっており、判決文も相当前から起案されていたものと思われる。

判決前のマスコミの論調は、「判決の焦点は自白調書が果して検事の誘導、脅迫によって作られた証拠価値の全くないものなのか、あるいは任意の供述によって作られた十分な証拠価値をもつものか、――そして裁判所がこれをどう判断するかにある。検事は首謀者ら三名に対して死刑を求刑したほか全被告の有罪を論じたが、結審後の裁判所の言動からみて、量刑はとも角、共同謀議の罪については、検事主張の線を大きく外れる判決とはなるまいとの見方が強い」（朝日新聞八月一〇日）というのが大方の予想で、東京新聞などは判決前日の夕刊で大きな活字を使い、「全員有罪」という予測記事を掲載した。

第四章 竹内の人柄・生い立ちと日常生活

一――拘置所での竹内の生活態度と姿勢

判決でどのような認定がなされたかを見る前に、竹内景助がなぜ犯行を〝自白〟したのか。また、次々と供述を変更したのはどうしてなのか。読者の中には、その変転にはとてもついていけないと感じたり、人格的におかしいのではないかと疑問を持たれる方もおられるであろう。

そこで、竹内が〝自白〟したときの具体的な状況やその変遷については第五章で明らかにするとして、その前に竹内の性格や人柄、それに人生観などについて、竹内と深く関わりのあった人たちが、竹内をどのように見ていたかを、活字になっている資料を基に探ってみることとする。

◉加賀乙彦がみた竹内の性格

小説家で精神科医の加賀乙彦は、監獄医として東京拘置所で一九五七（昭和三二）年に竹内に初めて接し、そのあと何度か面接していろいろと話しを聞き、相談に乗っていた。加賀は『死刑囚の記録』（中公新書）で最初に会ったときのことを次のように記している。

彼は腹痛を訴えて医務部に診察に来たのだった。青白い顔のやせた男だった。私が精神医と知るとちょっと警戒気味で硬い表情で「おれもノイローゼですからね、どうもいけません」と言った。

(中略)

最近疲れやすく、とくに夜の疲労感が強くて困る、寝つきはよいのだが明け方に目が覚めてしまい、そのあと悶々としていると訴えた。次第に多弁になり、苦笑とも自嘲ともとれる表情で、さかんに話し出した。


竹内にとって、すさんだ拘置所の中で、加賀のような温厚で知的な人間に会えてどんなにか嬉しかったに違いない。次のように心の内を話したという。一九五五(昭和三〇)年に最高裁で死刑が確定したあと、翌年に再審を申立てていた。


なにしろ、もう六年半もこんなところでいるんですからね。体も心もまいっています。先生には関係ないけれど、何もやっていない人間に無理矢理死刑を宣告しているんですからね。ひどいですよ。それは、救援会の人たちがよくやってくれていますけれど、一度確定した死刑をひっくりかえすのは難しい。ほとんど絶望的だとは分かっているんです。最近、ローゼンバーグの手記を読みました。おれもああなるということは分かっています。

もうどうしようもなく、気が滅入っちゃうんです。家族がかわいそうです。もともと貧乏だったのが、おれのおかげでなお貧乏になっちゃってね。うちのヤツ(女房)が生活保護に内職をしても追いつかず、救援会の差入れてくれた金を、おれが渡して何とかやりくりで、ほんとうにかわいそうだ。

ローゼンバーグはアメリカの原爆製造などの機密情報をソ連に売ったというスパイ容疑で死刑にされたユダヤ人の夫婦である。

竹内は、加賀にそう話しながら「目に涙を浮かべ」「ひとしきり、鼻をすすり上げてから、『や、つまらない愚痴をこぼしました』と言って帰っていった」という。加賀はその時の印象を次のように記している。

長い独居房の生活に、押しひしがれた様子であった。自分の感情を正直に示し、しかし決して興奮や混乱を表出せずに、じっと自分の気持ちを抑えている。どこか自分を嘲笑するような話しぶりで、およそ革命の闘士らしい強さや強張った姿勢が見られなかった。私はぜひ、彼の房を訪れようと決心した。

それに続けて加賀は、次のような貴重な事実を書き記した。

前から面接しようと思いながら、その機会をのばしのばしにした理由として、竹内の身分帳が厖大なもので、それを通読するのに時間をかけたことが大きい。何しろ接見表だけで二百ページをこえ、書信表は分厚い綴じ込みが六冊もあった。事件の性質上、労働組合、共産党員、ジャーナリストの面会や来信が多かったし、拘置所側も〝特殊収容者〟としてとくに熱心に記録をとっていたせいもある。

身分帳を読んでいくうちに、一人の孤独な男の像が私の中で次第に形をとりはじめた。ほとんどが強盗殺人犯であったゼロ番囚のなかで、彼には犯罪者にありがちな生活の乱脈さや利欲への執念がみられなかった。私が竹内と対照して思い浮かべたのは栗原源藏である。栗原が典型的な殺人者であるとすれば、竹内は殺人者としての特色を何一つもっていなかった。

「書信表」というのは受刑者と外部との手紙などのやりとりを拘置所が記録したもので、「ゼロ番囚」というのは東京拘置所において、理由は定かでないが強盗殺人犯などに付けられた収容番号の末尾がゼロの囚人のことをいう。身分帳など外部のものは絶対に見ることができないものであるが、それを見ることのできた加賀が、しかも精神科の専門家として竹内と事件の関わりをどのように理解したか。加賀もまた竹内が主張を何度も変えていることに興味をもち、次のような判断を示している。

否認から単独犯行への極端から極端への移行は、他の九人を救うためであったと理由付けられている。が、それならば、次に共犯を自供したのはなぜかという疑問が残る。竹内のこの弱さの内容として、私が身分帳から読みとったのは、彼の精神がいつも他人との関係において揺れ動くという特徴である。

また、加賀は竹内が次のように述べたことを記録している。

「おれは弱い人間なんです。弱いからすぐ人を信用してしまう。党だって労組だって、大勢でお前を全面的に信用するといわれれば、すっかり嬉しくなって信用してしまった。それがあやまちの元でした。けっきょく、党によって死刑にされたようなもんです。

確定者ですから、いつ、仙台送りになるかという恐怖はあります。しかし支援の人びとがいますし、何とか頑張っています。あの人たちの努力に答えなくては……」
と言いよどんで急に例の自嘲的な笑いをみせて続けた。「弁護士の言うとおり嘘の自白をしたんです。おれは弁護士にだまされたんです。しかし考えてみればだまされた自分も悪い、その点ではもうジタバタはしないつもりです。」

「党によって死刑にされたようなもんです」ということに関して、加賀は竹内が「党員は官僚と少しもちがわない。これが党の第一の弱点です」と話したという。また、一九五七（昭和三二）年二月号の文藝春秋に掲載された竹内の「おいしいものから食べなさい」という手記について、加賀は一人の共産党員が面会に来て竹内と激しくやり合ったことが記録されている接見表の内容を紹介し、最後に「竹内は興奮激怒して、席を蹴って、面会所をでる」ことまで本の中で詳しく書いている。竹内が書いた「おいしいものから食べなさい」については、第八章で、その反響とともに取り上げる。

加賀は「裁判の当初においては、多くの共産党員が被告になっているため支援があった。が、裁判所が竹内の単独犯行と断定し、党員を無罪とした判決後から党員たちの関心は、非党員である竹内から去っていく。かつての同志たちが離反していくにしたがって、竹内の失望と憂鬱はつのっていったのだった」と、その時の情況や竹内の心境を記述している。

竹内が「弁護士の言うとおり嘘の自白をしたんです。おれは弁護士にだまされたんです」と語ったことについては、加賀はそれ以上具体的に何も書いていない。しかしそのことは竹内の〝自白〟を検討する上で重要なので、次の章で竹内の言い分とその影響を具体的に明らかにする。

加賀は五七年四月末に東京拘置所を去ったために、竹内と会ったのはその間数回にすぎなかったという。それらを基に竹内の獄中での生活態度や姿勢について、加賀は以下のように伝えている。

その一々の面接の内容はここでは述べないが、彼が一貫して冤罪を主張していた強い姿勢に変わりはなかった。こういう強い姿勢は、他のゼロ番囚とはずいぶん違った。同じ無罪の主張でも大石光雄のように明らかに虚言が見てとれるもの、栗原源藏のように自分の欲望のおもむくままに死を恐怖しているものと、竹内は異質な精神の姿勢を保っていた。

彼は、ゼロ番区の他囚とは付合いもなく馴染まなかった。自分は利欲のために人を殺すような犯罪者とは違うという誇りがはっきり言動にあらわれていた。（中略）

しかし看守に対しては、礼儀正しく応対し、命令には従順で、反則もすくなかった。記録にあった反則は、四九年八月、所内で絶食をし、絶食して体が弱っているという理由で出廷拒否をしたことのみである。

加賀は、『死刑囚の記録』を出版した二〇年後に自伝的な長編小説『雲の都』を著し、その第二部の中でも竹内のことを書いている。ここではその最後の部分で次のように述懐していることだけを紹介しておく。

竹内景助は、党という組織と警察官、検察官、裁判官という国家権力とに挟まれて、血みどろの闘争をしたうえに、最後に死刑の断罪を受けたのだ。あの色白の囚人の悔恨の涙、党と国家権力への呪詛の言葉が、いまだにぼくの耳底に焼き付いている。

◉元東京拘置所看守長との触れ合い

加賀乙彦と違う立場でもう一人、獄中の竹内のことを書き残した人がいる。東京拘置所看守長を務め、退官したしばらく後の一九九二（平成四）年に『手錠の重み』を著した佐藤和友である。佐藤は一九四九（二四）年八月、三鷹事件の被疑者を収容する拘置監の担当を命じられ、看守部長から「個人別記録簿」を渡されて府中刑務所で竹内ら七名を迎えた。

佐藤は最初の印象を、「逮捕後、厳しい取調と留置所の生活にやつれ、疲労の色を見せながらも率直に私の説明にうなずく七名に好感が持てた」と書き、「どんなに働いても生活が苦しいこの時代に、首切りで長年勤めた職場を追われた七人の心境を思うと、昨年六月まで私鉄で彼等と同じような仕事をしていた私にとって、他人ごととは思えなかった」と記している。そして、「七人の日課は、ほとんど検事調べで終わるほどで、取調状況は知るよしもないが顔を曇らせ、げっそりとして帰ってくるのが常で用意しておいた食事にもしばらくは手をつけなかった」とも記している。

佐藤は、竹内がたまたま同県人で府中刑務所に長くいたということもあり、刑務所側の人とは感じられないほどの思いを書き残している。移監されてきた他の六名の簡単な印象に続けて、竹内については次のように書き始めている。

竹内被疑者も元運転士だったが、第二次整理でクビになった後は、自転車でアイスキャンデーを売り歩いて生活費を稼いでいたという。
「子どもが多くて……小さいものもいるから家内が……」と声をつまらせた。
肋膜炎をわずらったことがあり、再発を心配していたので医師の診察とレントゲン検査を受け、毎週投薬を続けてもらった。
あるとき竹内が「あんた信州なまりがあるね」と尋ねるので、「ああ、おれ上田だ」と答えると、「そうかい。おれ埴科の生れ」と懐かしげに声がうわずっていた。

私も、竹内が田舎っぽいとは思っていたが、同郷の、それもすぐ隣接する地区の名を聞いて懐かしかった。

声を潜め、「うえだ〜うえだ〜別所温泉。真田方面行のりかえ〜」

列車到着のたびに繰り返される郷里の〝駅名放送〟をマネる竹内も、聞く私もお互いの立場を忘れて郷愁に浸っていた。

佐藤は、竹内から次のような微妙な気持ちを打ち明けられたことも記している。

弁護士から、「話題の中心にいる」と聞かされ、「君の発言次第で事件の行方が大きく変わるから供述は慎重に」とも言われて、迷っている。どうしたものか。

おれの名前が悪いんだ。親父を恨むよ。景助というのは、カゲでタスケルだもんな。田舎に帰りたいな——。蛍はもう終わったかね。イナゴやタニシの時期だもんな。

いつも話題が急に変わる竹内だった。

さらに佐藤は、「同年八月二三日、七人が共同正犯として起訴され、自動的に家族との文通、面会が許可になり、本や着替えなどの差入れもあって皆が落ち着きを取り戻していた」と書いたすぐ後で、「そんなとき、長野県出身の共産党衆議院議員で三鷹事件特別弁護人の、林百郎氏が竹内に面会に来た」ことを記し、「林、今野、小沢の三弁護人が、私の単独犯行を再確認に来たと、竹内がなぜか浮かぬ顔をしていた」ことを明らかにしている。

また、第一回公判直後の一九四九（昭和二四）年一一月六日頃、竹内から「上申書を書きたい」といわれ、「用紙と筆記具を支給してもらった」ところ、「何度も書き直して苦悩していたようだが、五日ほどで完成した」と記している。それが一一月一一日付けで鍛治弁護士に宛てた、「罫線一〇枚にぎっしり一字一字丁寧に書かれた」上申書であった。それを一三日の毎日新聞が一面を使って大々的に報じた。そこには共同正犯の各分担が詳細に記述されていた。

その上申書を基に、さらに読売新聞が共同犯行と大きく報じたかと思うと、翌日には朝日新聞が栗林弁護人の談話として竹内は単独犯行だと話していたという記事を掲載した様子については、第三章で紹介したとおりである。弁護士同志で相反する談話が掲載されたことから、佐藤は「それから、しばらく私は新聞記者に追い回され、私など分かる筈もない『竹内の本心はどうなんだ』『竹内被告の単独犯行か、共同犯行か』と、質問攻めにあい、『所長に聞いて下さい。私は何にも答えられません』を繰り返していた」という事実があったことを紹介している。

佐藤はさらに職務上「出廷報告簿」に記録する必要があったためとも思われるが、竹内が東京拘置所に移監するまで、第一回公判からの法廷での行き帰りや法廷であったことを上記の本にかなり詳しく書いている。その中で、第三回公判において竹内が裁判官の前で単独犯行であることを陳述した後、護送車で帰る途中、赤ん坊を背負った竹内の妻に車の窓ガラスを叩かれたので、「ここで話しをさせることはできません。所の方へ来て下さい」と言って窓を閉めたところ、「鬼！ 看守は鬼だ！」と叫びながらツバを吐きかけられ、そのことが、「いつまでも私の心に残った」と、辛い思いを書いている。

それからしばらくしてからであろうか。面会から帰った竹内に、「勾留更新」の告知に行った際、「子供たち元気かい?」と、声をかけたが返事もせず沈んでいた」と書いた後で、佐藤は次のように記している。

子煩悩で、口を開けば出来の良い子の話しを聞かせ、自分の存在が五人の子供の将来に悪い影響を与えるのではないかという悩みや、家庭内のことも私に話すが、相談というものではなく、自分の考えを口に出してみて、確認しているようだった。

「妻が共産党に入党したよ。生活は、いろいろな救援会が援助してくれているそうだが、裁判の、おれの立場でどう変わるか……」

竹内は翌一九五〇（昭和二五）年三月八日に東京拘置所に移監となった。その前日、佐藤は領置品調べを済ませた竹内に、竹内が食べたいと言っていた「さして大きくない壺焼芋を一本手渡した。職員としては許されないことだが、私は自分を押さえることができず、昨夜、買っておいたものだった」ことを明らかにしている。佐藤はそれに続けて、竹内の人柄を次のように書き残した。

新聞などの竹内評は、「……激情家で大変なスタイリスト……」「……悟りきれない虚勢のようなものが印象づけられる」と報じていたが、私は「お世辞が言えず、自分を売り込むのが苦手で、みすみす自分の損を承知で見栄を張り、体裁ぶる」少年のような純粋さを今も失っていない竹内に、好感をもち、ひかれていた。

佐藤は三鷹事件で逮捕された者の中で最年少者であった清水豊とも交流を持ったことが、清水の『三鷹事件　冤罪の構造を書き遺す』で紹介されている。収監されているものとの間で、こうした人情豊かで人間的なふれあいのできる刑務官がいることは、本当に有り難いことといってよいであろう。

二――竹内の生い立ちと郷里の関係者

◉竹内の郷里と家族

竹内の生まれ故郷は、長野県埴科《はにしな》郡豊栄《とよさか》村字宮崎（現在は合併して長野市松代町の一部となっている）で、当時は養蚕が盛んな山村であった。近くには名所旧跡が多く、川中島の古戦場やスキーで名高い菅平高原、それに太平洋戦争の末期に掘られた松代大本営の広大な地下壕からも二キロしか離れていない。

松代は真田一〇万石の城下町で、幕末には洋学者として砲術、兵学、医学、科学等各方面の知識に秀でた佐久間象山が誕生した地でもある。

竹内が再審請求を申し立てた後で書き残した「遠い思い出」（『春を待ついのち』に収録）は、最初の章の見出しが「千曲川の流れのほとりに」となっている。書き出しは「はるかな日の追憶は誰にも夢のように甘い」と記され、幼かった頃の家族の思い出やそこでの生活がほのぼのと綴られている。

竹内景助は竹内千代太郎の次男として生まれ、家ではたくさんの蚕を飼っており、兄妹は四人であった。母親は「学校も碌に行かなかったため、文字も読めません。唯もう働きのない父の呑気を気にやんでは、一生をあくせくと働き通しで、母の腰は直角に曲がってしまってまっすぐになりませんでした」と、やるせない思いを書いている。

家族の中で、竹内に特に強い影響を与えたのは祖母であったように思われる。松代藩士の長女で一家を仕切っていた祖母は、「食事のとき、茶碗の置場所が違うとか、膝を崩してびろうだとか、食事のあと湯を飲まないと人間になれるか、などとしきりに小言を云われました」と書く一方で、「それでも私は祖母が懐かしい」「ばあやん子になっていた私は、つまり一種のおんば日傘の類であって、人生の厳しさも苦しさも予想しないぼんやり者で育ってしまったのです」と述懐している。

佐久間象山はいまでも地元民の尊敬の対象であり、自慢の的であるが、竹内が小さいときから幕末の志士などに強い思いを抱いていたのは、祖母の影響によるものと思われる。その一方で、竹内はその祖母について、「さむらい育ちで、封建性に凝り固まっていた人」と冷めた目で評価し、被差別部落の人を卑下したり差別することには批判的で、「私は幼心にもそういう差別をすることを恥ずかしく思って」強く抗議したことを、「遠い思い出」の中に書いている。

竹内は、また郷里での四季を懐かしみ、獄中にありながら情景を次のように描写している。その光景をもう一度その目でどれほど見たいと思ったことだろう。

春は四月、桜、桃が同時に咲き出す松代地方は、幼い心に取っては夢の世界でした。祖母は象山の麓にあるお竹山のお稲荷さんへ連れて行ってくれたり、清洲町のお寺の地蔵尊詣りをしてくれたり、母は小島田の生家へ連れて行ってくれたり、いくつになっても生家を慕う女の切なさのおかげで私の幼年時代は倖せに成長しました。

養蚕盛んな初夏から冬にかけては忙しく、山裾の桑畑が、春蚕に切って与える桑畠の切ったあとが山のあちこちに広がってゆくのも美しいものです。山の畠へ行って、桑の根元に昼飯の番をしている間、赤や紫に熟した桑の実で顔も手も真っ赤にして姉に叱られもしました。

冬は庭のざくろの木、竹林、杏桃などが雪をかぶり、雀が軒下に餌をあさりに降りてきて、森閑とした風情は何とも云えぬ床しさがあります。いくじなしの私は障子を開けて、炬燵に入っては祖父母の腰きん着となっているだけだったようです。

竹内はさらに、「私は小学校に上がるようになってもまだ寝小便をして、ときどき父に尻を叩かれたことがありました。躰が弱かったと思います」というようなことも書いているが、小学生時代はどうであったか。

私が小学校へ入る頃になると、昭和二年、姉は高等科に進んでいましたから、私は大いに力と頼んだものです。ハナハトマメマスミノカサカラカサ……から教えられ、北村まさという女の先生で、尋常三年まで教えられました。三年の三学期に算数ができなくて放課後まで遺されて北村先生に教えられたこともありました。

◉先生が語った小学生時代の竹内

青年婦人運動や平和運動に携わり、竹内一家のすぐ近くに住んでいた平井潔は、三鷹事件の後、竹内景助とその家族に手を差し伸べていたが、竹内と妻との手紙のやりとりの束を読んで感動し、『春を待ついのち――まさ子におくる手紙』を編集し、一九五六（昭和三一）年五月に出版した（青春新書）。

その平井が三鷹事件の被告で最年少であった清水豊と竹内の郷里を訪ね、竹内を教えた先生や友達、それに兄妹などに集まってもらい、そこで聞いたことを「冬を越す蕾」という形に纏め、上記の本に納めている。『春を待ついのち』は残念ながら長いこと絶版で図書館やネットで探しても見あたらず、出版元では再発行の予定もないという。竹内の気性や人柄、それに人間性などを知る上で貴重な内容を含んでいるので、少し長く引用する。

集まった人たちの中に、結婚して西沢と姓を変えた担任の北村先生もいて、「感情を抑えるような調子で静かに、当時のことを語りだした」という。

三年生のときでした。毎年、学校で桜の木を植えていたのですが、初めて花が咲いたのを窓から見ながら、生徒に綴り方を書かせました。教室の窓から、ウグイスのなくのがきこえるようなのどかな学校でした。その時の景助さんの綴り方に、「先生がおばあさんのころになると、この村は、おとぎ話のような美しい国になるのです」と書きました。これだけ印象ふかく覚えています。理屈の好きな子でしたが、三年間受け持った教師の印象としては優しい少年でした。

あの子が、死刑の判決をうけたニュースを町で見た時、わたしは眼がクラクラッとして、足がふらつき、その場に立っていられなくなりました。「こんな、こんなバカなことはありえない。どうしてこんなバカなことになるんだ」と独りでつぶやきました。あの子が大きくなってからのことは、よくわからないが、一種の独りよがりな、英雄主義にとりつかれたのではないでしょうか。誰かの罪を、どうかして背負わされているのじゃないでしょうか。

遠くはなれていて、何もしてあげられないけれど、わたしは、あの子のことを思わない日とてないのですよ。

平井は「こういって、北村先生は、ハンカチでまぶたを抑えた」とその時の情景を描き、さらに大井という教師が「若い教員として初めてこの山村の学校に赴任した当時のことを追想しつつ、眼をつむりながら」、次のように話したことを書き留めている。

景助くんは、どちらかというとよくできる子でした。時に怠けることもありましたが、成績はよく、ハッキリは覚えませんが、たしかクラスで、二、三番の席次でした。ナリもキチンとしていて、ハナなどたらしてくることはなかった。あか汚れた着物をきてくることもなく、成績物の整理などよくする生徒でした。嫌いな科目はとくになかったようですが、図画、手工がとくに好きだったことを記憶しています。高一のときに作ったすずり箱が自慢で、得意満面で私に見せた姿が眼に浮かびます。そして、なんといいますか、少し大人くさいところがありましてねえ、つまらないイタズラなど子どもたちがやるので、竹内がやったのだろうと思ってアレを叱ったことがありました。するとしばらくあとで、何かの折りに、「先生、オレやったんでねえです」と言うわけなんで、「どうして自分がやらないなら、その時そう言わないんだ」ときくと、だまっているのです。叱られても、言い訳するのがメンドウと思うのか黙ってすごすというふうな、子どもらしくない面もありました。

大井はなおも言葉を続け、学校を卒業した竹内が手紙を送ってきて、大井の話したことの中で大事に思っていたことやこれからの決意が書いてあったと、次のように紹介した。

絵のほかに、作文もうまかったですね。六年生のときでしたか、毎日の遊びのことを書いたものが、スケッチのような文章で、写生の絵でも見るような感じだったことを覚えています。当時は、講談社の雑誌が、盛んに偉人もので売り出していましたので、若い教師のレジスタンスで、人間の魂の教育を生徒にふきこんでいました。のち景助くんが、京都の生産学園をやめて東京へ働きに出るころ、くれた手紙にこんなことが書いてありました。「先生の教えていただいた言葉のなかで、いまでも忘れられないのは『偉い人にならなくても、正しい人間になれ』という言葉です。ぼくはこの先生の訓えを胸にきざみながら、勉強していくつもりです」と。

新聞で、事件の報道を知ったとき、名前だけでは、初め同姓同名と思いました。そんなことをする男ではなかったが、どういうことで、そうなったのかなあ、と解せない気持ちでした。

◉村の級友たちの印象

平井が竹内の郷里を訪ねたその日、この二人の教師を中心に、元の豊栄村役場の一室に友達が一三人集まってくれたという。農業共同組合の専務理事の片岡など、男子八名と女子五名であった。それぞれが話したことを平井は次のように纏めている。

小学校時代、教室で机を並べた仲間の共通の印象は、景助くんはキチンとした小学生だったということである。村では珍しかった学生服を着て、胸に万年筆を光らせ、エンピツなどもいつもとがらせて筆入れに用意していた。性格は、おとなしい静かな生徒で、考え深いところもあった。図画など風景をかかせるとよくかけて、友人たちの遠く及ばないうまさであった。また、どちらかといえばコリ性で、野球やバスケットのような運動にも熱中し、快活なタイプであったという。

集まった級友たちの中で一番仲のよかった片岡は、次のように思い出を語ったという。

とくに変わった印象というと別にありませんが、景助くんは、話しの中にむずかしい言葉を時々入れるんですね、大人の使うような、むづかしい言葉をはさんで面くらわせることがありました。

それが、あとで考えてみると、とても為になることが多くて、よい友達だったと今でも感謝しているのです。（中略）
　高等科を出てから、戦争などがあり、しばらくあわなかったのち、わたしのうちに遊びにきて話しこんだりしたこともあります。たしか第一回の総選挙の後でした。三名連記で、オレの書いた野坂参三と荒畑寒村が二人当選したんだよ、と嬉しそうに三時間も語りあいました。私自身も新しい思想に関心をもちはじめていた時なので話しがよくあったのを覚えています。
　事件のことを新聞で知って、たいへんなことをしでかしたもんだと思いました。二審の判決（死刑）がきまったのち、小菅から長い長い手紙をもらいました。それまでは、裁判のことに関して何も知らなかったのです。ぼくの方でも、どういうわけか、突っ込んで知ろうともしなかったのですね。ところが、二審の判決後、詳しく内容を教わり、他の資料もよんでみて、これは大変なことだと考え直しました。被告の横谷さんが村にきてくれた時も村の人たちを集めて座談会をしましたが、きいているとなる程なあと思いますが、いざほかの人に説明する段になると、うまく口から出てこないのですね。この村の人たちは、竹内くんの人柄をよく知っているので、割とやりやすいのですが。この事件は、白黒の判定がつけにくいところが、むづかしい点だと思いました。「では、誰が本当の犯人なのかなあ」「おかしいなあ」と言い出します。

級友達は、竹内の潔白をみんな信じながらも、事件の真相が分からないもどかしさと、郷里でもマスコミがまき散らした疑念を晴らすことの困難さに直面している様子がよく伝わってくる。

◉地元での救援活動とその困難

その困難な状況について、平井は、三鷹事件についての啓蒙活動に熱心に取り組み、竹内の救援活動に力を注いでいる地元明徳寺の松本康準和尚の話として次の言葉を紹介している。

明徳寺には、約六万の米軍と壮絶な闘いの末に二万人を超える兵士が玉砕した硫黄島で司令官として最後まで指揮をとった栗林忠直中将が葬られており、竹内家の墓地もそこにある。生まれ育った環境のせいであろうか、栗林に光を当てた梯久美子の『散るぞ悲しき』を読むと、身分や地位は天と地ほど違うにもかかわらず、周りに対する誠実な態度や家族思いの人柄、それに何よりも犠牲的な精神がどこか似ているように感じるのは筆者だけであろうか。

松本和尚の言葉は、実際に地元で経験しているだけに、具体的でしかも極めて重い。

世間から三鷹事件が切り離されていることが残念です。この事件の困難性といいましょうか、たとえば二時間も三時間も講演したのち、出る質問は、「竹内さんがやったのでないと言われるのなら、一体誰が真犯人なんでしょう?」ということになります。「三鷹事件の真相」という題で座談会をしても、「誰がやったかを知りたいからワザワザ出てきたのに、これでは物足りない」とこぼすのです。それに、やはり思想的背景を村のひとは恐れます。竹内くんも、何かの事情でそういうものにまきこまれたのではないか、と想像する人も出てきます。理由や状況のいかんにかかわりなく、思想的事件からは遠ざかろうとします。

再審の署名をとり歩くと、「専門家の弁護士さんが沢山ついていて、法律にくわしい方たちが十分働いてくれるだろうに、ワシなんぞが判コおして名前書いたとて何になるのかね」といわれます。また、裁判所の判決に対して異議をとなえることがのみこめないですねえ。あの立派な建物に入っ

て大学を出た偉い裁判官が下す判決を絶対信じています。（中略）
それから、つくづく感じるのは、人命軽視の風潮ですね。わたしたちは、あの無惨な戦争を通して、人命を尊重しない考え方を、しらずしらずのうちに植えつけられたのではないでしょうか。戦争や原子爆弾で、何十万何百万と理由なく殺され、どこの家にも、どこの家庭にも幾人かのギセイ者を出しているという現実が、竹内くんのもんだいについて、ひとびとを無感覚にさせているのではないでしょうか。署名運動に歩いた村の婦人が、こういわれたそうです。「あんた、竹内さんのことで随分熱心だけど、うちのセガレが戦争で殺された時には、誰も騒いではくれなかった。あんな大事件があったんだから、竹内さん一人ぐらいのギセイで済むことなら、それでいいのじゃないか」

竹内が獄中で無念の死を遂げたあと、明徳寺で長野県合同祭が執り行われた。そのとき松本住職はどのような思いを込めて読経したのであろうか。

当時の状況を知る上で、平井が前記の本の中で紹介している人を、もう一人だけあげたい。当時、長野県の国民救援会本部の常任をつとめた北村亨である。北村は、「やせて山羊ひげをはやし、くたびれた背広で、いかれた革靴をはいてズックのカバンをさげ」て、平井たちを出迎えたという。「立派な建物の中の偉い裁判官」とは、まさに正反対にいる人物であった。

平井は「北村さんから、竹内くんの郷里の、そして長野県全体の、三鷹事件についての苦心をこまごまと聞かされた。それは一言半句、汗と努力の結晶であり、貴重な教訓だった。（中略）日蓮の熱心な信者で、仏教徒のもつ一種の風格を身辺にただよわせている」という印象を書き、続けてその活動を次のように紹介している。

北村老が、豊栄の村に入ったのは、事件が起こって二年目、昭和二十七年であった。私服が幾人も村に常駐し、家族や村人の動静を監視していた当時として、実兄政則氏が、立ち上がろうとしなかったのは、無理もないことであった。そういう情況なので、村では誰一人として、竹内くんのことで動く者はなく、ただ怖いものとして遠ざかっていただけであった。余りしつこく村を訪ね、竹内氏の家族に説得するので、一時はイヤな顔をされたこともあるという。

この数年間、朝から晩まで、三鷹事件と松川事件のことで、この広い長野県を歩きまわっている北村老人の前で、わたしは幾度か自らの行動を省みた。このような北村氏の熱情が、実兄を動かし、松本和尚の活動を促したのだろう。わたしは、竹内くんの実兄、実妹の素朴な愛情の発露、松本康準氏の確信ある実践に、一しお感動したものだが、やはりそれも北村老の誠実な行動と無関係ではないと感じた。

冤罪を晴らすために竹内はこうした人たちに支えられながら最後まで闘ったのである。

竹内の古里を離れる前に、竹内を一番よく知っている兄と妹の話を平井の書いたものから引用しておきたい。平井は、「あまり豊かでない景助くんの生家を維持している兵隊帰りの実兄、政則さんは、農閑期でもあるので、コタツに当たりながら、木訥な渋い声で、ぽつりぽつりと語り出」したとして、次の言葉を書き残している。

景助は、本の好きな男でしてね。朝起きるなり本ばかり読んでいましたよ。学校からの帰り途などでも、歩きながら本を読んでいました。東京の下宿にたずねてみると、六畳の部屋に本ばかりギッシリつまっているんですよ。田舎ものの無学なあたしなんぞ、どうしてこんなに集めたんか驚き

ました。昔からそうですが、手紙なんぞ、むづかしい文句並べて、五枚十枚と長いのを書いてよこしました。それに詳しい解説をくっつけたりして。たまに田舎に帰ると、兄貴にギロンをしかけるのですね。弁論式にトウトウとやられるので、ワシら、ただうけたまわるだけでした。

平井は、さらに「五つ年下の妹さんが、近くの嫁ぎ先の町から二人の子どもをつれて話しにきてくれた。薄い色の毛糸のセーターのよくうつる、ハキハキした感じのよい村の若奥さんだ」と会ったときの印象を記し、その妹が次のように語ったという。

兄さんは、去年の春頃まで、よっく手紙をくれましたが、このごろは遠慮してかあまりくれません。とても、こまかい心づかいをしてくれるひとで、ぼくが手紙をやったら先様に迷惑をかけはしないか、お前が困るようなことはないか、などと書いてくれていました。そんなのを読むと、かえってこちらの方が励まされるようで……。

学校に行っているころの兄は、ものを大事にして、メンコなどでもキチンと自分で片付けておく、景助はオモチャまで整理がいいね、とばあやん（祖母）にほめられていました。しかし、案外気の弱いところもあって、授業料のときなど、父に言えなくて、わたしに言ってくれと頼むのですね。お父さんがこわかったのか、うちが貧しかったので気を廻したのか。

東京へ出てからも、時に家に帰ってきましたが、「お百姓はいいなあ」などと言ってました。自然が好きというのですか、家に帰るなり、ハダシで山の畠に一人で出掛け、夕方道具をかついで帰り、「みんなやってきたぞう」と笑っていました。あとでいってみると、チャンとやってあるんです。兄は物に余りこだわらない楽天家のように思われました。それから、不思議に子どもに人気のあるひとでしたね。小さい子たちともよく遊んでやるので、兄さんが家に帰ってくると、すぐ「景ちゃん、景ちゃん」といって村中の子どもが寄ってくるんです。

わたしなぞにも、うちの用なんどやっていると、「本をよめ、本をよまないとバカになるぞ」と言ったものです。とに角、世間のひとに、うちの兄の人柄を知ってもらいたいと、わたしはいつも思っています。

竹内が獄死したとき、この兄や妹はどれほど嘆いたことか、想像に余りある。

三——竹内の仕事と職場での活動

◉故郷をあとに

竹内景助は、先に紹介した「遠い思い出」の中で、故郷からの旅立ちを次のような記述で始めている。

少年時代というものが、二十までのことだとすると之からの事柄が、私を決定づけたと言えましょう。生まれてから小学校を卒業するまで私は夢の揺籃で夢みていたようなものです。先生にも可愛がられたし、両親も、祖父母も波立つことのない平凡な家庭で大きくなりました。小学校卒業の前に、級友の神戸と二人して長野の国鉄の採用試験に出て見事に落第し、夜おそく屋代廻りの汽車で帰ったこともあります。試験の科目も分からず手続方法も詳しく知らず、推薦者もない一介の小学生にとって三十倍近い受験競争は難事だった訳です。とにかく養蚕専門で、田のない私は家を出なくてはならなくなりました。父は、私が画がうまかったので画書きの弟子にしようと云い、また大工の弟子入りしないかと云われましたが、小僧という封建的修行に恐れに近い気持ちを抱いていた私は、よい返事をしませんでした。できれば町にある甲種商業か中学に入れて貰いたかったけれど、そこまで余裕がないと知っていたから口に出して云うことは出来ませんでした。

最後の部分を読むと、妹が述懐していた竹内の性格を彷彿とさせるものがある。それにしても、小学校卒業の時に竹内はすでに国鉄に入りたいという意欲を持っていたことが分かる。

竹内は、昭和一〇年四月、小学校を卒業と同時に、推薦を受けて京都市左京区にあった私立の学校に入学した。ところが、翌年に兄政則が入隊したために、家の手伝いに郷里に帰ったものの、蚕の手伝いは妹一人で十分にできるということで、翌年三月には村の人の紹介で東京に出た。竹内は、次のように述懐している。

私は世間を知らなかったために町工場でまんぞくできず、専検を取ってから何とかして高文も取り、官界か政界に入ろうという気でいましたから、早稲田大学の講義録を取って勉強していました。それから新聞の広告を頼りに芝区南佐久間町にあった山本慶治郎とか云った印刷屋に住み込みで入りました。そこでの楽しみというのは校正刷りを出版社や作家の家へとどける途中に四谷見附の小さい公園や、三宅坂の午下がりの静かな道や溜池から弁慶橋を渡って帰ることでした。

ところが、その印刷屋で、「そこの親父は実におうような大人で小言一つ言ったことがなく」「夫人であるおばさんも景助々と言っていろいろ面倒みてくれて、本当に太陽のように温かい家」であったが、「叔父さんが勤めている鉄道へ勤めたいという強い気持ちに負け」、そこを自分から飛び出した。国鉄を馘首され三鷹事件に巻き込まれたことを後悔してのことであろうが、「印刷屋をやめるとき、主人が非常に悔しがって何とかもっといて働かないか」などと言われ、「赤羽の紙工場でも印刷屋でも、私は不思議と主人に可愛がられ惜しまれ」たことを思い出し、「顧みて我乍ら純情一徹な性分の私は、己を知ってくれたそういう人の下で、粉骨砕身した方がよかったと思います」と書いている。

◉電車の運転手に

竹内の記録するところでは、一九三八（昭和一三）年に一九歳で国鉄に採用され、「初めは池袋電車区へ車両手で入り、運転手見習になり、それから教習所へ行ってきて乗務見習をし、昭和十五年四月電車運転士に」なった。その間、一九四二（昭和一七）年七月に召集されて千葉県柏の飛行隊にいたときに肋膜炎を患った。仕事の関係で「遠い思い出」に書かれていることは、次の二つの出来事だけである。とくに最後は馘首されて終わるということだっただけに、あまり思い出したくなかったのかもしれない。

昭和二十年の春、中央線を運転して八王子を出て浅川に向け走っているとき、私は先行列車を小仏トンネルの前で攻撃破壊されて多数の死傷者を出しつつあった米艦載機グラマンの攻撃を受けました。当時の規則によると空襲を受けたら直ちに列車を止めて退避させろと言うのだったが、西八王子から浅川の御召駅をすぎ浅川駅場内信号機に掛かる処は高い築地で、そんな所へ車を停めたらそれこそ徹底的にやられてしまうと判断したので、なおもスピードを出して浅川駅ホームにすべり込み、反対側のドアを開けて乗客を退避させたことがありましたが、もしもあのとき型にはまった規則にしばられて土手の上で停車したら私の運転する電車から夥しい死傷者を出したに違いなかった。

竹内が「遠い思い出」に書いているもう一つのことは、戦前、部下に対する横暴な態度をとっていたMという助役に対して、次のような〝単独行動〟をとったことである。

戦時中すっかり興にのってしまって、二十そこその若い乗務員が敬礼しないと云って殴りつけていましたが、或るとき、私が運転事務室に入ろうとすると、その廊下で運転手になりたての青年をMがいきなり殴りつけるのを見たので、我慢がならず、「おい助役さんあんまり張切るなよ、百年も千年も戦争は続きぁしないんだからな。暴力を使うのはやめろ」と云って喧嘩も辞さない覚悟でやりました。するとMは「何度言ってもわからない」とか何とか言い訳をし、気まり悪そうに出ていってしまいました。

戦後になり、竹内は軍隊生活で患った肋膜炎のために、一九四六（昭和二一）年三月からは、電車の乗務をやめて検査掛となり、その後、さらに仕業検査掛となった。竹内は検査掛をしていた一九四八（昭和二三）年一月に中央線神田駅構内で発生した下り電車の脱線事故に関して、次のことを思い出し、再審請求の理由補足書に次のように書いている。事故は三鷹事件の前年のことで、その電車は三鷹電車区のものだったことから、誰が検査をしたのか責任問題が浮上した。

すぐに原因を調べたら、ブレーキのブロック・ハンガーのピンが抜けたためと分かりました。それで、その車両を検査した者六名が調べられました。責任者を定める段になったら、その六両編成を検査した主任も、その箇処のブロックを取替作業した技工も、孰《いず》れも、確認したとか、他の者だとか、竹内君の検査の筈だと言を左右して責任を取ろうとしません。検修の主任助役は責任のもってゆき場に困って私を呼んで、そういうわけを話して「竹内君どう思うか」と言いました。それで私は責任は違うのですが、その編成車の一方の検査を担当した、しかも職名も検査掛なので、共通の責任を感じたから、「それじぁ私が全責任を取りましょう、局へそう報告して丸く収めて下さってよいです」と言って、丸く収めたことがあります。

竹内は、その後どうなったかを次のように書いている。

原田助役は、私が余りあっさりと責任を一人でとると言ったので、「そう簡単に出られてはわけが分からないなあー。誰が本当にあそこのブロックを取替え、誰が点検したかだ……」と言い乍ら、結局、それで丸く収まったことがあります。今日思うには、自分はどうしてあのとき自己の立場を強く主張できなかったのかなあ、（中略）いろいろ考えてみますが、とにかく自己弁護や自己主張を卑しい精神と思っていたのですから不覚でした。

「丸く収める」ということを最優先し、「自己弁護や自己主張を卑しい精神と思っていた」というのが竹内の「信条」であり、「心情」でもあったことが、これをみてもよく分かる。

◉組合活動への取り組み

竹内の労働組合運動に対する姿勢や、実際の活動はどうであったか。「遠い思い出」で次のように書いている。

やがて終戦になると、電車区にも労働組合を結成する気運が出てきました。終戦後、私は肋膜を徹底的に癒すために乗務をやめて検査掛になりましたので、昼休みや仕事が終わってから、よく当時組合結成の打合所みたいに使われていた運転士休憩所にゆき、山本、細谷、岩崎、高橋などという仲間と方針を検討したり、暴力不正助役の吊し上げと追放を計画しました。そして三ヶ月ほどして戦時中横暴をきわめた助役は追放したり謝罪文を書かせたりしたものです。M助役を当然追放しました。

そして、次のような反対されながら自分から率先してやったことも書き残している。

検査掛になって検査に出てみると、終戦後であるというのに依然として戦争中の惰性で毎朝出勤点呼の度に、助役の号令で宮城遙拝をやっているではありませんか。そんなことを敗戦後おそらく三ヶ月ぐらいやっていたと思います。私は、配給食糧も欠配になってきて、お互いに青い顔してふうふうして仕事をしているのに宮城遙拝とは何というバカ気たことだ、やめろやめろと言って説いて廻りました。だが初めのうちはなかなかやまないで毎朝出勤点呼の度に号令がかかるとみんな最敬礼をやります。それから私は列の最前列に突っ立ったまま、わざと敬礼しないでいいんだという示威に出、列の者にやめろやめろと言って始め二、三人の同調者をつくり、そのうち労組結成委員にも計って宮城遙拝を廃止したのでした。

死刑判決が確定し、再審を申て立てている立場でこうしたことを書いたのは、気持ちの中に、自分も人の言いなりになってばかりいたのではなく、リーダーシップをとったこともあったということを社会にアピールしたかったのであろうか。さらに次のようなことも書いている。

昭和二十三、四年頃になると、職場委員の私に対して民同派のT、Tなどがしきりに委員候補しろと催促し、また一方共産党細胞も入党をすすめたのですが、事に当たって信念がなくてはやれない私はそういう勧めは断っていましたが、労働組合の発展を冀う気持ちが強かったので日本無線に争議がおきると、自分の時間を応援にかけつけ、また府中の武蔵製鋼に争議がおきてロックアウトされているときくと、仕業検査で手の空いた仲間数人を誘い、各職場からも誘い出して府中へ応援に出かけたりしました。

竹内の組合活動や政党への姿勢と態度がこれでよく分かるが、さらに竹内は、自分の性格や生きてきた姿勢について、ズバリ、次のようにも書いている。

私は先天的に自由人であり進歩の賛美者です。中学生のような心情をもって「複雑」きわまる大人社会の牙城に闘いを挑み通しました。昇給も賞与も必ず同僚より少なかった。数年のうちには三期も四期も下の後輩と同じになっていました。理由は職制強化に役立ち労組弱体の原因となる虚礼や空しい規則通り履行しないというのです。

上司のご機嫌を伺うなどとてもできない、一言で言えば、「世渡りが下手」ということの結果であろうか。なお、竹内には次のような不満があったことも「遠い思い出」として打ち明けている。

車体を支えている枕バネの上の側受が脱落している電車は傾斜して運転が危険なので、それを発見して廻送処置をしても、特賞どころか廻送しなくてもいいんだといわんばかりに扱われたり、場内の多くの信号の表示が間違ったのを発見して急遽処置しても、私には特賞はくれませんでした。私のいう大人の社会の「複雑」というのは卑屈とウソ情実、小学生や中学生が心を悩まし眉をひそめる一切のことです。

◉国鉄を解雇されるきっかけ

竹内は三鷹事件の発生する前日である一九四九（昭和二四）年七月一四日に解雇されるが、その理由は明らかにされなかった。それまでの〝反抗的〟な姿勢に加えて、竹内が次のように書いていることが、直接のきっかけであったことは間違いないであろう。

昭和二十四年六月、京浜線と同調して国電ストをやったときも、自ら街の人々に理由陳情したり、夜遅くなってから田町、蒲田等電車区車掌区を廻って意見を交換し駅のベンチで一夜を明かして帰ったこともありました。（中略）

鉄道当局はスト実施後じきに闘争委員十二名の懲戒免職を発令しました。またGHQの労働課長エーミスの声明でスト中止を勧告してきました。喜んだのは職制幹部です。早速労働組合前の広場に電車区員を集めました。三百人ぐらい集まったでしょうか。労組としては急遽大会のような集会を持った訳です。すると民同のTは、占領軍が命令してきたし、一日たったらみんなだらけてしまって、中には将棋をさして遊んでいる者もいるので、ストを続けるのは無駄だからすぐやめようという意見を述べました。

それに対して竹内はどうしたか。

私は台の上に登り、「誰が闘争委員十二名を選んだのか、闘争委員はみんなが押しつけたようなものじゃあないか、その十二名を見殺しにしてストを中止したら労組はなめられてしまう。私もストは一応の意義があったからやめたいと思う。だが仲間を見殺しにすることには反対だ。まず十二名の懲戒免を取消したらやめようという交渉を強くして、それが通る条件まで継続すべきだと思う。闘争委員だって親もあり子もあり生活を持っているんだからそうしようではないか」とやったのでした。

竹内は、それに続けて「ともあれその場の登場で、私は翌月人員整理のリストの一人とされ国鉄を去り、投獄される運命となりました」と書いている。

ところが、二審判決は、「業務に精励しない職員を対象に実施したものであることは新聞等に公表されており明らかであるから」と断じた。これには竹内が激しく批判し、「再審理由補充書」に次のように書いている。竹内の仕事ぶりと、どのようなことを心掛けたかを知る上で、引用したい。

私は勤めていて一日の欠勤もなく完全に人並みの生活をしていた。補給が不足していた発電機のカーボンを、主電動カーボンの廃品から作り出すような事も考えて実行し、給油掛のときはそれ迄大ざっぱに一杯入れていたのを改めて検査毎に費消する油量を記録しておいて二割方節約した。どこを押せば「業務に精励しない職員を対象に」した首切りだなんて辞が出るのか見当がつかぬ。

竹内の職場での勤務状態や組合活動については以上にして、竹内自身の家庭生活や家族との関係はどうだったのか、次に見ることにしたい。

四――竹内の家庭生活と家族への思い

◉妻との出会いと新婚生活

竹内景助は一九四〇（昭和一五）年四月に国鉄の運転士となり、それまで厄介になっていた叔父の家を出て、池袋電車区近くにある堀ノ内稲荷の横を入った家に間借りした。竹内の「遠い思い出」によると、私生活は清廉潔白そのものといった感じで、友達を誘って八ヶ岳、富士、日本アルプスなどに登山し、友達がいないときは奥秩父、御岳、天覧山などに一人で登り、街では近くの古本家とは顔なじみにはなるが、「喫茶店」にさえ一度も入ったことがなかったという。竹内は獄中で次のように書いている。

教習所にいるとき、他の職場からきた生徒などが喫茶店だの遊びだのという「たのしみ」を話していたのには全然関心が湧かず、現在になるまでついに一度も喫茶店に入ったこともないという世間知らずになっていました。今にして思えば人なみに喫茶店ぐらい入ればよかったと思うのです。

さらに「私は仁義道徳、剛毅博愛という如き考えで頭がコチコチになっていたのです」と自分の性格について書いているが、竹内を間借りさせた家には、三越デパートなどに納める洋品の縫いものをして母親を養っていた三〇歳になる娘「政」がいた。

竹内は、「庭には沈丁花が咲き匂っていました。勤めから帰ってしょうことなしに本を読んだり、ときには話し相手ほしさに鶏をかまったりしていると、母親たけさんがお茶を淹れてくれたりしました。そうして半年ほどして私が二十の春、一、二度まさ子さんと散歩に出たりするようになり、それから半年ほどして自然に結ばれました」と、「遠い思い出」に書くとともに、結婚生活に関しては次のように述懐している。

私は結婚して幸福でした。家の子供だけでは足りなくて、どこにいても近所の子供と遊んでやりました。小さい頃のA子の顔などは天真らんまんで、その一事を想うだけでも私は結婚の幸福を感じていました。堀ノ内の家で生まれたA子はその後配給食糧の欠乏と戦火の下をくぐって無事に成長してくれました。ひまなときは読書するか、妻や子と散歩するだけで満足だった私は、世帯生活にも恬淡としていました。それゆえ護国寺、鬼子母神、重林寺、板橋の方の田んぼ、あすか山と至る処を歩き回りました。

竹内は一九四〇（昭和一五）年に結婚し、三男二女をもうけるが、A子は最初に生まれた子供であった。

板橋の駅と大正大学の間の辺りに近藤勇の墓を見つけたのも、護国寺の墓地に下田歌子や頭山満

などの墓を見つけたのも、そういう散歩の折々でした。秋の末の寒い北風が吹くころ、根津山を通って護国寺あたりまで歩いてゆくと江戸時代の薄と萱ぶき農家が点在する豊島郡の風物詩が心に生まれるのが好きでした。現実はいつの時代でもそんなに美しい理想通りの人間界ではないのに、物事を美化して考える私には勤めと家庭の単調な往復だけでは堪えられなかったのです。近藤勇の墓にしても飛鳥山の佐久間象山の桜の譜にしても、それをさがしたのではなく偶然の発見でした。そういう偶然がとてもうれしかったのです。

◉戦争で焼け出され国鉄の官舎に

しかし、この時代、多くの者が経験したように、幸せな生活は長続きしなかった。

昭和二十年五月二十五日空襲で家を焼かれて無一文にされた晩、私は中央線を運転して立川西郡信号所の外で電車を止められて夜を明かしました。翌日帰ってみたら、新宿辺から一面の焼野原で交通は杜絶しているので線路伝いに池袋に辿りつきましたが、何しろ焼野原で家のあった辺もなかなか見付け難いほどでした。しかしやがて焼跡を見つけ、家族が避難したことを知って元気づき、板橋の小学校で妻と子と会うことができました。

その時の喜びはいかばかりであったか。竹内は、「遠い思い出」の中で、次のように続けている。

空襲の晩、妻や子は、山の手線ガードの下に逃げ熱風で灼かれるので線路のわきを流れているドロ水を手拭いにひたしては頭からかぶっていたと云いました。火におどろいた四つのA子、三つの

——健一郎、それにお腹にB子を持った妻が「焼夷弾を眼の前に落とされたので飛鳥山の方へ逃げるのをやめたの、もしあっちへ逃げたら焼け死んでしまったでしょう」という話しをきき、私は又しても子供や妻がいとほしくならざるを得ませんでした。

竹内はそのすぐ後に、「それから私は三鷹電車区の官舎に移ったのです。空襲のあとの焼野原には屍体が沢山横たわっていましたから、そういう戦火の中をくぐった妻や子を私はひとしお（一入）貴いものに思うようになりました」と書いて、家族についての「遠い思い出」を終えている。

竹内は一九四九（昭和二四）年七月一四日に国鉄第二次行政整理で馘首され三鷹事件に巻き込まれて、八月一日に逮捕され裁判にかけられることになるが、逮捕直前の家族との日常生活はどのようなものであったか。

後に竹内は「再審理由補足書」（上）の中で、「七月十一日は徹夜明け休み、十二日、十三日は月一回の連休だったので、長男（七歳）と次女（四歳）を連れて、国分寺の丘の雑木林を借りて開墾して作っていた畠へジャガイモを掘りにゆき、帰りに付近の川で水遊びをしたり、家に居るときは境浄水場の方へ子供を連れて写生に行ったり、また飼っていた山羊や近くの菜園の作物の世話をしたりして」おり、三鷹事件が発生した七月一五日には、「朝のうちは線路の北側に作っていた畠の作物の手入れや山羊の世話をして子供と畠にいて、九時頃帰宅して食事をし」た、と綴っている。

そのような家族との穏やかな生活こそが、竹内の日常生活であった。『春を待ついのち』には、子供への慈愛と妻への深い愛情を綴った手紙が数多く掲載されていて、どれ一つとして涙なしには読めない。

第五章　竹内の〝自白〟とその信用性

一――〝自白〟に至る過程と取調べの具体的状況

竹内景助は逮捕された後も、連日、日夜にわたる捜査当局の厳しい取調べにも屈せず、無実であることを頑強に言い続けた。ところが、逮捕後、二〇日目に単独犯行であることを〝自白〟し、その後、供述を転々と変えたのはなぜなのか。その謎が解明されることによって、竹内の無実がより明確になると思われる。以下、竹内に対する取調状況と〝自白〟の内容を明らかにしたい。

竹内は、最高裁判所に提出した上告趣意書および八通の上申書、さらに死刑確定後に申し立てた「再審請求書」および「上申書」と「再審理由補足書」（上）（下）、さらに「三鷹事件　竹内景助の弁明」などに、なぜ無人電車を自分が発進させたような供述をし、しかもそれを裁判になってからも維持したかについて、詳細に書き残している。その分量は、「再審理由補足書」（上）（下）だけでも五二万字を越える膨大なものである。

その内容は単に詳細というだけでなく、いずれも実に具体的・迫真的で、それらを読むと、竹内の記憶力のよさと表現の的確さに驚かされる。また竹内が一字一字手書きで書き残したこれらの文章を見ると、竹内がいかに几帳面で真面目な性格の人間であるかが伝わってくる。

◉取調べの実態と供述調書の作成状況

竹内が三鷹事件で逮捕されたのは、一九四九（昭和二四）年八月一日であった。その直後から厳しい取調べが行われたが、八月二〇日までは事件との関わりを否定し、無実を主張し続けた。その間の供述調書は確定審で採用されただけでも、八月三日付田中検事に対する供述調書、同八日付平山検事に対する供述調書に引き続き、日付順に四、九、一〇、一三、一四、一八、一九と作成されている。

そして、〝自白〟した後は、八月中が、二〇、二一（二通）、二二（二通）、二三、二六（二通）、二七（二通）、二九（二通）、三〇（二通）と連日にわたって取調べと供述調書の作成が行われ、さらに九月に入ってからも、一、三、四、五、二九、三〇、そして一〇月にも、一三、一五、一六（二通）と供述調書が作成されている。

そのほとんどが平山検事に対するものであるが、最後の方は神崎検事に対する供述調書五通が含まれる。なお証拠としてこれとは別に、竹内が作成した九月二九日、九月三〇日、一〇月一四、一五、一六日付の神崎検事宛上申書が提出されている。

その日付と数を見ただけでも、連日にわたりいかに過酷な取調べが行われたか、容易に理解できるはずである。

竹内が〝自白〟するに至るまでの取調べの状況がどのようなものであったか、残された資料を要約して紹介する。

◉逮捕後の警察官とのやり取り

竹内が逮捕されたのは、三鷹駅での事件発生後、半月経った八月一日であった。『三鷹事件竹内景助の弁明』によると、当日は、アイスキャンデーに加え納豆も売ろうと考え、早朝一番電車に乗って御徒町まで行った。そこで納豆を仕入れ、三鷹駅で下車して自宅に帰る途中、二人の刑事に呼び止められた。朝飯前であったが、飯は警察で出すといわれ、それまで電車区の多数のものが警察に呼ばれていたので、軽い気持ちで同行した。

ところが武蔵野署では取調室に入れられて、「いきなり岡光警部（警視庁）から犯人呼ばわりされ怒鳴りつけられ」、次のように言われたという。

やい、この野郎、あんなでかい事故を起こしやがってひどい野郎だ。三鷹駅の事故はきさま達がやったんだろう。さあもう此処へ来たら嘘言ったってダメだぞ。神妙にあやまってしまえ。

これが、竹内を最後に死刑判決へと追いやる取り調べの始まりであった。その後のやり取りを竹内は、次のように思い出している。

警　おい、どうだ、やったんだろう。

竹　何ですか？　何言ってるんですか。三鷹のあの事件を

◉逮捕直前の竹内景助
国鉄を解雇された後、アイスキャンディー売りなどしていた。写真：毎日新聞社

竹　私がやったんだって？　冗談言うな。どこからそんな事考え出したんだね。
警　考えてみろ。あんなでかい事故を。じゃ誰がやったんだ？　きさま達以外にない。
竹　いい加減にしろ。何の関係も無い者をつかまえて何をきくんかと思ったら犯人呼ばわりとは何だ。やろうとは何だ。
警　まあまあそう怒るな。今の言葉は取り消す、謝るよ。（中略）ぢゃ事件当時何処に何していたか言ってみろ。
竹　どこもくそもあるか。家にいただけだ。あの事故がどうして起きたかも知らないですよ。
警　高相会議の共産党員と連絡があったんだろう。七月一五日頃の事は、全部くわしくわかっているんだから隠したってダメだぞ。神妙に白状してしまえ。
竹　冗談言うな。あんなことを労組にいた者がやる筈がないじゃないかね。高相会議って何ですかきいたこともないですね。

竹内は、その後も「七月一五日の行動を朝から詳しく言ってみろ」と攻めたてられた。それに対して、「馘きられたあと就職の心配ばかりしていたんで急には詳しい記憶も思い出せないですが、とにかく事件には関係していない」と真実を語ったにもかかわらず、その後もさらに「三時間くらい応酬したあと、いきなり留置場へ入れられ」、「朝食も食べさせず、お昼に二口ぐらい〝いも飯〟をくれただけ」だったことを記録している。

刑事訴訟法一九八条は、「検察官、検察事務官又は司法警察職員は、犯罪の捜査をするについて必要があるときは、被疑者の出頭を求め、これを取り調べることができる」としている。同法は「但し、被疑者は、逮捕又は勾留されている場合を除いては、出頭を拒み、又は出頭後、何時でも退出することができる」と定め、第二項で「前項の取調に際しては、被疑者に対し、あらかじめ、自己の意思に反して供述をする必要がない旨を告げなければならない」と規定している。

竹内の場合、後日問題にしているが、その時の取調べの状況からしても、黙秘権の告知などなかったことは間違いないであろう。

逮捕翌日の八月二日にも同じことがくりかえされ、三日には検挙を指令した田中検事が調べ、四日には八王子刑務所に移送される。移送後直ぐにまた「岡光ともう二人の警部から掴み掛からんばかりの威嚇を以って」次のように攻め立てられたという。

さあもう来る処へ来たんだ。率直に白状しろ。おい白を切ったたってダメだぞ。お前達が何を言ってたか、どんな話合いをしていたか、ちゃあーんと分かっているんだからな。どうだ、まだ知らんと抜かすつもりか。きさまは何をしたんだ言ってみろ。

それに対して竹内は、そのときの気持ちを次のように率直に書いている。

やっていない事だし、七月一五日なんて半月も前のことを特別注意して記憶していた訳でもないので、明確な記憶が蘇る筈がない。そこを性急に詰問されたが、とにかくやっていないから、やっていないと言うより仕方がなかった。そのうち検挙の間違いが分かるだろうと思っていました。ところが四日たっても五日たっても出してくれません。生まれて始めて留置場だの刑務所を晴天の霹靂のように経験し、急な環境の変化の中に閉じ込められたので、一日が一年もの長い時間に感じられて、記憶を蘇らそうと懸命になればなるほど益々混乱してしまい、独房の窓に戯れる雀を見ても

家に残してきた子供らの事が不憫に思われて、この非道な官憲のやり口に悲憤の涙をこぼしました。

◉検事の過酷な取調べ

八月六日になると、東京地検から平山検事が来て、「之から益々連日連夜の、誘導、強制、脅迫の調べがされた」。そのときのことを、竹内は後に懸命に思い出し、次のようなやり取りがあったことを記録している。

検　七月一五日の行動をもう一度くわしく言ってみてくれませんか。あの日あなたは仕業検査詰所の中で大分憤慨していたそうじゃあないですかね。

竹　仕業詰所は野球仲間や何かが集まるんでいつも大ぜい集まってわいわい騒いでいるんですよ。あの日だって三検を馘になった国本や、仕業所で馘になった黒田や浅古、藤田、それに大井工機部へ転職させられた菅原や杉山や遠山なんかも工機部から帰ってきて泣き言を云ったりしていたんで、冗談に元気づけたりしていただけです。別にふんがいしていたなんて事はないです。

検　当時あなたは何を着ていたの、昼間など。履物はなにかね。

竹　いつも制服ズボンと作業上着です。履物は下駄で、之はその四日五日前にお盆がくるというので子供達と一しょに三鷹の町で買ったばかしの桐下駄です。涼しいので。

検　一五日の夕食は何を食べたか覚えないかね。家族と一しょに食べたの。

竹　いつもそうですよ。別に変ったものは食べないし、何を食べたか記憶ないです。

検　一五日の晩あなたを電車区の方で見かけたという者がいるんだが、どうだね。本当に関係はないのかね。

竹　当時毎日、いや冬だって私は毎日朝晩家の近くを散歩するから電車区ということも云えるでしょう。しかしやっていませんよ。

検　ところであなたが電車の発進した一番線の辺を歩いているのを見たという者がいるんだ。たしか竹内さんだと云っているんだからね。やった事はやったと謝ってしまいなさい。

竹　何をとんでもない事を。行きもしない処で私を見る訳がないじゃないですか。そんなバカバカしいウソで人を裁判したら世の中は真っ暗ですよ。

検　事故に関する新聞見ただろうね。重大事件だからやった者は重い死刑か無期だからね。やったんなら早く謝った方がいい。お互いのためだからね。

検事が目撃証人の存在や死刑なども持ち出し、心理的に追い込もうとしている様子がうかがえる。そうしたやり取りの中で、検事は「近頃、きみの子供は学校へ行かないそうだ。心配だろう」と家族思いの竹内の弱点をつき、「認めて大事をとれ。何とか命は助かると思う」と言って揺さぶりをかけた。竹内は、「三鷹事件　竹内景助の弁明」の中で、検事の取調がさらに「八月一二日頃からガラッと態度が変わり、真に脅迫的誘導強制が始まりました。飯は小さい五等米に実のない汁だけなので気が遠くなるほど腹が減り、おまけに八月五日から六日にかけて抗議のハンストをやったので、体重が一気に減り、椅子に寄りかかった格好で四時間五時間と続く調べを受けていました」という。「抗議のハンスト」については、竹内の身分帳を見た監獄医の加賀乙彦が『死刑囚の記録』に書いていたとおりである。竹内はさらに検事との間で次のやり取りがあったことを紹介している。

一検　君の云っていることはみんなウソだな。他の者が本当のことを喋っているんだぞ。竹さんがや

竹　りましたという証拠が集まっているんだから不思議じゃないかね。やったことはやったで仕方がない、率直に自白してしまいなさい。そして落着く処に落着くのがいいんだ。

ウソなんか云うもんですか。検事の方の調べ方がひどいからだ。やらないのに証拠なんてある訳がない。あったら見せて下さいよ。

検　毎日挙がっている。今日も集まったよ。証拠はどんどん出来ている。いくらやりません無罪だと云っても証拠があるんだからダメだ。一人で幾ら知らんと言っても君一人で捕まっている訳じゃないよ。竹内さんもやりましたという証拠が続々挙がっているんでは仕様がないでせう。

竹　そんなものはインチキです。デタラメなものをかき集めて人を処罰できたら裁判はめくらも同じだ。そんな事があってたまるもんですか。

検　しかし裁判と云っても全能の神が裁くんじゃない。絶対に間違いがないとは言えないんだ。しかし人が人を裁かなくては社会の秩序を維持できないでしょう。その場合、証拠で判断するより他によい方法はないんだ。だから経験と最善の知識で公平に判断して貰うしかない。それが一番厳正ですよ。冷厳なものだぞ。

あなたはあなたが言う通りぎりぎりの真実は本当に無実かも知れない。しかし証拠がどしどし挙がっているのではいくら無罪だと云っても通らんですよ。裁判官も人間だから証拠があるのに白を切っていると心証を悪くするから助かる処も落とされてしまうような事になる。死刑か無期だからね。ようく考えなさい。

竹　何をとんでもない。やりもしない者に何の証拠があるんですか。勝手に造ったら出来るでせうかね。

検　本当に証拠は山ほどあるんだ。まだ続々集まっている。大事を取って認めたらどうだね。当時の特別の事情は斟酌されるから、認めてゆけば死刑という事はない。あなたはやらぬやらぬと云っているけれど被疑者は一人じゃないんだからね。一日一日疑いが深くなるばかりだ。

竹　そんなに証拠があるんなら早く裁判したらいいでせう。いくらもこのデタラメ検挙をバクロしてみせます。

検　検事が検挙するのに間違いはなかった。見ていたまえ。この事件だって、君が幾ら無実だと云ったって、もう一人だって無罪にしない。しかしそれじゃあ助からんよ。死刑に落とされるだけだ。暗い遠いところへゆけるかね。恐ろしいぞ、それは……。

長い引用になったが、検事がどのように説得し、自供させようとするかがよく分かる。意味があるといえば、次のやりとりも、残しておく価値があるだろう。検事の言葉は逆の意味でまさに至言だからである。

検　検事が之と眼をつけて検挙したら絶対無罪はない。千のうち一つか二つはあってもそんなのは小さい事件で、訓戒ぐらいで済むような事件ですよ。

竹　私は知らぬ事です。事実を守るより他ないです。今に歴史が明らかにしてくれますよ、この弾圧事件を。裁判もそんなでは歴史の審判に待つより他ない。

検　しかし人は一度死んだら生き返らないからね。何年後に無罪と判っても取り返しがつかない。今のうちに何とかしなくては。

竹　どうしようったってウソに従う訳にはゆかんのです。

さらに八月一五日になると、検事は「ちょうど一月前の夜の今頃、おまえさんたちのやったことがどんなんだったか、きみは現場を見ていないから知らないな。この写真をよく見たまえ。何人かがこういうむごい死に方をしたのだ。ほれ、これも。これも、よく見ろ」と被害者の写真を無理矢理見せて、竹内に自白を迫った。

その日、一緒に逮捕された横谷は裁判が始まった同じように悲惨な現場での屍体写真などを見せつけられ、それに堪えられず、虚偽の自白を始めた。その時の様子を、横谷は裁判が始まった第一回公判で次のとおり切々と訴えた。

十五日の四時ころから田中検事がきまして、「兎に角もういい加減で白状しろ。今日はちょうど十五日だ。丁度命日に当るのだ。あの六人の死、怪我人、これを見てお前達はすまないと思わないのか。向こうの三鷹の方に向かって霊に対して黙祷しろ」。それで、僕は、やったんじゃないから黙祷する必要はないと思ったけれど、やはり現場で、僕等が見たところ死んだ犠牲になられた方々は、皆ブルジョアではなく我々と同じようなその日を働かなければ食えない人のように、僕には思えた。やはりこれは働く同じ労働者であるという意味をもちまして、佛に対して僕は、合掌しました。(中略)

そうしたら検事が何といったか、「よく懺悔した、その気持ちこそ尊いのだ」。あの憎いような、ビヤ樽みたような田中検事、いきなり僕の前にまるで無頼漢が到来したような感じでもって、抵抗力が全然なかったのでもう言うがまま、本当にあの時は何といっても、いい言葉の表現がない、「よく、懺悔した」「それでこそ、お前は、人間になれたのだ。これで、お前は助けられる。これがなければ、お前は死刑か無期だ。これで救われる。検事は人を殺すものではない。人を助けるのが検事の仕事の役目だ。お前達は断崖絶壁に立っているのを検事がこの腕でつかまえてやるのだ。

横田は、そのあとも抵抗したが、「何か無意識に返事をしました。それがきっかけになって次から次に彼等のでっち上げに」乗せられてしまったことを、法廷で苦しげに供述した。

◉竹内の必死の抵抗

横田が〝自白〟させられた数日後、検事は竹内の前で「相被疑者の自白調書の厚さ一糎半ほどの綴り本を机の上でぱらぱらとめくって見せました。私は唖然として、取調官が連日くりかえして暗示することは、まさしく相被疑者の自白であると知りました」という。それに続けて、次のようなやり取りがあったことを明らかにしている。

検　これは重大な証拠になる。もう絶対無罪にはなれない。

竹　それにしても無関係のおれを巻き添えにするとはひどいな！

検　供述証拠は重大な証拠だからね。このままでは可哀相だが、きみたちにあの事件の責任を背負ってもらうんだな。否認していると情状酌量がないから落とされてしまう。

竹　……。

検　さあ、言いたくて咽喉元まで出かかっているな。それを呑み込んでしまわないで吐き出してしまうことだ。吐き出してしまえばあとはさっぱりして気分が楽になる。

竹　何も特に聞いてもらうことなどないです。

検　そんな強情を張らずに、認めたまえ。ウソか本当かは検事が決めてやる。

竹　そんなゲームのようなことはできません。

検　ゲームじゃないさ。真剣な話だよ。言いにくかったら紙をやるから書いてみるか。

竹　そんなでたらめはできません。アリバイを調べて率直に判断してください。

そのアリバイについて、竹内は、この時点ですでに検事との間で次のようなやり取りがあったことを記している。

検　停電が最初二三回ついたり消えたり合図みたいにあって、それから消えたそうだが知らないかね。

竹　知らないです。いつ頃消えたかそれも憶えありません。

検　それから風呂へ入ったんだね。誰か会わなかったかね。風呂の中には大ぜいいたでしょう。誰でもいいから言ってみたまえ。

竹　とにかく就職なんかでとび廻っていたんで。半月も前のこと、そうくわしく憶えていないですね。入浴中の大半は停電だったし。

検　そのとき事故の話でたでしょう。

竹　いいえ。私もそうですが誰もその頃駅の方に事故が起きたなんて話していませんでした。私も上がってから知ったんです。

検　誰か一人ぐらい憶えていないかね……。

竹　……そうです、丸山さんとあんとき風呂の中で遭いました。めったに遭ったことがないので、話もしました。馘首された事や就職を頼んだ事を。

検　丸山をどうして知っているんだね。
竹　前に電車区にいて運転も検査も一しょにやっていたんで知っています。教習所の教官になって行ったんです。

ところが平山検事は、その後、「丸山は知らないと言っているぞ。竹内と会っていないと」とこれを否定し、それ以上そのことを調べようとしなかった。むしろ「七月一四日に馘首の通告を受けてからのことをもう一度言ってみたまえ」と蒸し返し、その時に竹内が「区長や助役を責め立てたのではないか」とか、さらにその日に他の場所で「事件を仄めかすような話がでたそうだがね。みんなストライキをやれやれなんて言ったんじゃないか」と責め立てた。それに対して竹内は「闘争的な話は一つも出ませんでした」と答えたが、聞き入れてもらえなかった。
実際に電車をどのようにして発車させたかについて、検事とのやり取りは次のようになされたという。

検　では訊くが、あの事故電車の運転室の中に釘が二本落ちていたが、あれは何であんな中に落ちていたんだろう。
竹　知りませんねぇ、そんなことは。私は本当に無実で何も知りませんよ。
検　電車の運転室の中に釘が落ちているというのはおかしくないかね。あの釘でコントローラーを動かしたのじゃないか。
竹　そんなばかげたことは絶対にない！　本当に無実です。
検　釘だって鍵の代わりにやればやれるだろう。少しくの字の型に曲がっている、錆びているが……。

竹　さあ、どうですかねぇ。私はそんなものでハンドルが動くかどうか考えに浮かばないです。
検　そうかなぁ、ではどうしてあんなものが運転室に中に入っていたのだろう。
竹　知りません。多分、交番や人家の軒にぶつかったときに外からとびこんだんじゃないですか？
検　そんなことはないと思うがねぇ、紐もそうか？
竹　多分。そうとしか考えられないです。

そして、関わりを否定する竹内に対して検事はなおもしつこく追及し、推測を交えた誘導尋問が次のように続いたという。

検　そんなことはないよ。誰かがやったことだ。釘でないとすれば何でコントローラーを動かすのかね。
竹　私はやっていないからそんなことは知りませんよ。
検　コントローラーの鍵穴に入るくらい曲って、太さも合っているんだが。
竹　コントローラーのキーはくの字型ではダメだと思いますよ。直角にL状に曲っているのですから。
検　それじゃあ何でやるのかね。鍵の型をしていれば何でもいいんだろう？　金物でそういう形状のものならいいだろうな。君、前から何か造って持っていたのじぁないか？
竹　何のためにですか。仕事していた時は鍵があるから、鍵以外のものでハンドルが動くかどうかなどとは全然頭に浮びもしません。
検　では、何でやったかだ。針金なんかどうかね。針金の先なら曲げれば鍵のようになるだろう。
竹　何しろ、そういう他のものでコントローラーが動くかどうか考えてもみたことないですからねぇ。
検　しかし、仮に、針金の先でも、うまく曲ったものなら鍵の代わりになることはなるだろう。針金なら用意しなくても構内に落ちているだろう。どうだね、針金でやったのじゃないか。
竹　果たしてそんなものでやれるかどうか…。
検　やってやれないことはないだろう。針金でなければ何でやったか、だ。とにかく発車させたことは間違いないんだから、認めて謝らないとこのまま裁判に廻されたら助からないからね。

八月一七日の午後の調べには、平山、田中、磯山、屋代の四人の検事が取囲み、「酒を飲んでまっかな顔から熟柿臭い息を吐き乍ら、まるで与太者のような言辞を弄して威嚇して自白強要しました」という。信じがたいことであるが、そのときの状況を次のように具体的に記している。この日に一緒に逮捕されたもののうち何人かが、「検事が思うような自白を認めたので、『成功』を祝して宴を催して、その足で、がんばっている私を威圧にきた」というのが、竹内の推測である。

竹内はその日が八月一七日であったということを、ロスアンゼルスの日米水上競技において、古橋が一五〇〇メートル自由形で世界新記録を出した実況放送が蝉の声をぬって聞こえたことで思い出し、日付を確認したという。

検　おう、竹内、しばらくだなあ。きさまはまだ自白しないそうだな。検事さんにあんまり世話をやかせるな。
竹　はい。
検　さあ、そこえ両手をついて謝れ。検事にその身体をポンと投げ出してみろ、救ってやるぞ。
竹　これは検挙の間違いですよ。いくら言われても無実ですから認めるわけにはゆきません。
検　なんだとう。この野郎まだそんなことを言っているのか。そんなばかなこと言わずに、さぁそ

竹　こえ両手をついて土下座してみろ、土下座せんかッ、こら竹内。

検　なんだね、その無頼漢のような剣幕は。静かに言えば解ります。

竹　それなら申訳ありませんと言え。あんな事をきさまらがやらずに誰がやるものか。真犯人がいたら探してきてからそう言え。

検　それでも私は関係ない。何も訊いてもらうことなどないです。

竹　ふーむ、この野郎、まだそんなこと言っていやがる。おいッ竹内ッ、田中検事のこの目をようく見ろ。今更しらをきってもダメだぞ、もう絶対に遁れられない運命だと思え。横谷は三鷹の方へ土下座して両手をついて謝った。ああならないと救われないぞ。

検　……。

竹　いくら一人で否認したって、景とやった、景さんがやったといって自白しているのにどうなるのだ。知らぬとは言わせんぞ。さあ、済みませんと言ってみろ。

検　……。

竹　なにをそう検事を睨むんだ。黙っていないで何とか言え。

検　目を見ろというから見たんです。無実のおれに何を言わせようってんですか。

竹　きさま検事をなめているな。きさまらのような小僧になめられてたまるか。どうやって電車を動かしたか。おい、竹内、悪いようにはしないからやりましたと一言いってみろ。

検　言うことはありません。無実だということを捕まった始めから平山検事に言い尽くしてあります。

竹　この野郎、まだ言わんのか。証拠が山程あるんだぞ。いくら無罪と言ったってそんなこと通用するもんか、バカめ。救い難い奴だなこいつは。ようしこんな奴は救ってやるものか。死刑が適応しているんだ。このまま死刑にしてやるから覚悟していろ。飯田ときさまと、あと二人だ、誰だか分かるだろう。法律によって殺してやるからナ。何の罪もない通行人が死んだんだからきさま達が責任を負うのは当然だ。図々しい野郎共だ。共産党はこういうバカばかり集めてあいう事件しか起こせないんだなあ、呆れたものだ……。

おい、何をボンヤリしてるんだ。その手をようく見ろ、人殺しめ、人の顔なんか見なくてもいい。自分の手をようく見ろ。きさまが人を殺した手を見ろ。……人殺し。おい人殺し。電車が轢いたんだって結局人殺しだ。それでもまだ白らばっくれているというのか。このやろう、意地でも死刑にしてやるぞ。それだけ頑張るんだから、覚悟しているだろうな。


最後の言葉などは、竹内に死刑判決を下した控訴審の裁判官達が竹内に対して感じた憎悪と反感と同じものであったかもしれない。それにしても、逮捕された状況でこのような脅迫的・威圧的な検事の言葉に耐えられるものがはたして何人いるであろうか。竹内はこうした壮絶ともいえる検事とのやり取りを、再審請求の段階で、「三鷹事件再審理由補足書」に書いて東京高等裁判所に提出した。

同書面の冒頭に、竹内は、「原裁判に関係された各裁判官、検事、弁護人諸氏に読まれてもいささかも恥じることのないよう真実ありのままを録しました」と書いている。竹内は事実を正確に書くことによって、取り調べた検事との対決を覚悟し、期待していたものと思われる。

取調べの実態を、竹内はさらに多くの頁を使って克明に記載し、「このようなことを二十日間、八王子刑務所内調べ室で連日連夜行われました。実際はこの何千倍の量と、もっと苛烈な罵詈雑言及び具体的な誘導が行われました」とも書いている。そうした取調べが逮捕以来、連日にわたって続いたことによる精神的・肉体的な辛さは、これ以上引用しなくても十分に理解されたものと思われる。

二――虚偽の自白はどのようにして作られたか

◉〝自白〟するに至った具体的な状況

そうした過酷な取調べが続いた後、竹内はついに逮捕後二〇日目に〝自白〟に追い込まれることになる。真犯人でもないのに、逮捕前に〝自白〟したり、逮捕直後に〝自白〟に追い込まれるものが多い中、竹内は長い時間、厳しい尋問によくぞここまで堪えたといってよいであろう。

竹内は八月二〇日、八王子刑務所で午前の調べが終わると、突然に府中刑務所に身柄を移された。そのときに何があったか、竹内はそのことを時々思い出さざるを得ないのか、何度も何度も書いている。

責め立てられて途方にくれ、疲れきって正常な思考力もなくなっているとき、八月二十日午後、護送車に乗せられて府中刑務所に移され、青い色の獄衣一枚を着せられ、ワラぞうりを履かされ、頭には深編笠をかぶせられました。このような事実が、ふつうの人にどのような気持ちを抱かせるか理解いただきたい。私は、囚衣や深編笠は罪人がかぶせられるものだと思っていたので、このような不当な扱いをするのは、相被告が自白した供述書を証拠にして検事が言った通り四人も死刑にされてしまうのじゃないか、と思ったのです。

そのような格好をわざわざさせて脅かし、取調べをするというような非人間的で不法なことを検事がするとはにわかに信じがたい。しかしこれは竹内に限らず、一緒に移送された他のものも同じように供述しているので、現実になされたことは間違いない。

これが竹内に決定的なショックを与え、絶望感に陥れた。しかも、そのときの竹内の、体調はどうだったか。

裸になって身体検査したら、四十八キロに減っていました。家にいたときは五十五キロあったのに、この二十日間、日夜、毎日十時間以上ずつもやられた強制訊問、というよりは身におぼえのないことを教えて強要したことがいかに拷問的で苛酷不当だったか分かります。尤も食料不足のせいもあったのかどうか、配当された五等級飯というのが、現在の五等飯の半分位の量しかなく殆ど三口か四口ぐらいしかなく、それに実の一つも入ってない汁が一合きりでしたから腹がへってけだるくなりました。その事実は身体経過表を見れば明白です。

竹内は八王子刑務所で取り調べられたときの状況を、次のように記している。

八王子刑務所の、昼間は二階の調べ室、夜は地階の、手錠やロープやトビ口や帯皮のある戒具室の陰気な中で、夜の十時十一時まで、具体的な暗示をくりかえし強いられたときの、取調官の口吻や、その時々の眼付まで今も手に取るように鮮明に記憶しています。私は、八月七日頃から血の小便が出て非常に衰弱して手足がしびれていたけど、とにかく絶対にやっていないので、無実だというのが良心だろうと信じてがんばっていました。が、そうして自分の良心を励ましつつも、相被告が自分のことも実行犯の一人に祭り上げて自白していることが段々ハッキリしてきたので、これは

このままでは助からないと思うようになりました。

竹内が取調官から言われたそこでの最初の言葉と、それを聞いたときの心境については、どうだったか。

午後五時頃、府中刑務所に移って最初の調べ室に入れられ、毎回同じ暗示強制の訊問をされました。「ついに来る所へ来たなあ。今度こそ何とか認めないと取り返しがつかんよ」その一言、被疑者とされている私の心には府中刑務所のどこかで殺されるのではないかと感じたのですから、脅迫し狎れている取調官の心理とは雲泥の相違がありました。しかも四人死刑、その他数人無期刑というような大弾圧を仄めかされ、暗示させられてきたので、これはなんとかしなくては……と焦燥したのです。(中略)

そして、その反面、現状のままでは相被告の自白調書によって自分も死刑の一人にさせるという事態を、手を拱いていられないという気持ちもありました。午後六時半頃、一旦房に帰され、午後七時すぎからまた調べ室(舎房とは別の建物)へ連れてゆかれ執拗な脅迫の自白強要をされました。

その取調べ以降、〝自白〟が積み重ねられることになる。その最初の具体的なやり取りを、竹内は次のようにリアルに記憶し、記録に残した。

検　もう秋だ、虫が鳴いているね、きみを調べるのも、もうそう長くはない。これも何かの縁だよ。始めの頃きみの家族の写真を見て気が進まなかった、指定されたので已むをえない。いつ頃とったのかね、家族と一しょの写真。

竹　去年の秋頃です。そんなものどこで見ました。
検　警察にあったよ。
竹　なんだ、あんなものまで取ってゆくのか。
検　小さい子供が沢山いるのに、考えないといけないよ。
竹　どう勘違いしているんですかね。
検　勘違いはしていないぞ。法律に従って調べているが、みんなやっているから、なるべく助けてやりたくて調べにきているのさ。このままでは遠からず殺《や》られてしまうのだよ。恐ろしいことになっているのだ。思っていることを何でも言ってみなさい、そうでもないと助けようがないじゃないか。
竹　はあー、困りました。
検　困ることなんかありはしない。思ったことを吐き出して軽い気持ちになることだよ。認めれば必ず生きて出られるんだ。
竹　はー。
検　どうだ、さあ、申し訳ありませんと言ってみたまえ。
竹　はい。申し訳ありませんでした。
検　うん、それで、どうやったか話してみなさい。
竹　はい、検事さんが之迄いろいろ言われた通りです。
検　それはどういうことかね。電車を動かしたんだろう?
竹　はい、どうも申し訳ありません。

◉〝事実〟はどのようにつくられていったか

こうして竹内はついに検事に屈服し、次のように〝自白〟を始めた。しかし、それが「自白」といえるようなものではなかったことは、次のやり取りからも理解できるはずである。

検　家を出て、構内の一番線へ行って、鍵でハンドルをあけて、やっぱり新聞の記事と写真のようにやったのかね。

竹　はい、しかし鍵なんか私は持っていないですよ。

検　それじゃどうした、誰が持っていったかね。

竹　それは知りません、これは私一人ですから。

検　それはどういうことかね、鍵がなくて何でハンドルをあけたのか？

竹　検事さんが言ったことで。

検　釘か？　運転台の中におちていた。やっぱりあれでやったんだね。

竹　その釘はどんなふうに曲っていますかね。

検　くの字に曲っているから、あれでやったんじゃないのか。

竹　それではコントローラーはあかないと思いますがね。

検　それじぁ、なんであけたのか、針金じゃないか。仲間が鍵を用意して行ったのじゃないのか。

竹　他のものは一人も関係ないです。どんなことでも聞きますから、他の者はすぐ釈放してやって下さい。

検　それより順序として、その、電車を動かしたことから話してみなさい。家を出て、労組へ寄ったのだろう。

竹　いいえ、なんとなく、何をしようという気持ちもなく、まっすぐ構内の方へ歩いて行って、偶然一番線に一本あったので、チョット、構内の入口の辺までいたずらに走らせてみるつもりでやっちゃったんです。申し訳ありません。
検　ハンドルは針金の先であけたんだね？
竹　はい、たしか、そうです。
検　しばった紐は、やはりあの紐の切れたのだろう？
竹　どんなものか知りませんが多分そうです。
検　紐はどうした、家から持って行ったのか。
竹　いや、家にはそんなものはありません。
検　どこで手にしたのか、仲間が持って行ったのじゃないか。
竹　そんなことはないです。やっぱりあのへんで拾ったんです。

このやり取りを読んで理解できることは、検事のほうからそれまでにさまざまな暗示や説得が行われていて、竹内は納得しないまま、まさにそれに迎合するように〝事実〟が作られていく様子である。それと、竹内は〝自白〟したとはいえ、それはあくまで自分が一人で行ったことであり、共犯者がいたということについては頑強に否定している。次の検事との動機をめぐってのやり取りからもそのことがよく分かる。

検　大体、あの電車は信号所の辺まで自然発車と見せかけて走らせるつもりだったらしいな。仲間もそう言っている。それとも何か、六三型の宣伝のためにあそこでひっくり返し耳目を引き立たすつもりだったのか。

竹　自分でもハッキリ憶えていません。

検　おかしいじゃないか。あの頃、モーターに水を呑ませろだの、シャフトに砂をかましてやれなんて言っていたものもいたな。構内入口の一旦停止線のある所で一両を脱線させると間引き運転同様の効果が揚がると言い合っていた者もいる。みんな分かっているんだよ。君はどういうつもりかね。

竹　ボーっとしていてハッキリしないですねぇ。ただ、第一次整理で馘首された八王子機関区の者が絶望して一家心中したとかいう話を青柳から聞いていたのでこの人員整理は許せないと思いました。それでこういう非情な首切りをされ乍労組が何ら抵抗しないのでは当局がいい気になってしまうと考え、何か、労組の骨のある所を見せてやろうという気になってふわふわとやってしまったんです。

検　電車を構内で脱線させたって当局が反省するかなあ。

竹　するかしないか、とにかく偏見と情実の馘首でけしからんと思ったんですよ。それで構内の入口のポイントが密集した辺で一両を脱線しようと思いました。他の考えはありません。

検　だが、そういうことは七月十日頃からみんなの口に上がっていたのだろう？

竹　そういうことは知りません。

検　他の者は、信号所の辺までコトンコトンと走らせて自然発車と見せかければ面白いと思ってやったと言っているが、どうかね。

竹　そういう事はしりません。

検　一人でやって電車が構内の出入口で脱線したって直ぐに復旧されてしまったら何にもならんだ

ろう。やはり仲間が知っていて、直ぐ宣伝する手筈ができていたのだよ。

竹　他の人のことは知りませんよ。早く釈放してやってください。

検　いやいや、そう簡単にはゆかんよ。他の者は証拠が挙がっているんだからね。あの一旦停止線のある所で脱線したら、復旧するまでに本線の電車が入庫できないね。そういうことも考えないか。

竹　あれこれ言われても、何の考えもないですよ。

検　すると、あくまで一人でやったというのか。

竹　まぁそういうことになります。仕方ありません。

検　そういうことになると君、刑が重いぞ、助からないぞ。あんな事をカッとなってやるような者は危なくて社会に出せないからね。やはり七月十日頃から他の者と話があっただろう？　それとも一人で考えていたか、どっちかだろう。

竹　絶対にそんなことはありません。通告されてからは闘争的なことも電車の事も頭になかったです。

三――実行行為について〝自白〟していく状況

◉針金や紐はどうしたか

竹内は、府中刑務所に移されたその日の取調べで、実行行為についても次のように〝自白〟した。その内容は、竹内が一方的に供述したような体裁に変えられて、そのまま当日付けの平山検事に対する供述調書の前半部分に記載されている。

検　針金はどこかで先を曲げたのだろう、おちていたのを拾ったのか。
竹　はい、やはりあのあたりで偶然ひろったらやれたわけです。
検　どんなものかね、形は。
竹　まあ、針金の切れ端でしょう。
検　その先が曲っていたのだな。
竹　はい。
検　ブレーキが掛かっていなかったか、調べてみたか。
竹　はい、奥の方に入っているのはみんな弛んでいる筈ですから。
検　どうして分かる。
竹　ストロークを見ても、ブロックを踏んでも分かります。
検　見たり踏んでみたりしたんだね。
竹　はい。

ストロークというのは車体の下に設置されているエアーブレーキ用の弁に取り付けられたもので、ブレーキが掛かっているときとそうでないときは位置が違い、ブロックというのはその車輪の両側に取り付けられているブレーキの利き具合を確認する装置である。その話の後、竹内と検事とはさらに次のようなやり取りをした。

検　それから運転台へ上がって、すぐにハンドルを動かしたのか。
竹　はいそうでした。

検　スイッチをいじったか。
竹　そんな用はないですからスイッチはいじりません。
検　ふん、針金をハンドルの鍵穴にさしこんで廻したらすぐ動いたか。
竹　はい。
検　針金で動かすことも度々あったのだね。
竹　いいえ、そんなこと空想したこともないです。
検　それにしては、うまくできたものだね。
竹　そうですね、みんな偶然です。

「みんな偶然です」と言ったことをそのまま検事が信じて調書にとり、それをまた裁判官たちがそのとおり信じて最後まで疑わずに、死刑判決まで下す日本の司法の事実認定について慄然たる思いがするのは、筆者だけではないであろう。
その後、さらに検事と竹内のやり取りは次のように続いたという。

検　それから？　パンタグラフをあげたのだな。
竹　はい。
検　どうやってあげたね、いくつあげた？
竹　あれはパンの紐を引っぱればあがりますよ。一つあげても三つあげても貫通しているので同じですよ。
検　いくつあげたかね。

竹　一つです。
検　スイッチを押せば後の方のパンタグラフも上がるだろう。
竹　それは電源ができて圧縮空気が溜まったからです。
検　後の車の運転台へ入ってパンを上げなかったか？
竹　そんなことをどうしてやるんですか。
検　誰か仲間が後ろの運転台に入らなかったか。
竹　知りません。
検　するとパンタグラフは一つ上げただけか。
竹　そういうわけです。
検　パンタグラフの紐を引っぱったらパンが上がったということが分かったか。
竹　上がる筈です。見はしませんが、上がる筈です。
検　電車が動き出すところは見たろうな。電灯はついていたか。
竹　見ません。
検　見ない？　そりゃおかしいじゃないか。
竹　はぁ、夢中でにげてきたからと思います。本当に見ていません。

竹内は、「再審理由補充書」（下）において、そのときの心境を次のとおり記載している。

そのときの気持ちは、連日連夜、息も詰まりそうに無実のことを押し付けられるのが耐えがたくて、それをやめてもらいたい気持ちがあり、また、いくら無実だと言っても、相被告の自白調書に共犯の一人に仕立てられている以上、このままでは助からないと思って、それで虚偽のことを認めても危害を避けたいと思いました。一人でやったと言い出したのは、その前に今野弁護士から共産党に入れといわれて変に共産党に衒いの気持ちになっていたし、だいいち、拷問強制の苦しさに負けて虚偽を認めるのに、人を一しょにしては悪いという廉恥心があったからです。当時は、一人でひっかぶるなんて高い姿勢ではなく、検事の前に弱くなって、ひたすら迎合していたのですから、具体的に誘導されるといくらでも事実無根の調書がでっちあげられたのです。

ここに書かれた「今野弁護士」云々はどういうことか、後に詳しく見ることにして、竹内がいう「共産党に衒（てら）いの気持ち」とはいったいどういうものであったのか。「てらう」というのは、「自分の能力や知識などを、自慢して見せびらかす」と説明されているが、竹内には確かにそうした態度が時々見受けられないではない。また竹内の「廉恥心」（心が清らかで、恥を知る気持ちが強いこと）というのも、竹内の人柄を考えるとよく分かる。

〝自白〟を始めた当日、竹内は検事との間で、さらに次のようなやり取りがなされたことを明らかにしている。

検　紐は紙紐だろう。

竹　そうですか？　紙紐でハンドルのバネはもつでしょうか。私は麻紐じぁないと無理じゃないかと思いますが。

検　拾ったときはどうだった。見なかったか。

竹　はい、よくおぼえていないですが、麻紐と思いますがね。

検　茶色の包装用の紙紐だろう、おちていたのでやったのだろう。
竹　はあ、そうですか。
検　手に取って引張ってみなかったか。
竹　はい、見ません。
検　その紐に結び目がなかったかね。
竹　さあ、どんなものですか、知りませんが。
検　よくまあ、針金だの紐だの、そこらにおちていたものだね、ハッキリ拾った箇所に記しをつけてもらおうか。
竹　はい。
検　針金はどこ？
竹　はい、二番線電車と一番線電車の間です。
検　紐は、それからか。
竹　はい、いえ、陸橋の方まで行ってワラ縄を拾ったりして、すぐではないです。
検　ワラ縄なんか何にするのか。
竹　何もしないですが、歩いていたらおちていたので。
検　紐はどこか、ゴミ穴を見たか。
竹　はい、そこです。
検　ゴミ穴で拾ったんだね、どんなふうになっていた。
竹　さあ、只、ばらばらにすててあったのでしょう。

こうしたやり取りが当日作成された供述調書では、竹内が自分の記憶に基づいて、自分から進んで話したように記載されている。それにしても検事が「よくまあ、針金だの紐だの、そこらにおちていたものだね」と疑問に感じたことが、その後、実際に存在するものかどうか確認されていないのはどういうことだろうか。

事実はどうであっても、自白さえさせてしまえば良いというのが検事の狙いであったことは間違いないが、そのことについて弁護人も疑問を持たず、事実を確認することをしないまま、死刑判決まで突き進んでしまうことになる。

ところで、〝自白〟後の八月二七日の供述調書には、竹内が「コントローラーの鍵を使用しなかったのは別に深い理由があった訳ではなく、当時私のその鍵は仕業詰所に置いてあって持ち合わせなかったからであります」と述べたと記載されている。竹内が本当に電車を発進させようとするのであれば、コントローラーの鍵が開くかどうかも分からない釘などを拾うのではなくて、現場から数十メートルも離れていない仕業詰所に鍵を取りに行くのではないだろうか。

次に、ハンドルを結わえたという「紐」の材質や結わえ方、さらに証拠物として提出された紐の端に存在する「結び目」の存在についても、まったく無視したまま判決が為されている。

具体的な実行行為についての検事とのやり取りは、次のようであったという。

検　それを最初ハンドルと知セ灯の電線にかけたか、それとも逆行の爪《つめ》にかけたか、どっちかね。

竹　忘れました。

検　爪でもたしかだが、紐の切れは電線にかかっていたらしいが。

竹　そうですか。なにしろ夢中でしたからおぼえがないです。

検　爪は少しハンドルより低いがね。
竹　それじゃ、知セ灯の電線にかけてしばったんだと思います。
検　そうかもしれない。ハンドルに廻して何回巻いたかね。
竹　さー。
検　長さはどのくらいあったかね。
竹　さー。ハンドルと知セ灯の間なら五十センチもあればしばれるでしょう。
検　すると一回か。
竹　はあ、そうかもしれません。おぼえていないです。
検　二回まかないと切れてしまうかな？
竹　はい、紙紐じゃ切れてしまうかもしれません。
検　すると二回か。
竹　はあー、よくわかりませんが。
検　針金を鍵穴に入れて、ハンドルを左に廻すな、それを左手で押さえていないとハンドルは戻ってしまうね。一人でやれるかねえ。
竹　はあー、やむをえんです。
検　どんなふうに巻いたか、ハンドルと電線の間を、8の字に交叉させやしなかったか。そうしてまん中で結んだろう。
竹　その辺はおぼえていないので、検事さんの方でうまくやって下さい。
検　うん、そうもゆかん、一応きみの言うことを聞かないと、な。紐の端を変った結び方にしたね。
竹　なんのことですか。私はこめむすびしかできないですが。

検　どういうのか、やってみてくれたまえ。
竹　着物をきたとき帯をむすぶ、あのむすび方しか知りません。

そのようなやり取りを書いた後、竹内は「それから、検事から渡された麻の紐で、自分ができるこめむすびを何べんもやらされ、八月二十二日頃から十日間も毎日やらされました。しかし、私はこめむすびしか知らないので、検事も、それじゃあ、一度紐の端と端をむすんでから、反対側の紐に廻して巻いてむすんだんだろうと言って、そういうふうに捏造されたのです」と纏めている。

本件で一番中心的な実行行為である、電車を発進させるためのハンドルを固定した方法についても、このようにして、文字通り〝創作させられた〟のである。

検事による取調べはその後、毎日のように延々と続き、その都度、供述調書が作成されていることは前述したとおりであるが、検事としてもいろいろと腑に落ちないことがあったからと思われる。しかし、竹内も思うところがあってか、こだわるところは徹底的にこだわり、頑強に抵抗している。その一端は昭和二四年一〇月一三日付けの平山検事に対する供述調書からも窺がうことができる。

問　今見せた紙紐三片は、事故電車の先頭六三型電車の運転台内から発見されたのですが、何か其の点について話す処はありませんか。
答　私が使用した紐は麻紐だったと思って居りますから、其の紙紐を使用したとは思われません。然しその紙紐以外に運転室内に別な紐がないとすれば、其の紙紐を使用したのかもしれません。然し私としては右三片の紙紐中、コイル巻きになっている点に付いては記憶がありません。

これだけみても竹内は真犯人でなく、事故電車の運転席に落ちていたとされる紙紐などさわったこともなければ、それでコントロラー・ハンドルを固定したことなどなかったことは明らかと言わざるをえない。

竹内の「自供調書」がどのような状況の中で作成されたかについては、この辺で一旦終ることにする。これまでの冤罪事件で、虚偽の自白をさせる側の手練・手管としていくつかのパターンがあることが指摘されている。竹内の場合、精神的な拷問、誘導、暗示、甘言、偽計、強制など、まさに典型的な方法が徹底的になされていたことがよく分かる。

冤罪をなくすためには、最初から一〇〇パーセント取調状況をビデオに収録するなど、「取調べの可視化」が絶対に必要であることがこれからも理解されるはずである。

四――〝自白〟を裁判でも維持した理由

◉弁護人からの説得の内容

検察官の精神的な拷問や、誘導、暗示、甘言、偽計、強制などによって、一旦は虚偽の自白に追い込まれたとしても、本当に無実であれば、弁護人が付いて接見を行い適切なアドバイスをすることによって取調べ中に〝自白〟を撤回するか、遅くとも公判段階で無罪を主張するという経過をたどることが多い。

同じ年に発生した松川事件の場合、赤間被告人は〝自白〟に追い込まれたが、裁判では最初から一貫して無罪を主張した。

ところが、竹内の場合は、どうして弁護人がついてからも単独犯行を認め、その後、共同犯行だと供述を変更し、さらに裁判が始まると最初の認否では単独犯行であることを認め、途中無罪を主張したものの最後は単独犯行だとするなど、徹底的に無罪を主張して闘わなかったか。三鷹事件の真相を知ろうとするものにとって、それが竹内に対して抱く最大の疑問であるように思われる。

前の章でも触れたが、竹内は再審を申し立てた後の一九五七（昭和三二）年に、「文藝春秋」二月号で、弁護人から単独犯行を維持するように強く説得されたと社会に公表した。そのことを竹内は再審を担当した東京高裁第一刑事部宛「再審理由補足書」（上）に、今野義礼弁護士の実名をあげて詳細に書き、痛烈に批判している。その内容を引用すると、次のとおりである。

被告みんなで無罪主張すると、共犯という供述調書が生きて、認定で全員有罪にされる危険があるんだ。そうなると下手すると死刑が出ないとも限らない。共犯でやったということになると謀議計画してやったことになるから一人でやったというよりずっと刑は重くなる。ただね竹内君、この事件、もともとは刑法では有期刑の事件なんだ。世間とジャーナリストは何も知らないで只、あの結果と報道だけを見て死刑か無期だなんて言っているが、そんなことはないですよ。刑法を正しく解釈すれば有期刑十五年の事件です。検事たちは君たちが法律を知らないから死刑か無期と云って脅かしているんで決してそんなことはない。唯、今、わいわい云っている状況の下では、共犯だ死刑だと残酷な見方をしている時だから共犯にされたら危ないんだ。まぁ、竹内君は唯一人、党員でなかったのでよかった、それに家族もあんなに大勢抱えてまじめに働いていたものを馘きった方にも悪い点があった道理だからね。絶対に無期だって重い。十五年で、情状酌量されるから十二年だ。うそは言いません。何なら命を賭けて保証してもよい。僕も長い間、判事をやっていたからそういうところの裁量は分かります。どんな反動的な悪い裁判官に当たっても、最悪で無期刑が精一杯の事件です。まぁ、いろいろ辛いだろうけれどここしばらく一人だと云って辛抱して下さい。そのうち、みんな必ずあなたを救いだします。十年か、せいぜい十二年も辛抱していれば出られます…。

弁護人から、「何なら命を賭けて保証してもよい」と言われ、しかも「僕も長い間、判事をやっていたからそういうところの裁量は分かります」とまで太鼓判を押されれば、それを信じないものはいないであろう。

しかしながら、これは、驚くべき、そして絶対にあってはならない〝弁護活動〟である。今野弁護士としては、裁判官としての経験を基に、裁判官の通常の思考と判断を前提に、竹内を含めて死刑判決を免れるための〝高等戦術〟と考えて、竹内に単独犯行を説得したのかも知れない。しかしそうだからと言って、事実を曲げてそのような戦術をとることは、決して許されることではない。

竹内は今野弁護人の言うことを信頼し、それに従っていたが、最高裁段階で今野弁護人が外山勝将被告人の主任弁護人であることを知って、不信感を一気に募らせた。その後はほとんど同じ内容のことを、何度も書いて訴えている。

もっとも、竹内は今野弁護士に最初からこれを全て言われたわけではない。検挙されて五日目の八月五日に八王子刑務所で面会した時は、今野から「この事件は共産党を弾圧しようとしているんだから、そのつもりでがんばってほしい。竹内君はまだ入党していないのだね。この際入党して闘ってほしいね。近い将来は共産党の天下です」と言われ、竹内はそれを聞いて「幼稚なヒロイズムの衒い」で心を動かされたと記している（「再審理由補足書」［下］）。

一審判決後、正木弁護士や今野弁護士が竹内に対してどのようなことを言って単独犯行を維持するように説得したかについては、第七章で紹介するので、ここでは省略するが、竹内は、正木、今野両弁護士から来た何通もの手紙の内容を「再審理由補足書」（上）に転記して自分の主張している内容の正しさを裏付けようとしている。

さらに弁護士の関係であと一つだけどうしても触れておかなければならないのは、「再審理由補足書」（上）に竹内が書いた、「公判開始の前々日、一一月二日、東京地検へ連れてゆかれて、検事から弁護士栗林、鍛治両氏を紹介され、更に後日栗林弁護士の紹介の丁野弁護士も入れて三氏に弁護人になってもらったが、弁護士の打ち合わせなど一度もなく公判に入ったのです」ということである。裁判所に提出した書面にそのようにはっきりと書かれたにもかかわらず、反論もなかったことから、そのことは事実と考えざるをえない。そういう弁護活動では虚偽の自白を強要されている被告人が、法廷でそれを覆すことなど出来るはずはない。冤罪の背景には弁護人の無責任な対応がよく指摘されるが、三鷹事件での竹内の冤罪についても、弁護人にも大きな原因があることを認めざるをえない。

五――一審判決が有罪の証拠とした公判廷での供述

◉法廷で〝自白〟した時の供述内容

一審判決は三鷹事件が竹内の単独犯行だとして、その証拠の冒頭に第一三回公判廷で犯行を認めた竹内の供述の一部を引用している。

ところが、第一三回公判速記録を見れば、実体はそのような単純なものでは決してなかった。その内容を注意深く検討すれば、竹内は犯行を否認していると見るのが相当である。

当日は竹内の希望に従って開かれたいわゆる分離公判であった。公判速記録によると、鈴木裁判長が竹内に黙秘権の告知をしたあと、「そちらの述べたいことがあればそちらの述べたいことを少しも誰にも遠慮することなくしゃべるように、そしてそのことを裁判所はそちらの率直な心情をききたいというあれでそちらを分離した。何かそのことについてあらかじめ述べたいことを……」と言いかけた途端、竹内は次のように発言した。

私の記憶というものが、甚だ概念的で漠然としておりまして、大体武蔵野警察に行ってからのことを要約して申し上げたいと思います。八月一日の朝、武蔵野署に刑事さんに連行されました。私、その時は、事件というものに関して忘れていたのかどうだか、全然記憶がなかったのであります。それで武蔵野警察署によろこんで…といえばへんですが、意気揚々としてまいりました。すると、いきなり、留置場に入れられましたが、その前の日まで、キャンデー売りをやって大分疲れていましたから、骨休みに二、三日いいだろうと思って入っていました。そうしたら、外の刑事がまいって、「このやろう、ひでえ野郎だ。あんなでっかい事故を起こしやがって」といいましたから、全然私は三鷹事件というものに記憶がなかったので、それが実に、私の心理状態が自分ながら、不思議なんです。そういわれましたから、私は、憤然として、「何の証拠があって、人を犯人扱いにするのか」といって机を叩いて叱咤しました。

竹内は公判廷で裁判官たちを前にこのように供述し、さらに次のように続けた。

八月四日に八王子刑務所に連れて行かれましたが、そこに行きましても、そこでも、二、三日すれば出してくれるだろうと思って、事件の事は深く考えていませんでした。そうしたら、平山検事が八月六日から代わられまして取調に入ったのでありますが、それまで外の警部補がやっておりました。しかし、私もその当時、何のためにそういう所に入れられていたかが全然わからなかったので、その時はずい分不当な拘禁だと思った。一日ハンストをやったりして抗議しましたが、刑務所の人はとにかく身柄を預かっているだけで、迷惑だというので、私はやめました。

以上を読めば、裁判官たちが三鷹事件を竹内の犯行だと認定したことがむしろ不思議でさえある。竹内はさらにその時の状況について次のように話し続けた。

それから、だんだん平山検事の尋問に入ってゆきましたが、事件に対して私は、八月八日頃までは深い関心というか、注意を注いでいなかったのであります。その中、「君がいくら黙っていても新聞で見ただろう」といいましたから、「新聞で、読売新聞に何て書いてあるか」といいましたから、「死刑か無期と書いてある」といいましたら、「黙っていても証拠はいくらでもあるから、黙っているほど不利だ」というわけです。私もその時分から深刻に考え出してきて、八月十五日になりまして、その晩に、夜のたしか九時か十時頃、平山検事が、三鷹事件の現場の写真を見せて下さいました。私もそれを見て、事件というものの真剣さをほんとうに身震いして感じたわけであります。それから八月十九日頃になりますと、外の被告はとにかく八月十六日、横谷君が三鷹の方に頭をついてあやまったという事をききまして、これはえらいことになったと思ってきいたのです。

以上の供述は有罪判決の証拠とされる第一審第一三回公判速記録に記載されているものであるが、

内容はこれまで引用した「三鷹事件　竹内景助の弁明」や「再審理由補足書」と大筋でほとんど変わらず、無実を言わんとしていることは明らかである。当日の公判廷で竹内はさらに次のように続けた。

八月十七日に、田中検事が見えられて、「とにかく竹内と飯田と、あとの二人は死刑になることはきまっている」ときいて、私は、とにかくえらいことになったと思いました。その人たちがこの事件に出たことは日本の民主的な（聴取不能）のためにもずい分困ると思いました。現在の日本の反共的な社会風潮に対して、自由のために戦っているのは共産党だけだと考えておりますので、それが、そういうことから共産党員がどうしてもやったとは信じられないし、出したくないので、それが一つの動機と、それから平山検事に、「黙っていてもいくらでも証拠がある」といわれたので、それはおかしいと思いました。「今日も集まった。今日も集まった。君の証拠が出た」というのでこれは作っているのだと思いました。これは何とかしてうまく考えて妥協しなければならないと思いました。

このような供述を聞いたら、竹内が事実に反して単独犯行を無理に自白し始めたと考えるのが自然だと考えるが、裁判官達はそうではなかった。竹内の当日の公判廷での供述を続けて引用すると以下のようになる。

三つの動機から、平山検事に、その時分から、私がやったという気持ちが強くなって来まして、八月二十日頃から毎日私は、一人だ一人だと頑張っていましたが、その時詳細に平山検事に述べました。すると一週間位経ってから、「君一人で、とても背負いきれない。自から、ニュアンスというものがあって、世の中のあらゆることは自からそういう事があるのだから」とほのめかされましたが、「君一人で陥されていいのか。とても死にきれるものではない」といわれましたが、私は断乎として外の人のことは知りませんとはねつけておりまして、九月七日に神崎検事が見えられて、私は、最初秘密共産党員にしまして二、三日それで押問答をやりましたが、それは取り消しました。それからとにかく、今度、「君はとにかく死にきれるものではない。僕も死刑を見たことはあるけれども、とにかく悲惨なもので、君を何とかして救わなければならない役目がある」といわれたが、「戦争後の疲弊した国内において再建のためにたって行かなければならない。その現代社会に対してこういう大きな事故を起こしたのは俺一人であるから罪を背負うのは当然であるから」といって、一月半も頑張りました。

竹内は、さらに検事から「君はとにかく子供が多勢いるだろうから」とか「君はとても一人で自滅することは情において忍びない」などと言われたことを紹介し、「毎日毎日来ては私をいろいろ外の人と関係づけようとしたのであります」と、公判廷で訴えた。

◉共同犯行にされた状況についても

竹内は一審の第一三回法廷でさらに話し続けた、公判速記録はそれをリアルに次のように伝えている。

一〇月一四日になりまして、私も二ヶ月半何も書いたり読んだりしておりませんので、非常に何か書きたくて仕様がなかった。そうしたら、その時、神崎検事が、「君、その気持ちを書いてみろ」

といわれました。それで、その時分から毎日いろいろの誘導的な尋問を受けていたので、外の人の関係がぼおっと頭に出て来ちゃったんです。何か書きたくて仕様がないので、書いてみろと紙と鉛筆を出されましたから、そこへむしろあの事件を惹起したことの懺悔という叙情的な事を多く書きました。外の人の関係事もいろいろ書きました。しかし、一〇月一四日に書いた晩はどうしても寝られません。翌日、撤回方を頼みましたけれども、「君は外の仲間も引きづり込もうとしたと思うから、そのつもりでいろ」といわれました。私もそんなに迄なりさがったらとてもたまらないと思った。兎に角それですみましたが、一〇月一五日になりますと「もっと詳しく書いてみろ」といわれました。だんだん深みに入ってくる。二日も三日も上申書の撤回方を頼みましたけれども、どうしても私の道徳的な弱味につけ込んで、「詳しくその外の人の関係を述べるのだ。お前は卑怯な気持ちを起こしたと思うから、そのつもりでいろ」といわれました。

最後のところはやや意味不明であるが、この辺りのことが弁護人を通じて外部に発表され、新聞毎に違った報道がなされるなど、大混乱を起こしたことは本書九七頁以下で紹介したとおりである。竹内の法廷での次の供述を読むと、その時の心境の変化と混乱がなぜ生じたかが分かる。

神崎検事の私に対する調べの、第一の方法については、私が一人であるということをどうしても述べてしまいましたが、平山検事に対して詳しく述べたのですが、神崎検事が一月半も調べたのは、「竹内の気持ちを一番よく分かっている。君をほんとうに生かすのは、僕の責任だ」といわれました。人情的に出て来られました。神崎検事にも何かいわなければ悪いような気がして来て、上申書に二、三回私が悪いと書いて、「私はもうこんなにまでなりたくない。関係のない人迄書いてそんなにまで人間が腐っちゃいないつもりだからなり下がりたくない。せめても魂だけ」ということをいいましたが、どうしても取り消してくれません。

取調べも一一月四日の第一回公判を前にして、いよいよクライマックスに入るが、竹内は第一三公判で、引き続き次のようにその時の状況を話した。

その中にずるずるべったりになりまして、一〇月二十七日……四から九日頃二回に亘って八王子の相川判事が来られました。神崎検事が来て、相川判事にこういえといわれ、私もその時は意思が憔悴していたせいか、そのまま述べたのであります。それは現在迄申し述べてきたことは調べ中の私の心理状態でありますが、現段階においては、私はもう少し、自分自身余りにも、検事にも、やはり自分でも、気持ちが混乱されてしまいましたので、もう少し落ちつかなければだめだと思ったのです。ですから現在の証人の尋問というのはこのまま少しやっていただきたいと思います。

そのように述べたことについて鈴木裁判長は次のように尋問し、それに対して竹内は混乱しながらも、逐一答えた。

問　混乱しているので、もっと落ちつきたいと思っている、事実についてはどうなのかな。そちらが一人でやったことはまちがいないのか。それともまちがっているのか。
答　私は、平山検事に八月二十日に述べたことは……。
問　前述べたことはどんなものでも、そんなことは関係ない。ただ、事実やったことは、一人でやったことにまちがいないのか、それともまちがいなのか。

答　それが八月二十日に述べた時には忘れていました。

問　前に述べたことはどうでもかまわない。七月十五日に、こういう事件が起こって、電車を動かしたのは、そちらが自分でいって動かしたのか、動かしたのではないか。全然関係していないのか。或いは一人で行ったのか、外の人と行って動かしたのか。この電車が動いたことはまちがいないか。多くの犠牲者が出ていることは、まちがいない。電車を動かしたといって、そちらたちが起訴されている。それは、そちらたち全部が関係ないか、或はそちらたちの誰かが動かしたか、外の人が動かしたか、自然に動いたのか。

答　ですから八月二十日に述べた時に平山検事は、二、三誘導されました。迎合して返答したりしましたので、その後神崎検事に想像して述べてしまったのでそれが実に……現在はっきり答えられません。

問　どちらとも答へられないのか。

答　そうです。

問　どちらともというのは、述べたことのどちらがほんとうだか分からないのか。

答　そうです。平山いや……［暫く考える］神崎検事に述べたことは、全部嘘です。平山検事に述べたのも半分位誘導されたりして述べたのです。

問　たくさんの事実についてきいているのではなくて、電車を動かしたこと自体が……動かした自体はそちらがやったことにはまちがいないのか、起訴は横谷と二人で動かした、相談の上でやって動かしたという、たくさんの事実があるが、動かしただけの事柄を取って、そちらが動かしたことにまちがいはない……その点は変わらないのか。或はその点にちがいはあるのか。

答　〔三、四分おいて〕はっきりしません。
問　はっきりしない。はっきりしないというのは？
答　私は、あそこに行かないような気もします。
問　行かないような気がしますというのは、妙な……。
答　それについてはとにかく現在まとまった方針というもの、頭が統一されておりませんから、述べたくないです。

マスコミや一般のものにとって、竹内のこうした供述は理解しがたいのはいたしかたないとしても、裁判官が竹内の心理状態が異常であり、なにか奥に隠されたものがありそうだと考えずに、無理に結論だけを言わせようとするのは、専門家として失格といわざるをえない。裁判官と竹内の次のやり取りを読めば、そのことをさらによく理解されるはずである。

問　落ち着いていないし、頭が混乱しておるから、その点については、述べたくないというのか。
答　そうです。
問　そちらがやったのではなくて、横谷とそちらと二人が一緒になってやったのであるということについては……。
答　そういうことについては、記憶ありません。
問　その点は、はっきりしているのかどうか。
答　どういう風にですか。
問　横谷とやらないということは、はっきりしているのか。

答　はっきりしていません。相談した覚えもありませんし、その点については、外の人としゃべった覚えもありません。

問　その点については、混乱していないのか、前に、そちらがね、自分一人でやったのだと言った記憶はもっているんだね。

答　そうです。

問　外の人たちと……横谷とやったといった記憶もあるのだね。

答　あります。

問　それで、その中外の人と相談をしてやったということと、横谷と一緒にやったということは、全然まちがっているということだね。

◉強引すぎる判事の尋問

最後の方になると裁判官も混乱してしまい、何を聞いているのか分からない感じもするが、なお尋問は延々と続くのである。

問　自分一人でやったということについては、頭が混乱して、はっきり答えられないというのか。

答　［しばらく考えて］しかし犯罪者の心理として、自分でやったことでも本能的にそう考えられるかもしれません。やったらしいような気もするし、そうでない気もするから。やはりやったことにちがいないと思います。

問　自分一人でやったような気もするというのだね。

答　そうです。

問　そのことについて、そうすると今記憶が混乱しているというのか。
答　混乱しているのです。
問　平山検事の時には、自分でやったことがらについて詳しく述べたのだね。
答　述べました。
問　その時はどうだったの、頭が混乱していなかったの？
答　はい。［考える］その時は、混乱……多少興奮していたように思います。
問　興奮していた…けれども、しばらくたって……間がない時だったからね、興奮していたけれども、真実のことを述べた、自分の記憶では、そういっているの？
答　そうです。
問　そういうような、皆で相談してやった、或は横谷と一緒にやった、或は自分一人でやった、しかし、その自分一人でやったこともはっきり、記憶が混乱してしまって、どれが真実であるか分からないのだね。
答　そうです。

こうした同じようなやり取りが、なおも法廷で鈴木裁判長と竹内の間で続く。竹内自身、頭が混乱していて真実が何かを話せないとこれほどはっきりと言っているのであるから、裁判官は尋問を打ち切るべきであった。ところが裁判官はなおもあきらめず、竹内の気持ちも考えないで尋問を続けた。

――問　前に誰に調を受けてあの時こういったということなど一切考えないで、その当時のことを今記憶している範囲内で述べることができるかどうか。

答　余り前の取調が頭にこびりついて……。その通りいってしまいます。
問　そうではなく、その当時のことをもう一っぺん、回想して、自分のやったことそのままを述べることは、できないか。
答　当時の記憶よりも現在、その途中において私の想像したり夢想したことの方が、それが頭の中にこびりついていて判然としないのです。
問　前に述べたことをそんなによく覚えていて、実際にやったことを忘れてしまうことはないわけだろう。

そうした問答の後、竹内は「とにかく途中でどういう頭の中で思想をこらしたか知りませんが、現在思っている気持を述べます［しばらく考える］七月十五日の夜うす暗くなってから、私は鉄道の制服のズボンと制服を着まして」と一気に語り始めた。すると、その内容についてさらに鈴木裁判長が事細かに質問し、竹内はそれに対して、まさに「頭の中にこびりついて」いることを、いちいち律儀に答えた。

第一三回公判当日、一〇時にはじまった法廷は一一時五〇分に休憩に入り、一時三〇分に再開、二時四五分に閉廷した。この間、竹内の尋問内容について検事局総務課が作成した公判速記録はＡ５判六三頁という膨大なものになる。

鈴木裁判長の尋問は、一月二五日のアカハタが「裁判長、誘導尋問」と大きな見出しを付けて報じたように、強引なばかりか相当に一方的・誘導的であった。ところが弁護人は、だれもこれに異議をとなえず、なすがままに任せた。そして何より問題なのは、次の章でみるように、本人自身が上記のように頭が混乱し、記憶が曖昧だというのに、そういう状態で述べられたことが整然と語られたようにして、竹内の単独犯行を認定する判決へと取り込まれたことである。

竹内はその約一ヶ月後、一九五〇（昭和五〇）年二月二四日の第二二回公判で犯行を否認し、アリバイがあることを主張するが、結審直前の同年六月三〇日の第五四回公判で、再び単独犯行であることを認めた。裁判官たちはそれによってさらに心証を固め、無期懲役を宣告することになったものと思われる。しかし、審理の対象はほとんど共同謀議と共同犯行の有無に費やされ、竹内のアリバイなどまともにとりあげられなかった。

第一三回公判での竹内の供述を裁判官たちが正確に捉えられなかったことが、三鷹事件を歴史的な誤判へと導く一つの大きな原因であることは明らかといえよう。

第六章
一審裁判所の判断とその問題点

一——竹内被告を無期懲役に

◉竹内被告人の犯罪事実

東京地方裁判所第二部（鈴木忠五裁判長）は、一九五〇（昭和二五）年八月一一日、被告人竹内に対して無期懲役、その他の一一名の被告人（偽証罪に問われた二名を含む）に対して無罪を言い渡した。竹内一人が全く無表情の中、いつもと違い厳粛に判決を待っていた被告らが、判決を聞いて手を取りあって喜び、法廷内は大きなどよめきに包まれた。その様子を新聞各紙は大きく伝えている。

本書は判決の内容とその問題点がどこにあるかを理解するために、最初に長大な判決文（最高裁判所刑事裁判例集九巻八号一九一頁から三八〇頁）を要約し、改行など加えてなるべく読みやすくした形で、その重要なところを原文に即して紹介する。

判決は主文の後の「理由」において、「第一、被告人竹内景助に関する部分」を掲げ、「犯罪事実」を四点に分けて、次のように判示した。

最初に判決は、竹内の身上と、事故の前の状況を次のように認定した。

被告人竹内景助は長野県埴科郡豊栄村に生まれ、同村尋常高等小学校を卒業した後、昭和十三年十月頃上京し、東京鉄道局池袋電車区車両手となり、運転士見習を経て、昭和十五年四月同電車区電車運転士となった。その後昭和十六年十月頃三鷹電車区に転勤し、電車運転士として勤務し、昭和二十一年三月同電車区電車検査掛に替り、昭和二十四年七月十四日国鉄第二次整理により罷免されたが罷免されるまで国鉄労働組合八王子支部三鷹電車区分会に所属していた。（中略）

その間国鉄の人事整理は順次に具体化し、七月四日には第一次整理、同月十四日には第二次整理が発表され、三鷹電車区においてもこの二回にわたる整理により約八十名に上る解雇処分が個別的に通告されるに至った。これに対し同分会としては、右通告を受けた者に辞令の受理を拒否する戦術を採らせ、区長、助役らとの交渉においても多数を動員して過激な言動を行わせる等、その態度を硬化し、ますます当局に対する憤懣の念を強め、その結果三鷹電車区内には緊張した空気が漂っていた。

そのような状況の中で、竹内がどのようなことを行い、なにを考えたかを、判決は次のように認定した。

被告人竹内は三鷹電車区における右闘争運動の渦中にあって、同分会執行部の方針を強く支持し、さきの国電ストのときは品川、田町各電車区に赴いて意見を交換し、時には入庫中の電車の車体側面に馘首反対の落書を行い、みずから同分会に属する組合員の先頭に立って真実同分会のために尽力しようとしたが、妻子六名を抱えて路頭に迷うことに思を致すとき、どうしてもその気持ちを抑えざるを得なかった。

しかも第一次整理により馘首された者の悲惨な一家心中のことを聞き、この整理に対する怒り心頭に発していた矢先、第二次整理により、自分も解雇の通告を受ける窮地に立たされたため、いよいよ遅疑逡巡することなく、一部の日和見的又は傍観者的分子を引きずってストライキに持って行かなければならぬと考えるようになった。

判決は、竹内が事件を起こす直接のきっかけと動機について、次のように述べている。

一方国電スト以来同分会内部では、前に述べた空気の中に、断片的ではあるが「モーターに水をかけろ」、「油に砂をいれろ」或は「一端停止で脱線させろ」という尖鋭的な言葉がかわされ、殊にその後の悪化した雰囲気を反映して、七月十四日頃には同電車区仕業詰所等において「電車をグランドにおとせ」と口走る者もあって、被告人竹内の耳にも直接これらの言葉が伝わっていたが、同月十五日午後二時頃組合事務所内で、「今日あたり立てば全国一斉に立てる」、「今日あたり何とかしなければならない」と急進的なことを云うものがあったので、同被告人もこれを受けて、「みなが立つならおれ一人でもストの状態を起してやる」ともらしたほどであった。

こうして同電車区の各所で多数の組合員が激昂し、当局の措置に対し不満の言葉を放っていたので、被告人竹内の脳裏には深くこれらの言葉が刻まれ、ついに電車事故を起してその事故の発生を契機として分会執行部と図り、ストライキへ突入する手配をし、中野電車区、田町電車区その他の戦闘的各分会に青年行動隊を派遣してすべてストライキに立ち上がらせ、ひいては全国ストライキへの口火にしようという考えをいだくに至った。

◉竹内が行ったとされる実行行為

以上は、いわば犯行の動機の部分であるが、判決は続けて竹内の本件実行行為を次のように認定した。どういう経過で、何を企てようとしたか、判決の認定は次のとおりである。

かくて被告人竹内は同月十五日午後七時頃東京都北多摩郡三鷹町上連雀七百三十八番地にある自宅に帰り、夕食後新聞、雑誌等を読んでいるうち、午後八時頃自分に解雇の通知があったことを思い浮かべ、当時の社会状態を考え合せ、前述の片言隻句が一時に強く心に閃めいて来て、ついに同夜直ちに電車事故を起してストライキの状態をつくろうと決意し、午後九時頃一人で自宅を立ち出て、その直ぐ南側（北側の誤り）にある同町上連雀所在の三鷹電車区車庫へと向かった。

初め自宅を出るときは、入庫中の電車の貫通制動管ホースを切断して入庫中の電車を動かすことができないようにしようと考え、ナイフを所持して車庫の七、八番線付近まで来たが、余りにも多くの電車が入庫していたため、電車の貫通制御管ホースをことごとく切断することは容易でないことに気ずき、この方法を思い止ることにし、かねて心にえがいた通り、軽率にも人の現在しない入庫中の電車を発進させ、運転者なしでこれを暴走させて電車区構内出口の一旦停止の標識がある地点（電車区構内車庫一番線車止の東方約四百三十米の地点）で脱線させ、これにより電車の入、出庫を妨害しようと企てた。（中略）

その後の竹内の行動と、実際に行ったことを判決は、どのように認定したか。

――

同被告人は車止側を通って、一番線と二番線の間から一番線上にある七両連結の一編成電車（陸橋、三鷹駅方面に向い先頭第一車両モハ六三〇一九、第二車両モハ六三〇五七、第三車両サハ三九〇二二、第四車両モハ六三六三〇、第五車両サハ三九〇二三、第六車両モハ六三八四二、第七車両クハ六五〇七二）の先頭車の方へ行ったが、

その途中、運転台のコントローラー（主幹制御器）・ハンドル（把手）を開錠するキイ（鍵）の代用にするため、付近に落ちていた先の曲った針金一本を拾い上げ、また制動用ハンドルを持ち合わせなかったので、同電車の第三、四両目辺を調べて制動のかかっていないことを確かめてから、先頭車の前部に戻り、その傍らにあるごみ穴から一摘みに紙紐一本を拾い、更に進んで同電車の制動側引棒を足で踏んで、重ねて制動のかかっていないことを確認した後、同電車の先頭車に上り、運転室内に入り、

左手で針金をコントローラー・ハンドル側面の鍵穴に差込んで、これを開錠し、右手でハンドルを廻して三ノッチの点に進ませ、ハンドルが戻らないように、左手掌でこれを抑えながら、右手で紙紐をハンドルの握りと、パイロット・ランプ（運転手知らせ燈）のコントローラー寄りにある回路電線とに掛け、その中間で一回結び、これを反対側の紐に掛け、紐の両端を二回ほど廻して結び、ハンドルから手を離すと、ハンドルは少し戻ったが、二ノッチと三ノッチの間で固定したので、直ぐ針金を抜き取り、同室内のパンタグラフ用上げ紐を引いてパンタグラフを上昇させた。

判決はさらにその後の竹内の行動と、その結果について次のように認定した。

かくて客車内の室内灯がつき、コンプレッサー（圧縮器）が音を発したので、同被告人は直ぐ運転室を出て、同先頭車から飛び下り、その場を逃げ去ったが、右起動操作によって、間もなく運転

者のいない七両編成の同電車をその場から陸橋側（東方）に向かって一番線上を発進せしめ、以て電車の往来の危険を生ぜしめた。

同電車は右の状態で陸橋下を通過し、一号ポイントを割って突進し、同被告人の予期に反して、構内出口の一旦停止の標識がある地点を過ぎ、三鷹駅下り一番線に暴走して行き、発進時から一分と経たないうち、時速六十粁を超える高速度で午後九時二十三分頃発進場所（先頭車の前頭部）から約六百六十米を隔てた同駅南口改札口前下り一番線車止に衝突してこれを突破し、そのため先頭第一車両乃至第三車両及び第四車両の前部三分の二位はすべて脱線して、付近の右改札口から下り線ホームに通ずる階段その他の障害物の抵抗を受け、第一車両の車体の前頭部は同駅前下田留吉方北側道路沿い側面を通って隣接アパート寸前で停止し、（中略）その上第一車両乃至第三車両とも車体の走り装置その他付属品がほとんど全部離散し、客室内の床板、腰掛も一部損壊し、以て電車を破壊した。（中略）

右のように同電車が破壊した際、同駅南口改札口前下り一番線車止め付近に居合わせた秦俊次（以下、五人の氏名、受傷箇所、死亡時刻等は略）を轢死せしめ、以て六名を死に致したのである。

二――竹内の犯行を認定した証拠

◉公判での竹内の供述と供述調書の引用

一審判決は竹内の犯罪事実を認定した証拠として、さまざまなものをあげているが、最初に第一三回と第五四回の公判での竹内自身の供述を引用している。その内容は判決文とほとんど同じで、判決文は竹内が整然と述べたように整理されて記載している。

一審判決は、次に三鷹事件が竹内の犯行だとする証拠として、竹内が平山検事の調べで供述したとする五通の調書をあげている。但し、五通の供述調書の中で電車を発進させた手順を具体的に記しているのは昭和二四年九月五日付の調書である。その内容にそって判決文が作成されていることが分かる。

判決にはその外に竹内が〝自白〟した供述調書四通が引用されている。しかしその内容は、「七月十二日頃或は同月十四日頃仕業詰所等で仲間が冗談半分に『電車をグランドにおとさせてしまおう』とか申し、みなこんどの一方的な行政整理に対して憤慨していました」(昭和二四年八月二三日付)とか、「私自身で日和見的分子を引ずって立ち上がり、ストに突入させようという考えになりました」(同八月三〇日付)、あるいは「私もこの藤田らの話を受けて『みんなが立つならば、おれ一人でもストの状態を起こしてやる』と冗談に申しました」(同九月一日付)、さらに「私としては、もちろん予定の脱線事故が起きた場合、私一人だけで青年行動隊その他を通して各電車区等に伝達するわけには行きませんので、その点、やはり組合の飯田氏か執行部の人々に計らなければならないと思っていました。私がこれら執行部に謀った場合、従来他に発言する人も少ない関係から、私の発言力も相当あり、しかもすでに馘になった私が渾身の勇をふるって発言すれば、みなを引きずってゆけると思いました」(同八月三〇日付)という内容が記載されたものである。その内容はいずれも、いわば竹内の〝思い〟や〝心意気〟のようなものを述べているに過ぎない。

◉自白以外の証拠

ところで、憲法三八条三項は、「何人も、自己に不利益な唯一の証拠が本人の自白である場合には、有罪とされ、又は刑罰を科せられない」と定めている。それでは三鷹事件を竹内の犯行だとする竹内の〝自白〟以外の証拠はなにか。

一審判決は、竹内の有罪を裏付ける証拠として、法廷での一七人の証言と、検察官作成の検証調書と裁判所の行った検証調書の一部、それに押収した紙紐三本と一三通の鑑定書ないしは死体検案書の記載をあげている。

ところが、竹内被告人と本件事件とを結びつける証拠は、現場で竹内に会ったという証人坂本安男の法廷での供述だけであると言って過言でない。

すなわち、坂本以外の証言は、たとえば七月一五日五時三〇分頃竹内に呼ばれて仕業検査詰所に入ったという三鷹電車区電車掛の証言は、「誰か分からぬが『こうなったらやるぞ』といっていました。そのときの雰囲気では何か怒っているようでした」というだけの内容で、きわめて曖昧なものであり、三鷹電車区の運転士や合図手らの証言も事故を起こした電車をきちんと入庫し電車にはどこにも異常はなかったことや、電車が暴走する目撃状況を述べるだけで、その内容は自然発車ではなく、人為的に誰かが暴走させたという以上のものではない。怪我をしたときの状況などを証言するものもいたが、もちろん竹内の犯行に結びつく証言では全くない。

検察官作成の検証調書も「駅構内の事故電車及びその付近の模様」「機器関係」「発車地点」について説明しているに過ぎず、鑑定書の記載は電車が自然発車する可能性がないことや、事故電車の機能について説明しているだけであり、他の鑑定書と死体検案書は事故の結果がどのような重大なものであったかは立証されても、そこには竹内の犯行であることを証明するものは何もない。

三鷹事件で検察側から提出された唯一の証拠物ともいえる三本の紙紐の存在は、竹内の〝自白〟を裏付けるものとして採用されているが、前述した竹内の供述調書においても、竹内は「紙紐」でなく「麻紐」であると明言しており、結び目の形、方法等に大きな疑問が存在することは、後で検討するとおりである。

一方、竹内を本件事故直後に現場付近を立退るのを目撃したという坂本安男の法廷での証言は、あまりにもあいまいであり、はたして、この内容で、坂本は事故後に間違いなく竹内を目撃したといえるのか、そのことは第八章で詳しく検討する。

なお、判決には、事故調査に従事し検察官の現場検証に立ち会った篠塚証人の証言が長く引用されている。一審裁判官たちはこれが竹内の〝自白〟の補強証拠と考えたのかも知れない。確かにそこには、「本件事故については、人為的に、主幹制御器把手を前進の位置にして、これを何かで緊縛し、最後にパンタグラフを上げて発車させたと判断しました。三鷹電車区内では二号と一号のポイント付近が一番脱線の危険があると考えられます。一号ポイント付近で脱線転覆すれば、零番線から十四番線までの電車が閉塞されると思います」と竹内の〝自白〟の内容に符合するようなことが述べられている。しかし、その事故調査の結果に沿って竹内が〝自白〟させられた可能性があるばかりでなく、竹内の犯行と結び付けることができるものではない。

本書の第二章を思い起こしてもらえば分かるように、捜査の過程で、エアーブレーキのハンドルから指紋が検出されたことやコントローラーの鍵が差込まれていたことが報じられていた（本書四九～五一頁参照）が、それらは証拠として請求もされず、したがって判決からは全く欠落している。

弁護団は弁論要旨において、検察側の証拠隠滅を指摘し、①事故電車の床下の電気回線を切断した②組合の調査を妨害した③指紋を抹消した④パンタグラフの上げ紐を隠滅した⑤紙紐の結び方をごまかしたことなどについて指摘したが、判決ではこうしたことについて真正面から検討をすることもなく、他にこれという決め手になる証拠のないまま、竹内に対して無期懲役という重い刑を宣告したのである。

しかし、竹内の〝自白〟を信用して、竹内の犯罪事実を認定する以上、前述したとおり、憲法三八条三項に明記されている人権保障ならびに刑事訴訟法の大原則である「合理的疑いの余地のない証明」(proof beyond a reasonable doubt)のルールに従って、当然に前記の疑問について、他の証拠によって合理的な疑いを残さない程度に証明されていなければならない。ところが、ほとんど全ての点について立証も解明もされておらず、疑問は残されたままである。

その一義的な責任は訴追した検察側にあり、原因の一端が仮に弁護団の不十分な弁護活動にあったとしても、有罪を科するのは裁判所であることから、最終的な責任は裁判所にある。第八章で改めて検討するが、本件では竹内の〝自白〟に前述のとおり多大な合理的疑問が残る以上、竹内に対して無罪を言渡すべきであった。

ところが、一審裁判所は三鷹事件が「共同謀議に基く共同犯行」であることは否定したが、竹内の〝自白〟に目を奪われ、しかもその〝自白〟の矛盾や不十分性には目をつむり、自白以外に犯罪事実を合理的に証明するに足りる証拠が存在するかどうかを仔細に検討することなく、竹内に無期懲役を宣告した。その間違いは明らかといわざるをえない。

三――竹内以外の被告人に対する判断

◉「実体のない空中楼閣」と決め付ける

東京地裁は判決文の末尾において、「被告人らの共謀であるとする公訴事実は、いわば全く実体のない空中楼閣であったというべく、事実はすでに認定したように被告人竹内の単独犯行であったのである。しかもその単独犯行たるや、被告人竹内が最終陳述において述べたように、同人は浅はかな思慮のために、他の被告人たちの過激な平素の誤った言動とその職場の不穏な雰囲気に踊らされて、これを行ったものであるということができよう」として、竹内以外の被告人を無罪とした。

その理由を、判決文は印刷された判例集で二三〇頁から三七九頁にわたり詳細に述べている。竹内の有罪の理由部分が一九二頁から二三〇頁であるのに比べ、被告人の数が多いとはいえ、実に三倍半以上の分量を使っている。裁判所が有罪判決より無罪判決の理由を書く方にいかに慎重になり、苦労するかを典型的に示しているといってよいであろう。

しかも判決は、上記の〝空中楼閣〟と決め付ける前に、「被告人ら及び弁護人らの主張について」ということで、二頁程度の検討を加え、「要するに本件起訴は、右被告人ら及び弁護人らの主張の如き政治的陰謀によるものでもなければ、検察官が故意に捏造して起訴したものでないことは明らかである」という判断を示している。

それではどうして〝空中楼閣〟が作られることになったのか、判決にはそのことは全く触れられていない。竹内以外の被告人らを無罪とする理由を要約して紹介すると、以下の通りである。

◉「証拠の綜合的判断」の内容

判決は、竹内以外の被告人らを無罪とする理由を、大きくは「被告人竹内、同横谷、同伊藤、同外山の公判廷外の自白について」と「その他の証拠について」、それぞれ検討し、その後で「証拠の総合的判断について」という項をたてて、結論を導いている。

その部分は無罪判決についての裁判所の考え方の要約であり、これを読むと裁判官がどのようなことに着目し、三鷹事件をなぜ竹内の単独犯行と考えたかが理解できる。

一　被告人らが本件犯行を共同して犯すに至ったという動機が明白でない

二　七月十五日夜高相健二方の三鷹電車区細胞会議は本件電車の発進に関し特に設けられたものではなく、場合によってはこの会議を中野電車区に移して開くことが飯田によって考慮されたが、この会議の冒頭においてそのまま会議を高相健二方で続行するように決定された

三　右三鷹電車区細胞会議には、非共産党員で初めて細胞会議を見聞きする金沢卓、同日入党の手続きをした黒川義直、十日前に入党して同日入党の挨拶をした大久保安三も参加しており、しかもその場所は表二階の六畳と二畳とを通した一室であって、同時に共産党三鷹町委員ら数名が同室で同委員会の会合を開いていたので、会議当時その場所は二十名に近い人で埋まり、特定の者の間だけで本件共謀を図ることが困難な状況にあった

四　本件電車発進現場は野天であって、構内の外灯による照明等によって本件見張りをするには不適当な場所であり、その近くで数名の者が見張りをするなどは、むしろ他人に発見される危険があるのに反し、単身で発進操作をする方が安全、便利であると認められる

五　本件発生当夜、その直後本件電車発進現場の近くで竹内に逢ったという者（坂本安男）がいるにもかかわらず、同じ現場に臨んで実行し、或いはその付近で見張りをしたといわれる他の被告人ら六名を時間的に、場所的に本件電車の発進に近接して目撃したものがいない

六　本件事故発生後、竹内は自己の行動の結果が予期に反して余りにも大きかったことを知るや、驚愕して呆然自失し、事故発生現場から怱々にして引揚げ、その後本件に触れることをおそれていたのに対し、他の被告人らはいずれも直ちに事故発生現場に駆けつけ、或は事故発生の原因を究明しようとし、或は救助活動の手伝に当り、或は被害者救援のために奔走するなど、銘々区々に思い思いの行動をしていたこと、しかも他の被告人らは、検事主張のように電車区

構内の一旦停止付近で脱線させようとするのであれば、事の結果が脱線せずに思わぬ大惨事を惹き起こしたのであるから、これに周章狼狽しその前後策を講じようと試みるのが普通の人間の心理作用であるのに、一人として前後策に鳩首腐心したとか、他の同志を探して共に相談したとか、殊に犯行の実行者竹内に連絡しようと努めたという形跡が認められないこと、しかして、これは同被告人らが共同犯行を隠蔽するためすべて事故現場で芝居をしていたものであると認めるべき何等の証左もなく、また、同被告人らはいずれも共産党員で常に常軌を逸した行動を為しがちであったとしても、本件において同被告人らがすべて普通の人間とその心理作用を異にしていたとは認められない

七　本件発生後アリバイその他に関し相談した七月十六日及び十七日の会合に竹内が加わっておらず、また同被告人がその会合で全然問題にされなかった

八　当公判廷において被告人竹内は、当初単独犯行を認め落着いた態度を示していたが、事案を否認して以来全くその落着きを失って憔悴し、ふたたび単独犯行を認めるに至ってから平静をとりもどし、真摯な態度で単独犯行に関し詳細陳述したのに反し、他の被告人らはいずれも終始事実を否認して殆んど変らない態度であった

九　被告人竹内の右態度には、共産党又は共産党員である他の被告人らを恐れ若くはこれを庇護して殊更真実を隠蔽し他の被告人らの責任を免れしめるために事実に反して自己の単独犯行であると強弁している痕跡の全然ない

十　竹内は当公判廷で他の被告人らの行動に対して鋭い非難の言葉をあびせながらもなおかつ本件は自己の単独犯行で他の被告人らとの共同犯行でないと訴え他の被告人らを無実の罪におとしいれぬようにと悲痛な叫びをあげている

◉共同犯行の〝自白〟は矛盾し、不自然

判決は、「証拠の綜合判断」をする前に、膨大な枚数を使い、最初に被告人竹内の検事に対する供述調書や上申書、さらに証人尋問調書に書かれている〝自白〟部分を全てとりあげ、「本件事故電車の運転台に上がるまでの行動」「本件事故電車の運転台における被告人竹内、同横谷の行動」などについて、詳細に検討している。その結果、「以上を総合するときは、竹内の共同犯行に関する供述は、単独犯行に関する供述と打って変わり、再三再四変更し、その間多くの矛盾に富み、推測と想像を逞しくしているものであって、とうていこれを真実に符合するものとして措信することはできない」という判断を示した。

さらに被告人横谷、同伊藤、同外山の自白について、「行動が不自然である」「動機が不明である」、供述が「矛盾撞着に富む不自然」などと評価を下し、「真実の自白をしたものとは認め難い」という判断を示した。そして判決は、続けて「各自白相互間における矛盾と不統一について」「被告人竹内、同横谷、同伊藤、同外山の各自白相互の影響と各自白の原因」についても検討し、「結局被告人竹内、同横谷、同伊藤、同外山の各自白を総括して考究するときは、各自白は被告人伊藤の利己的、打算的動機から誘致されたものであって、各供述の再三にわたる変化と本質的矛盾を含み、断片的、形式的、粉飾的言辞に富み、供述の態度に首尾一貫したところがなく、とうていこれら自白を真実に符合するものとして措信することはできない」という結論に達したことを明らかにしている。

◉共同犯行を立証する他の証拠もない

判決は〝自白〟した被告人らの供述内容を上記のとおり認定した後で、さらに「その他の証拠について」という項目の中で、「本件実行及び見張に関する証拠について」検討し、人的証拠として全部

で一三名の公判廷での証人の供述を検討した結果、共同犯行の事実を間接又は他の証拠と相俟って立証できるほどの重要な証拠価値を持つものはない」とした。そして、物的証拠についても「本件共同犯行を直接又は他の証拠と共に立証するに十分な物的証拠は全然ない」という判断を示した。その判断の中で特に注目されるのは、「本件事故の先頭運転室において、竹内、横谷両名の共同実行を立証するに足る指紋等が採取された形跡もない」ということをわざわざ指摘している点である。

七月一五日の高相方での会議の関係だけでも公判廷で一三名もの証人を調べているが、その証言を一人ひとり詳細に検討した上で、「本件共同謀議及び中座の事実は、いずれの証拠をとって見ても、いずれの証拠を綜合しても、また被告人たちの供述を綜合しても、これを認めることはできない」と判示した。

判決はその中で、「被告人喜屋武、同伊藤の駅頭における言動が、当時本件事故発生当時の凄惨な情景に対し著しく異常なものであったことは証人中西重雄、同下田留吉の当公判廷における各供述により明らかであるが、これまたこのことを以てただちに同被告人たちの共謀を推認することはできない」としている。言葉としてはそれだけであるが、そう記述することによって、言外に、喜屋武らの言動を端緒にして本件〝空中楼閣〟を作り上げていった捜査当局に対する批判を、かろうじて含めているのかもしれない。

◉政治的陰謀や証拠隠滅は否定

「証拠の綜合判断について」の後に、判決は「被告人ら及び弁護人らの主張について」という一項を設け、次のように判示した。

被告人竹内を除く被告人及び弁護人らは、本件捜査の過程において被告人らに拷問、脅迫を加え、且つ共産党を弾圧する政治的陰謀に基き、証拠の隠滅を図り、その結果本件を捏造して起訴したものであるから、本件公訴を棄却すべきものであると主張しているが、検事田中良人、平山長、富田康次の当公判廷における各供述、当裁判所の昭和二十五年五月一日付検証調書（府中刑務所の検証関係）の記載を綜合すれば、本件取調に当たった検事及び府中刑務所関係官が被告人らに対し拷問、脅迫を加えた事実を認めることはできない。その他拷問、脅迫を立証する証左は毫も存在しない。また本件犯罪事実はすでに認定した通りであって、政治的陰謀に基いて或は証拠を隠滅して本件を捏造したとの形跡は証拠によりこれを認める余地が全然なく、被告人ら及び弁護人らの右主張はこれを採用することはできない。

これを聞いた被告人は無罪を言い渡されたとはいえ、どのように感じたのであろうか。被告人らが具体的に〝自白〟を強要された情況をこもごも詳しく供述したにもかかわらず、「拷問、脅迫を立証する証左は毫も存在しない」という紋切り型の言葉で一蹴されてしまったことに憤りを感じたことは確かであろう。

判決は、さすがにそれで済ませることに若干の躊躇を感じたものと思われる。それに続けて、「ただ本件捜査を誤ったことは率直にこれを認めざるを得ない」として、飯田の逮捕、勾留からの経過に触れ、「証拠によって実行者を確定することもできないまま、他人と共謀して本件犯行を行ったものであるとして八月八日に起訴した」ことなどを指摘し、「若し各被告人を親しく取調べ虚心坦懐にその供述を聞き真意を確かめて綜合的に判断を下したならば恐らく真相を発見するに困難ではなかったであろう」という判断を示した。

ところが、判決は「しかしながら」として、被告人伊藤について「自分の利益にさえなれば、他人にはどんな迷惑をかけてもかまわぬという、驚くべき利己的態度であるといわねばならない」と痛烈に批判し、さらに「被告人伊藤に限らず被告人竹内以外の被告人らについても、これと濃淡の差こそあれ、いずれも自己及び自己の党派の利益のみのために行動し、毫も他を顧みて自己の過てる言動を反省するところなく、他人を非難攻撃することにのみ専念する傾向にあることが諸般の証拠によって認められる」として、「これらの点が同被告人らに対する嫌疑をますます深める結果となり、被告人伊藤、同横谷の自白とこれに添うがごとき多くの状況証拠によって本件のごとき起訴を見るに至ったのである。このような経過によって、同被告人らが起訴されるに至ったことは、蓋しやむをえないものがあったといわなければならない」と、非は被告人らにあるという判断を示した。

判決は、その後直ぐに本件が「全く実体のない空中楼閣であった」という名言を残して終わっているが、三鷹事件の「空中楼閣」は蜃気楼のように偶然に出現したものではない。裁判官たちも、なぜ検察側が「実体のない空中楼閣」を築こうとして大々的に捜査・起訴をしたのかを考え、弁護側から提出された証拠を子細に検討すれば、弁護側が主張したように三鷹事件は大きな政治的な背景の中で、国鉄労働組合ないしは共産党を抑えるために引き起こされた謀略事件ではないかと疑わずにいられなかったはずである。

しかし、ＧＨＱなどに配慮したためか、鈴木裁判長ら裁判官たちはそのことに全く目を閉ざし、単なる刑事事件という枠の中で処理しようとした。あるいは旧態依然たる自白偏重の意識によって竹内の〝自白〟に惑わされとも言えるが、むしろ裁判官がよく用いる言葉を使うならば、竹内の〝自白〟が存在することを「奇貨として」（得難い機会だからうまくこれを利用して）、竹内の単独犯行であると認定したと考えざるをえない。

判決文が、「毫《いささか》も」とか、「蓋《けだ》し」とかいう古めかしい言葉を使った書き振りからして、その根底にはまさに勇を鼓して共同犯行は認めなかったものの、捜査当局に対する配慮と、それでは誰が無人電車を暴走させたのかというそれまでに作られた国民世論の〝強い非難〟を慮って、三鷹事件を竹内の単独犯行と決めつけ、それだけに死刑を宣告することには躊躇しながら「無期懲役」を選択したと考えざるをえない。

そうした配慮を裁判所がしたことは、判決に対する次のようなマスコミ報道を見れば容易に理解できるはずである。

四——一審判決に対する社会的反応

◉厳しく批判する各紙

朝日新聞は、判決翌日（八月一二日付）、判決内容を詳細に紹介するとともに、社説で以下のように論じた。

三鷹事件に対する第一審判決の結果は、竹内被告のみ有罪となり、他の九被告はことごとく無罪となった。全被告の共同謀議にもとづく共同正犯として、全被告の有罪を主張した検察側の主張を根底からくつがえし、竹内被告のみの単独犯と断定した結果からくる当然の結論である。このような検察側の完全な敗北は、一般世人の予想をはるかに裏切るものであった。新刑事訴訟法下においても、判事の自由心証主義が原則として確立せられ、裁判官は法廷にあらわれた全証拠のうち、とるべきものはとり、捨てるべきものは捨てて、そこに事件の真実をつかむものであるが、判事のこの証拠力に対する判断がはたして妥当であるかどうかに、事件の全核心がかかってくるのである。

この点において裁判長は非常に確信をもっているようである。（中略）検察側の「ネツ造」や、政治的陰謀でないことは明らかにされているが、「実態のない空中楼閣」を築き上げたといわれては、検察当局も面目丸つぶれといわざるをえない。

そう評価した上で、朝日新聞の社説は、次のように根本的な疑問を指摘している。

本判決に対しては、検察側は即日控訴の手続きをとったから、なお二審、三審と継続するものと思われるが、われわれ第三者からすれば、裁判手続きが度重なるにつれて、いよいよますます本事件の全事実が明らかにされることを希望したいのである。

（中略）第一審の裁判官は、全法廷にあらわれた証拠によって、事件の真相はまさにこの通り、これ以上の真実は絶対にない、との確信をもっている。はたしてその通りであるか。検察側の捜査に、はたして技術的な、科学的な欠陥はなかったであろうか。法廷にあらわれた証拠以外に、全事実を物語るものがなかったであろうか。

このように朝日新聞の社説は、判決に納得のできないものを感じて、疑問を呈しつつ、最後に「世人の予想を裏切るような結論がでても、あるいはまた、世人の予想と合致する結論が出ても、何れにせよその結果には従わなければならない。裁判とはそういうものである」という、自らを説得するような文章で結んでいる。

判決に対するマスコミの批判と苛立ちの最たるものは、読売新聞の判決翌日の「編集手帳」であったと言ってよいであろう。そこには皮肉交じりの文章が、次のように綴られている。

三鷹事件の判決は近来まれにみる人間性ゆたかな、思いやりの深いものであってその判決文は被告、なかんずく無期をいい渡された竹内景助の性格を賞めたたえている▼もともとこの事件は竹内の単独犯行か、それとも飯田ら九名の共同正犯かについて意見が対立していたのだが、判決を読んだ印象では竹内の人間性分析から出発して共同犯行ではないと断じている▼竹内景助の人間性は「弱さ」と「率直さ」にあるのだそうだが、弱い率直な人間がどうしてあのような犯行をやったのか、心理学者、性格学者ならぬ凡人の常識ではどうにも割り切れないものが残る▼判決は、これは竹内の性格に発した「発作的、偶発的な犯行」であり、自白したり否認したりしたのは「生への執着」と「良心の呵責」がそうさせたという。罪を憎んで人を憎まず、天晴れヒュウマニスティクな判決の見本である▼そうして「竹内が単独犯行を自発的に供述したこと」はかれの「人間性の弱さと率直さの一面を如実にあらわした」ものだそうである。弱い率直な人間でさえなおかつ無人電車の暴走という大事をひき起すのだから強くて強情な人間はどんなことをやらかすかわからないという恐怖にわれわれはかられる▼国鉄当局よ。この判決文をよッく読んでいただきたい。そうして弱くて率直な性格をもった職員はいつなんどき「発作的偶発的」になるかもしれないということを銘記し、警戒していただきたい。

客観的な証拠の裏付けもなく、竹内の自白だけを根拠に有罪を認定していることの批判として読めばそれなりの意味がないではないが、真意はそうではないであろう。その意味で、事件に対する一方的な思い込みと感情的なことにおいて、第一章で紹介した三鷹事件の発生した翌日の朝日新聞「天声人語」と好一対をなしている。

なお、読売新聞の名誉のために紹介するならば、八月一四日に掲載された同紙の社説は、問題点を次のように冷静に、しかもかなり正確に指摘している。

発表された判決要旨についてみると、共謀犯行とする自白や上申書などの証拠についてそれを裏付けるに足りる確たる事実がないことはたしかであるが、同時に判決が示しているようにこれが竹内の単独犯であると断定するにはもう一つ決定的なキメ手がないようにも思われる。物的証拠のないこのような事件の場合、色々な点からみて、一番無難な竹内の単独犯に関する供述だけを唯一の確実な証拠とするより外にないのかも知れないが、そうすると今後非常にたくみに計画され実行されたような犯罪においては容易に真相がつかみ得ないのではないかという不安が残る。

五――鈴木裁判長の判決後の発言とその波紋

◉深く反省しなければならない

ここで、控訴審の審理に移る前に、鈴木裁判長が判決の言渡しの後、法廷で述べたことと、次の日に新聞に掲載されたことの意味を考えてみる必要がある。

朝日新聞は、判決を詳細に紹介した紙面の右下に、「深い反省を　鈴木裁判長談」として、次のように報じた。

ともかくホッとした。法廷でもいったことだが、この事件をふりかえると裁判所も、検察側も、弁護人、被告らもみんなもっともっと深く反省しなければならないと感じている。法廷ではいわなかったが、新聞もよく考えてもらいたい。

鈴木裁判長は、それぞれに対してどのような反省が必要であると考えて、あえてこのような〝異例〟な発言をしたのであろうか。『一裁判官の追想』の中で、鈴木は前記の東京新聞の間違った判決予測記事にふれて、「マスコミははじめからこの事件を共産党の計画的犯行と決めてかかっていたし、自然新聞記者も公判廷の審理の経過にあまり重きをおかず、検察庁での取材にかたむいていたので、このような事態となったのだが、これが当時一般の雰囲気だったのである」と書くとともに、判決言渡をした日の出来事を、次のように書き残している。

この日の夕方家に帰るやいなや、まるで後をつけてきたかのように、朝日新聞の野村某という記者が家に訪ねてきた。そして、新聞記者は皆あの発言について、ジャーナリズムも反省せよとは何事か、と言っていきりたっている。自分は一同を代表してあの発言にたいし、抗議するために訪れたというのだった。

これはじつに不愉快な申し出だったが、反省すべき点と述べたことについて、具体的にくわしく説明してやった。ジャーナリズムは、この事件を最初から共産党の犯行と極め付けて報道していた。現に検察官は、そのような記事を載せた読売新聞を疏明資料として、飯田被告人らの勾引を請求し、裁判所もまた軽率にもそれをそのまま認めて勾引状を発している。（中略）

この説明をじっときいていた野村記者は、一応納得したかのような顔をして応えた。よくわかりました、帰ってみんなにそのように伝えましょう。どうですか、そのうちビールでも飲みながらゆっくり話し合いませんか。そう言って彼は引きあげた。この日の朝日新聞を見ると、誰が執筆したのか知らぬが社説のなかで「この判決にたいしてはあくまで上訴して真相を追究すべきである」と、まるで無罪を言渡したのはまちがいで、事件の真相は全被告人有罪である、と言わんばかりの口吻で息巻いていた（同書三二九頁）。

朝日新聞は、そのインタビュー記事を八月一四日の朝刊に掲載した。「反響を呼ぶ三鷹事件判決鈴木裁判長・感想を語る」という大きな見出しをつけた記事で、鈴木裁判長の写真まで添えられていた。そこには次のようなやり取りが記載されている。

問　一般には死者六名、負傷者二十名、国鉄の損害一千万円という事件に、竹内が死一等を減じられたのは割り切れぬ、鈴木裁判長は死刑廃止論者だという説もあるが……。

答　全然ちがう。死刑も沢山言渡している。判決に書いた通り、あの被害の結果は予想以上とみたわけだ。（中略）

問　判決にはこれ以外に真実はないといった強い調子が出過ぎているとの評があるが……。

答　われわれの判断はすべて法廷に現れた証拠だけの結論である。検察側も被告側も自分に不利な証拠は出さぬからこの双方ともわれわれの考慮外にある。われわれは決して絶対の真理とは思っていない。

このように、インタビューする側が判決に不満をもっていた様子がよく分かるが、問題の発言については次のようなやり取りがなされたとしている。

問　公判の最後で検察側も被告も弁護側も裁判所もみな反省する必要があるといっているがその意味は？

答　一般的にいったのにすぎない。裁判官もいつも戒心が必要であるし、検事については判決でいったように虚心に捜査の過程を反省することが必要と思う。被告についても自分の行動について反省もなく、他人ばかり非難するのはどうかと思う。これが起訴の重要原因を作ったのだ。

（中略）

問　判決後の談話で「新聞も反省が必要だ」とあるが、その意味は？

答　新聞も偉大な力があるのでそういう機能を持つものは裁判所などと同じに戒心の要があるということをいったわけだ。

問　新聞は事件が起れば事実を追って報道するにすぎないが……。

答　人間にはいつも盲点がある。その盲点がいかに多いかを知ることがいつも進歩の条件だ。三鷹事件の報道において新聞が先走ったという意味ではない。一般論である。誤報があったという意味でもない。しかし某夕刊新聞の匿名批評の書き方にしても自分のいうことがつねに正しく相手はいつもまちがっているという調子はどうかと思う。これは共産党とえらぶところがないと思う。これは審理中を通じて特に感じた。

問　共産党関係紙の報道については……。

答　あれは論外だ。判決はこれに真向から反対し、「政治的陰謀」という主張を強く否定した。

同インタビューの中には、鈴木裁判長の言葉として、「私も同僚も共産党は大きらいだ」という〝堂々たる〟発言も載せられているが、最後のところなどはそうしたスタンスで判決を書いたということがよく分かる。それでも「共同謀議は空中楼閣」だと言い切った点は評価されるが、三鷹事件の第一審判決の限界と根本的な問題点がそこにあることも確かである。

いずれにしても、これでは鈴木が本に書いたトーンとは違う。マスコミ批判もまるで腰が引けており、検察批判などは全く迫力に欠けている。

◉正木弁護士の判決予想記事

ところで、最初から弁護団に加わっていた正木弁護士は、判決前の六月二日付で「弁護人辞任届」を、鈴木裁判長宛に提出した。そこには、「本件訴訟ノ方法ニ関シ、弁護人ハ各被告人並主任弁護人トノ間ニ意見ノ相違ガ生ジ、ツイニ弁護人ノ意見ガ容レラレナイママニ今日ニ至リマシタノデ、モハヤソノ良心的責任ヲ果タスコトガ出来マセン故、右各被告人等ニ対スル弁護人タルコトヲ辞任シ書面ヲ以テ届出ルト共ニ被告人ニモ書面ニテ通知スル次第デス」と記載されている。

そうした場合には、「一身上の都合により」程度のことを書いて辞任するのが通例だが、正木はわざわざ「弁護人は各被告人並主任弁護人との間に意見の相違が生じ、ついに弁護人の意見が容れられない」ということを明記し、記者会見でその理由も公表して辞任を表明した。

しかも、正木は弁護人を辞任した後の六月三〇日の第五四回公判で竹内が「単独犯行」を陳述したことに対して、朝日新聞に「今こそ真実の告白　竹内の心境分析」というタイトルで、次のような談話を発表した。

▽竹内被告は不完全な義人である。彼をしてあの暴挙に出させた当時のアカハタ的空気が真の被害であり、その乾燥しきった空気が燃え易い彼に点火してあの大事を引き起こした。竹内君が自分が単独にやったといい切ってしまうことは彼としても割り切れないものがあったにちがいない。またそれと同時に日本共産党は道義的責任、労働者の士気の維持など複雑な苦悩を抱きつつこれを吉田内閣の全面的なデッチアゲとして宣伝、共産党弁護団も不自然な法廷戦術を操り、当事者のだれもが真実を言えないような状態に陥しこんだ。

▽竹内君の供述が転々として変ったことは、私への手紙にもある通り、共産党的正義から真の人道へ目覚めていく道標を示すものだ。まだ完全に共産党的正義から脱却し切っていない。裁判官が竹内君の供述によって今日まで検察団が大がかりに立証して来た全被告人の共犯関係を否定し得るかどうかは問題だ。弁護団も漫然と全被告人の無罪を主張、見当外れの立証しかしていない。

正木弁護士は、新聞にこのような談話を載せただけでなく、判決言渡期日の前に発売された『文藝春秋』九月号に、「三鷹事件のロボット達」という原稿を寄せ、他の被告人や弁護団を痛烈に批判するとともに、三鷹事件が竹内の犯行であることを公表した。露骨な表題と弁護団の一員であったものの予測記事ということで、大変な反響を呼んだ。そこには、次のようなことが書かれていた。

竹内は精神薄弱者か、或は生来のウソツキか誰しも考えるところであろうし、そのうちのどれが真実であるかは自供以外の証拠によって決定しなければならぬ事であって、逆に竹内の自供によって一切の証拠を判断することは本末転倒であると考えるのが常識である。

冒頭の表現はともかく、それだけであればまさに正論であり、なんら問題はない。しかし正木は、それに続けて弁護人であった当時の竹内と接見したときのやり取りを紹介し、「私はその後も数回彼と面談し、殆どくまなく彼の精神状態を観察研究することが出来たつもりであるが、その結論は単独犯行以外に考えられない」と、判決前にかかわらず自分の考えを断定的に書いた。正木は前記の正論を書いた手前、それだけでは不十分と考えたものと思われるが、続けて竹内が犯人である動かすことの出来ない証拠として、竹内を現場付近で目撃した坂本安男の存在をあげている。

辞任したとはいえ、弁護人であったものがこうしたことを雑誌に公表すること自体、大問題であるが、そこに書かれた結論と内容が一審判決と酷似していたことから、マスコミは判決言渡後、事前に判決の内容が漏れていたのではないかと問題にし、国会の裁判官訴追委員会にもかけられた。

そのことについて、鈴木裁判長は『一裁判官の追想』の中で不快な思いをしたことを綴りながら、委員会に呼ばれて出頭し委員長の質問に応じ、判決の要旨書を作った事情や後始末などについての問答を三、四〇分で終わり、「判決漏洩問題は、これで一切収束し、その後誰も言掛りをつけてくるものはなかった」と書いている。

◉三鷹事件の起訴の背景

ところが、鈴木はそれに続けて、以下のような驚くべき事実を書き残した（同書二二三頁）。三鷹事件の背景がこれによって透けて見えるような内容である（事務総長の名前は原文どおり）。

判決の全文は最高裁事務総局で英訳し、占領軍当局に送付してあったとのことであるが、軍当局からは当然のことながら何の申出もなかった。当時の事務総長五鬼城堅盤君は大学の同期で、時おり会談する機会があったが、ある時彼はこんなことを打ちあけた。占領軍の法務部に何某とかいう強硬な反共論者の二世がいて、三鷹事件の起訴もその男の意向によるところが大きかったらしい。だから、判決の結果が分かったとき、占領軍が何と言ってくるかずいぶん心配した。ところが、ちょうど判決言渡し期日前にその二世はアメリカに帰国していたので、誰も無罪判決に文句をつけるものがなかった。お陰ですべて無事にすんでほんとうに助かったよ、と彼は言っていた。

判決の全文を英訳して占領軍当局に送付し、「占領軍が何と言ってくるかずいぶん心配した」という表現の中に、当時の裁判所が置かれた状況や裁判官たちの懸念がどこにあったかよく分かる。しかも、三鷹事件の起訴が占領軍の意向によってなされたことを裁判長である鈴木は知っていたのである。鈴木はさらに続けて次のことを明らかにした。

五鬼上君からこの話を聞いて、思いあたることがあった。三鷹事件の捜査記録を読んでいるとその多くは検察官の手に成るもので、警察官の取調べ調書はごく僅かであったが、両者のあいだに極めて微妙なニュアンスのちがいが感じられた。後者は概して軽微な事柄に関するものであったが、いずれも無理のない率直な供述を録取しているのに反して、前者は、どう見ても強引な取調べによって無理な供述をさせているように思われた。それゆえ、警察では検察官と必ずしも意見が一致せず、この事件を共産党の犯行とは見ていなかったのではないか、と感じられたほどであった。これは、二世のアメリカ軍人の意向を反映して共産党員を起訴しようとしてあせっていた検察官が、冷静な警察のなまぬるい態度に飽きたらず、主として自ら取調べにあたった結果にちがいない、と五鬼上君のお話から想像したことであった。

裁判長の鈴木が、このように「強引な取調べによって無理な供述をさせているように思われた」という理解を示しながら、判決では前記のとおり、被告人らがこもごも強烈な精神的拷問や脅迫を加えられたと必死になって訴えているにもかかわらず、「拷問、脅迫を立証する証左は毫も存在しない」と一蹴したのはなぜか。「占領軍が何と言ってくるかずいぶん心配した」ために、検察側に配慮したからであると疑われても仕方がないであろう。

なお、「GHQによる裁判への介入」について片島紀男は前記『三鷹事件　1949年夏に何が起きたか』の中で一章をあて、アメリカ国立公文書館所蔵のGHQ・LS（法務局）資料を基に、法律課長のオプラーなどが最高裁を訪れ、三渕忠彦長官や岸盛一刑事局長などと会見したことを明らかにしている。そのことが判決内容にどこまで影響したかは定かではないが、それを受けて最高裁か法廷における秩序維持に関する指示をしたことは事実と思われる。

そのことを知ってか知らずか、マスコミが竹内単独犯行と判断した一審判決を激しく批判する中、三鷹事件の審理は東京高裁に移行した。即日控訴を決定した検察側は長大な控訴趣意書を提出し、三鷹事件はあくまで被告人らの共同犯行だとして無罪判決を厳しく糾弾した。しかしそれについては高裁でも受け入れられず、控訴棄却となったので、次章ではもっぱら竹内の控訴に関してその問題点を紹介することとする。

第七章
高裁・最高裁の判断とその問題点

一——控訴審に対する竹内の姿勢

◉竹内は控訴をしたが、事実関係は争わず

控訴審で再び竹内の弁護人となった正木は、控訴趣意書の冒頭に次のように記載して東京高等裁判所に提出した。

右控訴人に対する電車転覆致死事件に対し、弁護人正木昊は、犯罪事実の認定並びに情状酌量の点については原判決を至当とし、何等争う処は見出さないものでありますが、適応された罰条は誤りである故、原判決の破棄を求めるものであります。

竹内は、一審判決後、高裁に自らも控訴を申し立てた。そのときの心境を、後日、再審理由を詳しく記載した「三鷹事件再審理由補足書」（上）の中で、次のように記している。

一審無罪判決を受けた相被告は全員、家族や共産党大衆に迎えられ、仮監前にあった拘置所のバ

ス一台を占拠して歓呼して引揚げた。それを手錠腰縄という格好で見て、縁の下の力もちとなっていた自分が却って唯一人有罪とされ、誰にも顧みられずに無期懲役の有罪とされたうえ、独り再び監獄に繋がれるのですから心穏やかではなかった。自分の自由もさることながら、みんなが無罪釈放されたのに自分の夫、そして父独りだけが口先の供述によって帰されないという妻子のみじめな気持ちと生活の暗澹たる前途を思いやると、そのまま虚偽の有罪で引き下がるわけにはゆかなかったのです。

◉今野弁護人らの「説得」

それにもかかわらず、竹内とその弁護人らは一審の有罪判決の事実認定に対して徹底的に争うことはしなかった。そのことは、前記の正木弁護人から提出された控訴趣意書から明らかである。なぜそのようなことになったのか。竹内は前記「三鷹事件再審理由補足書」(上)の中で、今野義礼弁護士が拘置所に来て次のように竹内を説得したということを明らかにしている。

竹内君、今から無罪主張すると云ってもそりゃ無理ですよ。シャバではいま三鷹事件の判決はでたらめだと云って騒いでいるんで、あんたが無罪と言うとますますおかしくなってしまうんです。いまは時期が悪い。がまんして下さい。こういう反動的な時に鈴木裁判長がとにかく一審のあの判決をしたのは偉いです。余程の勇気が要ったと思っています。(中略)

ところが世間は内容も法律も知らないから一審判決は不当だと云って、反動的な毎日新聞の如きは実に乱暴で冷酷な記事を書いている。世間もそれに釣られて一審裁判長をごうごう非難しています。こういうとき否認して、若し共犯という調書が生かされたら飯田君らが死刑になるばかりか、へたをすると竹内君も無期じゃすまないかもしれないからねぇ……。

今野弁護士にそう言わせるような社会的な状況にあったことは確かかもしれない。だからといって、被告人自身が無罪を主張して争いたいというときに、こうして自分が依頼を受けた被告人を説得することが許されないことはいうまでもない。

竹内は上記の言葉に続けて、今野弁護士が次のような驚くべきことを語ったことも記している。

このところは運が悪いと思って辛抱して下さい。そのうちに人民政府でもできれば竹内君のような人は英雄として真っ先に釈放されますよ。新法は何しろ一審の事実認定が基本だから二審で供述を変えてもむづかしいです。

わたしを又弁護人に選任して下さるなら、控訴趣意書には一審通りだとだけ書けば充分です。いくら検事控訴しているからと云っても、書面審理が原則だから、判決事実が変ることはまず無いですから心配いりません。いましばらくの辛抱ですからたのみますよ。なに十年か十二年も勤めれば出られると思います。GHQの圧力もあるらしいが筋の通った法律論は無視できないし……。

「人民政府でもできれば」ということを竹内がそのとおり信じたとは思えないが、三鷹事件などが起った一九四九（昭和二四）年六月の共産党拡大中央委員会において、徳田球一書記長が一般報告の中で「吉田内閣を九月までには倒さなければならないというわれわれの主張は…十分な可能性をそなえている」と強調し（六月二二日付アカハタ）、また野坂参三が、中国に新政権ができたことを背景に、吉田内閣を倒したあと、共産党、労農党、社会党その他民主的勢力、さらに労働組合、農民組合、そ

の他の大衆団体の代表によって「人民政府」をつくることは占領下でもできると報告したことは事実である。

それが「九月革命説」として保守陣営から警戒され、労働者の間で一定の期待をもたれていたことから、今野弁護士がそのことを引き合いに出して、竹内を説得したということであろう。

竹内は今野弁護士が逮捕直後の八月に面会に来た際に、「ぼくらもそのときには法務総裁、とまではゆかぬまでも、相当な高い地位に就けるから竹内君のような人は直に釈放されます」とまで言ったことを書き記している。

後になって今野弁護士が外山被告人の主任弁護人であったことを知った竹内は、「三鷹事件再審理由補足書」（上）の中で、「弁護人とは名ばかりで、具体的には何らの弁護活動をしてくれなかったばかりか、昭和二十四年八月二十六日に府中刑務所の面会室でメモにした検事調書と同じ作為のメモを、公判中に裁判に出して竹内単独有罪という主張をして外山被告らの無罪補強に利用しようとしたり、まるで詐欺師のようなものです」と今野弁護人を厳しく糾弾している。

竹内が一審で無罪であることを強く訴えていたときに、今野弁護人から上記のメモが証拠として提出されようとして、竹内がこれに激しく抵抗してその取調べを撤回させたことは本書一〇九頁ですでに紹介した。竹内は控訴審でも今野弁護士に引き続き弁護を依頼したが、相当後になって、「竹内単独有罪という主張をして外山被告らの無罪補強に利用しようとした」と理解するに至ったというのである。

◉正木弁護人の〝自信〟に押されて

一旦、弁護人を辞任した正木ひろし弁護士はどうであったか。竹内は前記の「三鷹事件再審理由補足書」（上）において、控訴審に臨むにあたって、正木弁護人が面会した際、次のように言われたことを明らかにしている。

君の手紙見ました。控訴審になってから無罪と訴えたってきみ勝てると思うかね。新法じゃあ一審の事実認定は容易なことでは変らないんだぜ。なにしろきみは公判で自白して有罪になったのだからね、あれを覆すのは至難のわざだよ。

しかし、手続は新たになるんだから君の自由だよ、竹内君がどうしても無罪主張してゆくというんならボクも止めはしない。その代わりボクは弁護は断る、勝目のない訴訟の弁護は引受けないボクの立前だからね。

「勝目のない訴訟の弁護は引受けない」のが〝建前〟であると言ったということ自体にも驚かされるが、正木は竹内に宛てた一九五〇年一二月三一日付の手紙でも、「第二審が私の思うとおり一五年以下になれば、さっそく保釈してもらうつもりです。こんどの裁判は三月ぐらいに判決になるのではないかと思っています。しかし私の説は天下に私一人なので、若しそれが通れば私は鼻高々ということになります」と自信の程を示している。

いかにも正木らしい手紙であるが、そこまで言われて弁護を断ったり、あくまで無罪を主張できる被告人はいるであろうか。

竹内は、結局、その二人の意見に従って東京高裁の審理を見守り、その判断を仰ぐしかなかったというのが実態であった。

それにしても、弁護人を信用して、必ずや高裁で有期刑に減刑され、そう遅くない時期に社会に出られると期待した竹内に対し、死刑判決が下された後、この二人の弁護士は自分達の責任をどのように考えたのであろうか。

正木弁護士は一九九五（平成七）年に八〇歳で亡くなり、三省堂から『正木ひろし著作集』全六巻が刊行されている。その三巻目に他に手がけた事件とともに「三鷹事件」が纏められ、弁護活動の過程で書かれたものや、資料として竹内景助と連名の「控訴趣意書」などが収録されている。最高裁判決のあった一九五五年、「平和」という雑誌の一〇月号に寄稿した文章の最後に、正木は「ねがわくば竹内景助が絞首台の露と消える前にもう一度、この暴虐な誤判を検討し、世論に訴え、日本国民の名誉と、裁判の公正とを取り戻したいものである」と書いているが、それを果たさないままにこの世を去ってしまった。

二——控訴審での竹内側の主張と検察側の攻撃

◉竹内の弁護人は事実認定を争わず

正木弁護人は控訴趣意書の冒頭で、前述したように「犯罪事実の認定並びに情状酌量の点については原判決を至当とし、何等争う処は見出さない」と記載し、続けて「適応された罰条は誤りである故、原判決の破棄を求める」と、法律論を展開している。その内容は結局、東京高裁でも最高裁でも受け入れられなかった。

検察側が三鷹事件は被控訴人ら一〇名による共同謀議に基く共同犯行であり、これを認めなかった一審判決は重大な事実誤認を犯したとして即日控訴した理由をどのように展開したかを次に見ることとする。

検察官が提出した「控訴趣意」はガリ版刷りで四〇〇頁を越える長大なものであるが、理由は八点あり、それを要約すると次のとおりである。

一　第一審の公判中、裁判所は検事の起訴状朗読に先立って、被告人らは事故とは関係なく無罪だと主張するばかりでなく、弾圧検挙の不当性を訴え、検事が自白を強要したなどと主張し、裁判所はそうした内容の発言を長時間にわたって許した。被告弁護側はその機会を利用して事件を吉田内閣の陰謀であり、検事の人権蹂躙によって「でっち上げた架空のもの」であるなどと一方的に述べたが、そのことは刑事訴訟の冒頭における審理手続きに関する法令違反にあたる（訴訟の冒頭審理手続に関する法令違反）。

二　公判続行中に、横谷ら八被告人が共同謀議否認の上申書を裁判所に提出した。ところがこの上申書は法廷に提出されず、検事にも送付されなかった。このことは、判決には明示されていないが、この上申書が裁判官の心証に影響を与えたことは見のがしがたい。裁判所のこの措置は証拠物の取り扱いについての手続上の違反を犯している（証拠書類の取扱に関する法令違反）。

三　証人が証言中の細かい点を忘れていることを理由に一方的に全証言を「信用できぬ」とけり、また被告人らの共同謀議については具体的に詳細な謀議内容がないという理由で「共同謀議」が存在しなかったと簡単に断定している（刑事訴訟法第三二八条の証拠に関する法令違反）。

四　第一審の判決は、被告人及び弁護人が根拠もなしに裁判官に予断偏見を生ぜしめる虞れのある事項の陳述をたびたび行い、そのために裁判官は予断偏見に基いて審判の請求を受けた公訴事実について十分な真理を尽くさず、濫りに独断憶測を用いた結果、事実誤認した（予断偏見に基づく事実誤認)。

五　証人の法廷における証言が、事件捜査中検事に供述したことといちじるしく異なっていた時、検察側がこれを争うために提出した検事調書を裁判所は目的をかえて相川調書の信用性をくつがえすために使っている。これは証拠採用法則の違反である(採証法則違反による事実誤認)。

六　検察側が証人百余名を申請したのに、裁判所は五十余名しか採用しなかったのは大量の無罪者を出した事件として、十分に審理をつくさなかったということがいえる(審理不尽による事実誤認)。

七　判決書は竹内の単独犯の証明に主点を置き「竹内の犯行が証明されたから他は関係ない」という方向をとっている。これは論理の飛躍であり、他被告の無関係を積極的に立証しなければならぬのに判決は総合判断を誤り、公訴事実は全く実態のない空中楼閣と決め付けている(理由の食い違い)。

八　竹内の行為は、公共の交通施設である電車を使用して、厳禁されている争議行為に導く目的で、公共の危険を生じる手段方法を用いて事故を発生させたもので、法規を無視し、社会の平穏な生活を破壊したものであり、事件に対する国民感情、被害者の心境を総合すると竹内被告の無期懲役は当をえておらず、死刑が相当である(量刑不当)。

◉竹内は控訴審で何を訴えたか

控訴審は一九五〇(昭和二五)年一二月一八日に東京高等裁判所第一三刑事部で開かれた。裁判長は谷中薫。中村匡三、眞野栄一が陪席裁判官であった。弁護人は一審からの弁護士が中心で、三七名が名を連ね、当日一八名が参加したことが公判調書に記録されている。それを見ると一審とは違い、被告人ごとに担当弁護士が別れ、今野義礼弁護士が外山被告人と竹内双方の主任弁護人として記載されている。

控訴審はその後、翌一九五一（昭和二六）年一月三一日、二月二日、二月五日と立て続けに開かれ、三月三〇日には判決が言渡された。その間、控訴趣意書に対する求釈明や双方が控訴棄却を求めるなどの弁論はあったが、証拠調べは一切行われなかった。ただし竹内は控訴趣意書とは別に上申書などを提出し、検事の控訴趣意書に対する答弁書として扱われた。

一月三〇日付竹内の谷中裁判長宛上申書には次のようなことが記載されている。

私が無罪となります様な事がありましても私の良心が許しませんし、又当然正義の容れるべきものでもありません。私が犯行者の立場に於いて斯様な事を申しましたのは、本件の共謀を捏造して成立せしめんとする検事側は、当然被告人の平穏な心理に於ける自然供述として黙過せんとして、又私以外の被告及び弁護人は「検事の拷問説」のみを以て、任意性を解決せんとし、更に被告の異常心理を率直に認めんとする意図のないのに鑑み、此の用にこんな混乱せる供述調書の由って立つ原因を何人にも白紙の立場にある人にも納得せしめるには、私が幾度も真実のために叫ばなくてはならんと考えるからです。

全体的に意味不明であり、次のくだりなどますます何を言いたいのか理解しがたい。しかし、真意を分かってほしいという思いのようにも読める。

――私は少なくとも労働者階級に於いては、何人にも後ろ指をさされる事のない、心身共に潔白と純潔を誇りとして生きてきました。鉄道就職当時も一人で、或は妻子とよく護国寺の墓地や谷中の墓地を逍遥して、人間の生き方を示せる故人とその歴史を尊敬する為でした。私が何か書くと固苦しい文体になるのは少年期から好んで、中村正直（スマイルズ著）、西国立志編や職分論や又論語などを読み耽った故、身についてしまったのです。人間の諸徳義、博愛や勇気や謙譲や節操は、苟も金銭と権力にその地位を譲るような事は、断じて黙視し得ないと信じてきました。

竹内にすれば弁護士たちの話から、自分が我慢することで他の被告人たちが無罪を確実なものにし、自分もせいぜい一〇年とか一五年といった有期刑に変えてもらえるという期待があったことは間違いないであろう。

ところが高裁の裁判官たちは結果の重大性に目を奪われ、マスコミなど社会的な見方に迎合し、あるいは正木弁護人らの法律論に反発して、最初から竹内の死刑を考えていたことも想像できる。しかし、このようなことを書いて高裁の裁判官たちに訴えたにもかかわらず、いやむしろこのような上申書を提出したことが、かえって同人の死刑を招く結果になったとしたら、竹内にとって無念というほかないであろう。

ここで竹内の上申書をあえて引用するのは、後で紹介する判決文を読むと、竹内の最後に書いた次の文章によって、竹内は反省が足りないとか、あるいは思い上がりもはなはだしいととられて、裁判官たちに逆に反感をもたれたのではないかと思われるからである。もちろん、そうだとしたら、そのことは竹内にとって不本意なばかりか、裁判官としては狭量すぎ、決して許されることではない。

私は苟も唯単なる破壊の為の破壊や個人的憤慨で企てたのではありません。若し、そうであった

なら検察側適条に毫も反対するものではありません。しかし私のは愚かにも、馘首されて絶望的悲観に暮れる働く人々の切ない胸中に思いを馳せて、それを自分事として救済せんとしてやった誤りなのです。若し正義の基準が人間の精神的なものである事を失わないならば、裁判所は私の弁護人の趣旨を了とせられるであろうと信じます。

　茲に付け加えなければなりませんのは、私は又何人よりも本件の犠牲者の方々の最後に、心から申訳なく思いお詫びしているのであり、死の苦痛と悲惨さと暗黒の一切の無をだれよりも知るが故に、自責と悔恨に暮れておるものです。又社会一般心理の反省のためにも、慎重な判断を為されるであろうと思っております。けれ共私の上述来の趣旨により、本事件が単なる破壊的な意図によって為したものではなく、寧ろ私の情熱の止むに止まれぬ結果であった事を了解されて、寛大なる処置をお願い申し上げます。

三――竹内に対する死刑判決とその問題点

◉事実調べをせずに、いきなり死刑判決

控訴審判決が言渡された三月三〇日は、事件発生から約一年八ヶ月後であった。一審の審理も早かったが、これほどの大事件にもかかわらず四回の公判を開いただけで、一審判決からわずか七ヶ月後に控訴審の判決を言渡したことは、死刑判決に変更したことと ともに、極めて異例であった。死刑を宣告することを急がせた特別な事情があったのではないかという疑念がもたれる所以である。

判決は最初に判決理由の朗読が一時間半にもわたって行われ、最後に次の主文が言い渡された。

検察官の被告人竹内を除くその他の被告人らに対する本件控訴はこれを棄却する。
原判決中被告人竹内景助に関する部分を破棄する。
被告人竹内景助を死刑に処する。

これを聞いたときの、竹内の胸中はどのようなものであっただろうか。
そのときの様子を朝日新聞は、当日の夕刊で次のように伝えている。

この判決を全く予期しなかったのか、竹内被告は興奮して立上がり、制止する看守に「逃げやしないじゃないか」とカミつくように叫び、傍聴席を見回して、「労働者がいないじゃないか」とポツリ一言、そして看守につきそわれて退廷した。うつ伏して泣きながら「みなさんひどい、みなさんひどい」と、なんどもなんども繰り返し竹内被告の妻政さんはつぶやいていた。

竹内の「労働者がいないじゃないか」という言葉が、無念さを表している。自分が彼らのために犠牲になったのに、それが分からないのか、という悔しい思いだったのではないだろうか。この間、五人の幼い子供を抱え、拘置所に足しげく通った妻政の嘆きもいかばかりであったろう。
控訴審の判決文は最高裁判所刑事裁判例集九巻八号一五六八頁から一七六八頁に登載されている。その目次を見ると、「主文」に続く「理由」の部分は大きく四部から構成されている。しかし、そのほとんどは第二部の「被告人飯田七三外九名に対する電車転覆致死被告事件の検察官控訴趣意に対する判断」が占め（一五七四頁から一七五一頁まで一七七頁にわたる）、竹内の死刑判決を導き出した理由については、「量刑不当」という項目に記載されているが、全体からするとほんのわずかで、まるで付け足しのような感じさえする（一七五一頁から一七六〇頁の一〇頁で、全体の二〇分の一に過ぎない）。

しかも検事側が控訴した理由については、判決は前に紹介した八点にわたって、検察側に気を使いながら懇切丁寧に逐一それを検討し、詳細な理由を付してこれを退けている。たとえば第一点の「訴訟の冒頭手続に関する法令違反」については、最初に次のように検察官の意見を容れている。

（被告・弁護側の）主張するところが、結局本件は政治的陰謀に基くものであって、何等の犯罪もないのに不当の検挙が行はれたものであるとする根本的な主張を補充する理由として述べられているることを窺がうに充分である。而して右の陳述は、前記説明のように、起訴状朗読前にこれを許すべきでないのみならず、事項としては裁判官に事件についての偏見又は予断を生じせしめる虞のあることは明らかであるから、裁判長が、これを人定質問に先立ち或は起訴状朗読に先立ち長時間に亘り、多数の被告人及び弁護人から繰返し陳述させたことは、その訴訟指揮を誤り、前記説明のような理由によって、訴訟手続きの法令違反を来たしたものということができる。

そうしたことを述べた上で、判決は「右の訴訟の冒頭手続における法令違反が、明らかに判決に影響を及ぼすものであるか否かについて考察することとする」として、第一に「原判決は証拠によってこれらの主張を排斥し、本件取調に当たった検事及び府中刑務所関係官が、被告人らに対し拷問脅迫を加えた事実は認められないとし、政治的陰謀に基いて本件を捏造したとの形迹を認める余地はないと強く宣明している」こと、「第二に、本件においては原審の審理過程及び判決に、前記の法令違反から来た判決の誤謬が明らかに認められないのみならず、判決主文及びその根拠たる法令適用に変更を生ずる程の重大な事実誤認がない」などとして、結局は検察側のその点に関する控訴理由を退けた。

ほかの六点についても、控訴審は検察官の控訴理由について、一つひとつ詳細な理由を付して検察側の主張を退けているが、その部分については結論において異論はないので、本書では省略することとする。

◉死刑判決の理由は

問題は、竹内に対する一審判決の無期懲役を死刑に変更した理由である。判決は検察官の控訴理由書に従って原審が無期懲役とした理由中の「重い情状」とした、争議行為が厳禁されているのにストライキに導こうとしたことや、社会一般に深刻な影響を与えたことなど五点をあげ、また「同情すべき情状」として、妻子六名を抱え整理の理由も明らかにされないまま解雇されたこと、本件犯行が極めて発作的偶発的であって事前に計画されたものでなく、本人も本件犯行の重大性を強く感じていなかったことなど七点に整理し、それについては「所論のとおりである」とした。

ところが判決はそれに続けて、「検察官は被告人竹内に関する有利な情状はないと主張するので、順次検察官の所論について検討していく」として、七点について詳細に検討し、「検察官の所論必ずしもそのまま肯認し得ないところもあるが、原審が無期懲役を選択した情状として掲げた理由中にも被告人竹内に不利益な本件情状として考えるべきものもある」として、独自に一〇項目を挙げた。

その内容は、次の結論の文章とほとんど重複するので省略し、先に結論部分を全文引用することとする。

以上被告人竹内の本件犯行の有利な事情及び不利な事情を検討して来たのであるが、同被告人には前記のような有利な事情もないではないが、右のような本件の動機目的の不法性、これから窺がわれる本件犯行の暴力的性格及び同被告人の暴力的性格、無人電車発進という手段の悪質であって且極めて危険の大であること、発進操作の際における過失の重大であること、結果の重大性即ち交通施設の破壊と多数の貴重な生命を奪ったこと、公共危険罪としてその罪質が極めて重いこと、手段に伝播性があり、深刻な社会不安を与えたこと等の極めて重い情状を軽減する理由とするには足らないものと認められる。従って右に挙げた各種の重い情状を考察すると、同被告人に対しては前記法条の定める死刑を選択するを以て相当と認められるのであって原審が被告人の家庭的事情等を重視して無期懲役を選択したことは、刑の量定が軽きに過ぎたものと謂うべきである。以上の理由によって、被告人の刑の量定は不当であると主張する所論は理由があり、原判決は被告人竹内に関する部分は破棄を免れない。

右の文章を読むと、「極めて」という副詞が一文の中で三回も使われており、その部分についての裁判官の確信の程度が強固であることが分かる。問題は控訴審が「同被告人の暴力的性格」を何で判断したかである。新たな証拠調べも全くなく、一審で調べた証拠の摘示もないが、「本件犯行の暴力的性格」について控訴審の判決は次のように書いている。

当時の共産党三鷹電車区細胞たる被告人飯田らにおいてさえ、直ちにストに入る目鼻が立たず、ストの準備態勢を整えつつ、何等かのキッカケを待っていた情勢であったことは既に説明の通りであり、これに対して、同被告人がこれを日和見的であるとして、自らそのキッカケを作ろうとして、本件犯行に出たのであるから、その行為は、破壊的暴力的性格をもったものであるといわなければならない。

また、控訴審は次のような理由を量刑判断に加えている。

国鉄その他の行政機関に人員整理については整理の実行を担当する国鉄当局者が、業務に精励しない職員を対象として実施したものであることは新聞等に公表されており、明らかであるから、被告人竹内は整理反対闘争に熱心に従事した事を自ら省みれば整理理由を考え得るところであるにも拘わらず、それに憤怒を抱き全国ストの口火を切ることを目的として本件事故を敢行し、その目的がこれを契機として争議行為を禁止している国鉄職員をしてストライキに蹶起せしめんとしたものであって、その目的自体法律を無視したものである。

判決文とは思えない感情的な表現であるが、竹内はこの判決に対して、当時の情勢はそんなことで「国鉄職員をしてストライキに蹶起」させることは全く不可能であり、むしろ「私は勤めていて一日の欠勤もなく完全に人並みの仕事をしていた」にもかかわらず、判決は自分に対して「敵意と偏見」をむき出しに、証拠調べもしないで「商業新聞の記事を判決文に引用して」、「恣ままに人命を絶つが如きは裁判に値しない」と厳しくこれを批判しているが、そのことはあとでもまた触れることにする。

竹内の実行行為について、その当否を問題にする控訴の申立てがなかったことから、控訴審はそれが可能であったかどうか全く検討していない。しかし、一審の判断をそのまま前提にしていることは次の判決文からも明らかである。

本件電車を原判決説明のようにコントローラーのハンドルの位置を二ノッチと三ノッチの間において、これをパイロットランプの回路電線に結び付けて電車を発進させた場合には、本件のような速度となることは、前記のように長年国鉄電車運転士として電車運転の職務に従事していた同被告人として当然予見し得べきところであり、かかる速度を以て、前記車庫に停留した七両連結の電車を三鷹駅の方向に向けて発進せしむるにおいては、或は予期の場所で脱線せずに驀進し、いかなる惨事が惹起するかも知れない危険はあり得るのであるから、同被告人において十分の注意を払えば、これを予見することも強ち不可能とはいえない。

従って被告人竹内の本件発進操作は、被告人が本件のような結果を全く意図せず、毛頭考え及ばなかったとしても、この結果を予見しえなかったことに重大な過失のあったことを否定することはできない。のみならず、整理されたことに対する憤懣を押さえ得ずして激情のままにかような暴力的な行為に出たことは、この過失を重大ならしめる一素因であったと見られるにおいては、その情の軽くないこと明らかである。

いかにも権威的な文章表現であるが、「重大な過失」を強く押し出し、それに「整理されたことに対する憤懣を押さえ得ずして激情のままにかような暴力的な行為に出た」ことから、竹内が「破壊的暴力的な性格」だと決めつけ、無期懲役を死刑に変更したことが分かる。

◉控訴審の手続上の問題点

控訴審は事実を全く調べることもなく、一審判決を棄却して、「自判」によって無期懲役を死刑に変更した。刑事訴訟法四一三条には、但書において「上訴裁判所は、訴訟記録並びに原審で取調べた証拠により直ちに判決をすることが出来ると認めた時は、その裁判所が自ら判決を言渡すことが出来る」とされている。しかし同条本文は「前条に規定する理由（破棄移送）以外の理由によって原判決を破棄するときは、判決で、事件を原裁判所若しくは一審裁判所に差し戻し、又はこれらと同等の他の裁判所に移送しなければならない」と規定しているのである。

三鷹事件のような重要で、しかも事実認定が困難な事件の場合は、一審判決を破棄するのであれば慎重を期するために当然に原審の東京地方裁判所に差戻し、審理をやり直すべきであった。それをいきなり「破棄、自判」したことは異例であるというばかりか、法の精神からしても許されない。しかも控訴審が一審裁判所の量刑を重く変更する場合は、事実調べをするのが原則である。それにもかかわらず、三鷹事件では東京高裁が原審の判決を破棄した上に、無期懲役は相当でないとして、極刑である死刑に変更したのである。その根底には控訴審を担当した裁判官たちに、なにが何でも竹内に対して一刻も早く死刑を宣告したいという強い処罰感情が存在したか、ないしはそうしなければならない何らかの事情があったとしか考えられない。

竹内自身、後に『三鷹事件再審理由補足書』で、「二審は裁判と名のつくようなものでなく、テロそのものでした」と書いているが、当事者にとってはそうとしか表現できない理不尽な死刑宣告であった。筆者は死刑は憲法の禁止する残虐な刑罰であり、制度自体を許されるべきでないと考える。しかし、そのことは措くとしても、三鷹事件において控訴審が無期懲役を変更していきなり竹内に死刑を科したことは、司法権力の暴挙といって過言でないであろう。

竹内に無期懲役を科した一審の裁判長であった鈴木忠五は、退官したあと纏めた『一裁判官の追想』の中で、次のように記している。

それはじつに意外な判決であった。高裁（裁判長谷中薫）がその判決で無罪の被告人らにたいする検察官の控訴を棄却したのは当然であるが、竹内被告人について一審判決を取り消したうえ、あらためて死刑を科したのには愕かざるをえなかった。控訴を受理してから約半年のあいだに、全然事実調べを行わず、竹内から直接ひと言の弁解を聞くこともせず、早々に死刑判決を言渡した裁判官の心理はいったいどんな状態だったのかどうしても理解できなかった。これは、まるで切り捨て御免の封建時代の役人に異ならない態度で、まったく人間性を無視した残酷非道な仕打ちではないか。たとえ、訴訟法上は違法とまではいえないにしても、実質的には非人道的な不当な判決であるといわなければならない（同書三四四頁）。

実に至言であるが、しかし、竹内に対して「死刑は許されないが、無期懲役であればよかった」というものでは決してない。

ところで正木弁護人らが主張した法律論はどうなったか。判決では末尾の「第四部　被告人竹内関係控訴趣意に対する判断」において七頁を割いているが、結論は「所論は独自の見解に立脚して原判決の法令の適用を非難するものであってこれを採用することはできない」などと、ことごとく退けている。竹内が大きな期待を寄せていた正木の法律論は退けられてしまったのである。

四――死刑判決に対する闘い

◉竹内が猛然と反撃を開始

死刑判決の与えたショックで、竹内はそれまでの裁判に対する自分の間違いに初めて気づき、これを覆そうと、最高裁に向けて無罪を求め本気に闘いを開始した。

控訴審の判決直後に上告し、「上告趣意書」を自分で作成して最高裁に提出した。その中で、竹内は「原判決によって目がさめました。私は如何に何でも、捏造の証拠によって死刑にされることは承服できません。今迄の経過及び真実を申し述べますから再審判をお願いします」と訴えた。「上告趣意書」の全文が『最高裁判所刑事裁判例集』九巻八号に掲載されているが、字数にして約五万字という膨大なものである。そこには、過酷な取調べによって虚偽の〝自白〟に追い込まれたことや、自分が無実であることを証明するために新たな証人を調べてほしいことなどが延々と記載されている。

その中の「原判決が間違っている事実及び控訴審に於いて感じた事実」（補足一）として、竹内は控訴審の審理の状況と控訴審の判決を、次のように批判している。

原審で私が自己の不利益を顧みず、心理上の所産を付会して主張していたのは、そうしなくては更に共犯にされて重くされはせんかと惧れたからです。然るにそれをそのまま証拠判定の資にされた事が判示に窺がえますが、之は間違いであります。原裁判所が一審判決後二ヶ月目に趣意書を提出させ「重大な事件だから…」という説明で四ヶ月目から一週三開廷で書面審理し、たった四日で倉皇として片付け、又発言を求めようとすると、睨めつけて許さなかったのは、違例で不当な扱いようだと思います。

竹内はこのように「倉皇《そうこう》（あわてるさま、あわただしい様子）」といった難しい言葉まで用いて控訴審の状況を的確に述べるとともに、初めて〝自白〟が検事の誘導や暗示によって作られたものであることを具体的にしかも詳細に訴え、さらに次のようなことを書いて最高裁判所に提出した。

然も公判に於いてそういう捏造のものを主張したのは、私が犠牲にならなければ、供述書があるから必ずみんな有罪にされると思い、思わされたからに他なりません。第二審でも私は自分の利益的主張は何一つ書かずに、一審の通りで他の被告は関係ない旨強調したのは、「一審どおり主張していれば必ず無期以下になる。共犯にされたら君も助からん。」という弁護人の言葉を信じていたからで、若し私が黙っていたり、或いは一審を否認して自分丈の真相を訴えていたら、検事控訴の厖大なまことしやかな主張によって、供述調書を全部証拠とされて共犯とされたら、単独有罪主張の場合より、更に苛酷な刑に処せられると思ったので、一生懸命に、益々自分を悪ざまにして、でっち上げられた供述に付会して強調していたのです。前述判示の証拠から見ると、本件の成否は全く私の供述に牛耳られてしまった感があります。かかる心証の下に於いてこそ判示の如き判断が湧いてくるのであって、若し私の法廷陳述がなければ、原判決が如何なるものになったか、想うだに慄然たるものがあります。

その詳細はすでに第五章で紹介したが、死刑判決を受けた身でありながら、平静に、しかもきちんとした文章を五万字も書き連ねた竹内の努力には感心させられる。

◉上告理由の内容と支援の広がり

竹内の死刑判決は法曹界でも衝撃をもって受け止められ、最高裁でも五〇名の弁護士が弁護人として名を連ねた。自由法曹団に所属する弁護士たちも、独り死刑を宣告された竹内を救うために、初めて全面的に力を注ぐことになった。

憲法違反または判例違反がなければ上告を申し立てることは出来ないという刑事訴訟法四〇五条の制約の中で、竹内自身の上告趣意書とは別に、弁護人たちは主張をその形式に整えて、連名ないしは単独で上告趣意書を提出した。その中に今野義礼の名前はあるが、正木ひろしの名前は存在しない。

弁護団の提出した「上告趣意書」を要約すると次の一一点からなる。

第一　脅迫によって強制された自白及び不当に長く拘禁されたあとの自白によって有罪とされた違法（憲法三八条二項違反）

第二　自白のみを唯一の証拠として有罪を認定した違法（憲法三八条三項違反）

第三　事実の取調べを行わずに死刑を言渡した違法（憲法一三条、同三七条違反）

第四　十分な証人調べもせず、扇情的な新聞論調に迎合し、公平な裁判所の裁判ということはできない独断、偏見に基いて死刑を言渡した違法（憲法七六条三項、同三七条違反）

第五　自白のみを唯一の証拠として情状を被告人の不利益に認定した違法（憲法三八条三項違反）

第六　実現不能な被告人の意図を実現可能なものとして情状を認定した違法（憲法三一条違反）

第七　公共企業体労働関係法の争議行為禁止規定の違憲を無視し情状を認定した違法（憲法二八

条違反）
第八　被告人の思想・信条を理由として情状を認定した違法（憲法一九条、一四条違反）
第九　刑法一二六条を適用した違法（憲法三一条違反）
第一〇　結果的加重犯に死刑を科した違法（憲法三一条違反）
第一一　残虐な刑罰たる死刑を科した違法（憲法三六条違反）

以上のすべての点にわたって上告趣意書は詳細にしかも力を込めて記述されているが、項目を見ただけで、ほぼその内容を理解できるものと思われる。

竹内は最高裁宛に、最初に出した上告趣意書のほかに、何回かにわたって詳細な上申書や上告補足上申書を提出した。それを読むと竹内の必死さが伝わってくるが、竹内は最高裁宛にそうした書面を書いただけでなく、連日のように関心を寄せてくれる著名人に宛てて、無実を訴え、支援を要請する手紙を書き続けた。

ところで、この間、松川事件では列車転覆致死罪で二〇名が起訴され、一九五〇（昭和二五）年一二月に福島地裁で五人、一九五三（昭和二八）年に仙台高裁で四人の死刑を含む有罪判決を言渡された。三鷹事件で死刑を跳ね除け無罪を獲得した被告たちはその応援にも力を注ぐなど、同じ年に起った三鷹事件と松川事件は平行して闘われた。上告をしてから最高裁判決が言渡されるまでの三年半の間に竹内に対する支援の輪も徐々に広がり、労働組合などが多数参加する国民救援会も、一九四九年一二月一四日、東京都本部内に「三鷹事件対策委員会」を設置し、以来、長年にわたって竹内の支援に尽力することになる飯沼勝男を事務局長に選び、組織を挙げて竹内の支援に乗り出した。

しかし、そうした努力もむなしく、結局、最高裁は一九五五（昭和三〇）年六月二二日、大法廷判決で上告を棄却し、竹内の死刑が確定した。

なお、その間、戦前から多くの冤罪事件に取り組み、三鷹事件では六〇人の大弁護団の団長であり国民救援会の会長も兼ねていた布施辰治弁護士が、内臓がんのために、一九五三（昭和二八）年九月に亡くなられてしまった。最初から竹内の無実を確信していた布施弁護士が生きておられたら、竹内についての上告が簡単に棄却されることはなかったのではないかと考えられ、残念でならない。

ちなみに松川事件は一九五九（昭和三四）年八月一〇日、最高裁が原判決を破棄して仙台高裁に差戻し、六一（昭和三六）年に仙台高裁において全員無罪判決、六三（昭和三八）年に最高裁判決で勝利が確定した。竹内が無念の思いを残しながら獄死したのは、それから三年四ヶ月ほど後である。

三鷹事件に対する最高裁判所の判決は法律論だけで処理され、実態に踏み込んだ判断は全くなされていない。その内容を検討するが、その前に裁判官の構成と進行をめぐって、最高裁内部で奇妙な動きがあったことを先に見ることとする。

◉裁判官の入替りと言渡期日の変更

最高裁判所の大法廷は一五名の裁判官で構成される。三鷹事件の最高裁判決には次の一五名が名を連ねている。

裁判長田中耕太郎　裁判官霜山精一、井上登、栗山茂、真野毅、小谷勝重、島保、斎藤悠輔、藤田八郎、岩松三郎、河村又介、谷村唯一郎、小林俊三、木村善太郎、入江俊郎

当初、最高裁の判決は一九五四（昭和二九）年一二月二二日に言渡されるはずであった。当日、田

中耕太郎最高裁長官ら上記の一五名が大法廷に入り、弁護団も三〇名が立会った。

午前一〇時半に田中裁判長が開廷を告げ、判決を言渡そうとした瞬間、弁護団を代表して上村進弁護士が立ち上がり、次のような発言を行って、判決宣告の期日変更と弁論の開始を申し立てた。

本事件は世紀の犯罪で国民にとって興亡の岐路に立たされたときに起こされた犯罪である。共同被告は無罪となり竹内だけが極刑に処せられている。かかる重大事件を一回の公判も開かず弁論も聞かずに書面審理だけで判決するのは不法である。竹内の自白以外に有罪の証拠は何もないのであるから、さらに慎重を期し判決を延期し、弁護人の弁論を聞いたうえ判決されたい。

刑事訴訟法四〇八条には「上告裁判所は、上告趣意書その他の書類によって、上告の申立の理由がないことが明らかであると認めるときは、弁論を経ないで、判決で上告を棄却することができる」と定められており、弁論を開かせることは棄却させるための大前提であった。

最高検察庁の安平公判部長検事は「上告以来長期にわたり書面を十分検討したうえでの判決であるから今日の宣告に異議はない」と期日の変更に反対した。それに対して、弁護団の青柳、神道、岡林弁護人が次々と立って、「弁論を開くべきである。裁判官の中には被告やわれわれが提出した書面を読んでいないものがいる。これでは正しい判決ができるはずがない」などと、弁論の開始を強く迫った。

田中裁判長は弁護人らの激しい要求に押され、一一時一〇分に「合議に入る」として退廷し、裁判官席のすぐ後ろにある合議室に入った。約一時間にわたった合議は、怒鳴りあう声が傍聴人席に聞こえるほどに激しいものであったという。

零時過ぎに裁判官たちが席に戻り、田中裁判長から、「職権をもって本日の判決宣告期日を変更する。期日は追って指定する」と告げ、直ちに閉廷した。弁護側の要請どおり判決の言渡しは延期されたものの、弁論を開くことが決まったわけではない。

それにしても、なぜ急に予定を変更して、判決期日を延期したのか。

最高裁判所の判決には裁判官は多数意見に反対の場合は「反対意見」などを明記できることになっているが、当日、用意されていた判決文は、後で分かることであるが多数意見と少数意見の比率が八対七であった。ところが三鷹事件対策協議会発行の『三鷹事件の問題点』によると、一二月二二日の判決を予定していた当日の裁判官の構成に変化があったとして、次のように説明している。

多数派は八名のうち霜山裁判官は二十九年(一九五四年)一〇月一四日に定年で退官し、その後任として池田克裁判官が任命されていて当日の裁判官席に座っていた。(中略)一二月二二日には、霜山裁判官の退官によって相互の力関係は七対七の同数となっており、合議の結果判決延期が決められたのは、新任の池田裁判官は少数派の意見に同調し、このため少数派が逆に多数派になったからである。

そうだとすれば、弁論を開かせることによって、原判決を破棄させる可能性が生じることになる。竹内の主任弁護人になっていた青柳盛雄は、判決が延期になった当日、次のような談話を発表した(朝日新聞一二月二二日夕刊)。

裁判所が期日を変更したことは竹内被告の死刑を強行しようとしたこれまでの裁判官内の多数派

が少数派となったことを示すものだ。このような反動派の力が弱まったことは竹内被告や松川事件の無罪を要求する国民の声が裁判所を動かしたものである。

きょうの決定は期日変更だけで、弁論を行うことはまだ決まっていないから弁護団は弁論を行わせるよう主張していく。

五――最高裁判決とその問題点

◉八対七の僅差で上告を棄却

一九五五（昭和三〇）年六月一五日、最高裁はついに弁護人側の主張を退け、口頭弁論を一回も開くことなく、六月二二日午前一〇時に判決を言渡すという通告をして来た。

青柳弁護人は、直ちに次のような談話を発表した（朝日新聞六月一六日夕刊）。

昨年末に判決が延期されたので当然弁論が開かれることになると思っていた。判決を強行することの通知を受けて全く驚いている。この半年間何をしていたのかといいたい。われわれは事実審理までやれとは主張していないが、死刑判決についてはせめて最後まで弁論を開くべきだと考えている。このようなことが前例となって松川事件など多くの疑問のある裁判が簡単に結末づけられることに強く反対する。

一九五五（昭和三〇）年六月二二日に言渡された最高裁判所の判決文は、『最高裁判所刑事裁判例集』八巻九号の最初に掲載されている。一、二審の判決がそれぞれ二〇〇頁前後であるのに、最高裁判所の判決文は僅か三〇頁ほどに過ぎない。しかもその内、二〇頁は「少数意見」や「意見」が占めている。その後に検察側・弁護側、それに竹内が提出した上告趣意書を一五〇頁程掲載しているが、「多数意見」がいかに簡略な一方的法律論で済ませているかが、それだけでも理解できる。

なお、当時、最高裁長官であった田中耕太郎は東大の国際法の教授であったが、強い反共意識の持ち主で、それが最高裁長官に任命される最大の理由であったとされる。アメリカの国立公文書館から取り寄せた資料によるとGHQ法務部が三鷹事件初公判を契機に、日本の裁判官の再教育と司法改革のために、「ガリオア（GARIOA）・プロジェクト」の一環として、裁判官や検事など司法関係者を米国に送り、アメリカの司法制度を研修させた。その際、田中も約二ヶ月間にわたって米国各地を回り、「共産主義者を相手に裁判を行った裁判官との会合」や「共産主義の台頭による国家防衛問題と基本的権利の保護に関する会合」などに参加したという（片島前掲書三二一頁以下）。

その田中の思想が三鷹事件だけでなく、松川事件や立川の米軍基地拡張に反対して起きた砂川事件、それに公安条例事件などの重要な判決に深刻な影響を与えたことは、歴史的事実といってよい。

◉八人の裁判官の多数意見

三鷹事件に対する最高裁判所の「多数意見」を前記の上告趣意書の内容にそって、要約して紹介すると以下のとおりである。

第一について、判決の証拠となった同被告人の検察官に対する自白は、強制拷問脅迫によってなされたものであって証拠となし得ないと主張するが、右供述が所論のごとく同被告人の不任意に出でたものであるとのことは、これを認めるに足る資料がないのみならず、第一審判決並びに原判決もまた所論のごとき不法な供述強要の事実は認められないことを判示している。また記録に徴すれば検察官に対する同被告人の自白は拘禁一七日以降になされたことは明らかだが、一七日の拘禁は不当に長きにわたる拘禁とはいえず、公判廷における自白をもって、不当に長い拘禁後の自白ということはできず、憲法三八条二項に違反するとはいえない。

第二の竹内の自白のみによって有罪を認定したとの主張に関しては、本件電車の発進が同被告人の作為に出たものであるという点につき、これを直接証拠立てるもののないことは所論のとおりであるが、自白の真実性を裏付けるに足る補強証拠が認められ、従って被告人が犯罪の実行者であると推測するに足る直接の補強証拠が欠けていても、その他の点について補強証拠が備わり、それと被告人の自白とを綜合して本件犯罪事実を認定するに足る以上、憲法三八条三項の違反があるということは出来ない。

第三については、控訴審において記録調査及び事実調べの結果第一審判決を破棄すべき理由ありと認め、しかもそれ以上審理をするまでもなく、判決をなすに熟していると認めた場合においても、なお事件を第一審に差し戻しまたは移送しなければならないとするときは、徒に無用な手続を重ねるに過ぎないものといわなければならない。されば控訴審における自判は、たとえその科刑が被告人に不利益に変更される場合であっても、自判をすることが必ずしも刑訴法の精神に反するということはできない。

第四の憲法七六条三項、同三七条違反については、判断が示されていない。

第五は、本件犯行の動機目的が国鉄職員の全国的ストライキの口火をきることにあった点を重視しているが、本件のごとき罪については、その犯行の動機目的は犯罪構成要件として示されていない事実に属するものであるから、その認定については証拠法上の厳格な制約を受けるものではない。

第六に関しては、原判決が「全国ストの口火とまでは行かなくとも、計画が成功すれば或は他の電車区にその影響を及ぼすことはあり得るところであった」と認めたことを、事実誤認と主張するに帰するものであり、また量刑非難の一理由を主張するものに外ならない。

第七については、公共企業体の国民経済と公共の福祉に対する重要性にかんがみ、その職員が争議行為禁止の制限を受けてもこれが憲法二八条に違反するものではない。

第八に関しては、原判決は同被告人に対する量刑を考慮するに当り、その情状の一として犯行の動機目的が法の禁ずる行為を敢行せしめんことを企画した不法なものであることを判示したものであって、同被告人が公共企業体労働関係法一七条による争議行為禁止の規定をもって違憲なりとする思想の所有者なるが故に、これを処罰し又は特に重く処罰したものではない。

第九について、一二六条三項にいう人とは、必ずしも同条一項二項の車中船中に現在した人に限定すべきにあらず、いやしくも汽車又は電車の転覆若しくは破壊に因って死に致された人を包含する法意と解するのが相当である。

第一〇に関しては、汽車電車の転覆又は破壊によって致死の結果を生じた場合には一二七条三項の例によって処断すべきものと定めたものと解する。文理上当然に、一二六条各項所定の結果の発生した場合には、すべて同項と同様処断すべきものであることを示しているからである。

第一一については、刑罰としての死刑は憲法上容認されたものであり、また憲法三六条が禁ずる残虐な刑罰に当たらないのみならず、犯罪から社会を防衛するために必要な場合は、適法な手続に従って、刑罰として個人の生命を奪うことも容認されるものである。

最高裁判所で竹内の死刑判決に賛成したのは、裁判長の田中耕太郎、霜山精一、井上登、斎藤悠輔、岩松三郎、河村又介、本村善太郎、入江俊郎の八名であった。

以上の最高裁判所の「多数意見」には基本的人権を守る裁判所の役割や、正義や公正を慮る精神は少しも感じられない。まさに〝法匪〟ないしは〝三百代言〟まがいの理屈が書かれていることに驚かれたであろう。こうした形式的な〝法律論〟を振り回す裁判官は現在でも多数存在する。「裁判官の国民審査」の際はもっと真剣にならないといけないと感じた読者も多いのではないか。

なお、上記第三の部分については、多数意見もそれだけでは言葉として少なすぎると感じたのであろうか。次の文章が付け加えられている。

ただ自判する場合、殊に刑を重く変更する場合のごときは、控訴審が直接審理を経ていないことを自省して慎重を期さなければならないわけであって、すなわち客観的に見て、自判の結果が差戻または移送後の第一審判決よりも被告人にとって不利益でないということが、確信される場合でなければならないことは勿論である。若しこの確信が相当と認められる場合ならば、自判により第一審の無期懲役を死刑に変更することもまた必ずしも違法とはいうことはできないのである。

これに対しては、四名の裁判官の少数意見がある。それだけの少数意見があるという事実が、本件は「客観的に見て、自判の結果が差戻または移送後の第一審判決よりも被告人にとって不利益でないということが、確信される場合」でないことを証明していることになる。したがって、無期懲役を死刑に変更した原判決を破棄し、原審に差し戻すべきであった。

さらに三鷹事件に対する最高裁判決が、憲法七六条三項（裁判官の独立）と同三七条（刑事被告人の公平な裁判所の裁判を受ける権利、すべての証人に対して審問する機会を十分に与えられる権利、及び公費で自己のために強制的手続により証人を求める権利）についての上告理由を全く無視し、真正面から論じなかったのは、まさに三鷹事件に対する裁判所の根本的な誤りがそこにあるからに他ならない。そのことについてこれ以上の説明は不要だと考えるが、如何であろうか。

憲法は、刑事手続保障として三一条から四〇条まで、憲法の中でも最も多い条文を当てている（憲法三一条の裁判を受ける権利、三三条の逮捕の要件、三三条の抑留・拘禁の要件、不法拘禁に対する保障、三五条の住所の不可侵、三六条の拷問及び残虐刑の禁止、三七条の刑事被告人の権利、三八条の自己に不利益な供述、自白の証拠能力、三九条の遡及処罰の禁止・一事不再理それに四〇条の刑事補償）。戦前に法曹資格を得て、裁判官になった最高裁判事の中には、そうした規定が置かれていることの意味やその重要性をよく理解していなかった者もあったのではないかという疑問すらある。そう考えさせるほど三鷹事件最高裁判決の多数意見はお粗末といわざるをえない。

◉七名の裁判官による厳しい反対意見

最高裁判決には、二つの論点について反対意見が付されている。

まず上記第三については、栗山、小谷、谷村、小林の四人の裁判官が「少数意見」を書いた。要約して紹介する。

栗山茂裁判官は次のような見解を示した。

憲法三一条の保障するところは、刑事被告人は公開の法廷で直接弁解する機会が与えられた公正な審理を経なければ、その生命若しくは自由を奪われ、刑罰を科せられないことにある。

かりに一年の懲役刑を科した原判決を破棄して一年六月に加重するにしても六月だけは控訴審で初めて新しい刑罰を科すわけである。

控訴裁判所だからといって訴訟経済のために被告人の弁解も聞かないで書面審理だけで新しい刑を科することが許されないのは、同じ理由で事実審裁判所が被告人の弁解も聞かないで書面審理だけで新しい刑を科することがゆるされないのと毫も異なるところがない。憲法三一条はかような専断的な裁判手続を禁止しているのである。

また、小谷勝重裁判官は「栗山裁判官と全く同一である」としつつ、次のことを付加するとしている。

かつて大法廷は、「生命は尊貴である。一人の生命は全地球よりも重い。死刑は、まさにあらゆる刑罰のうちで最も冷厳な刑罰であり、またまことにやむを得ざる究極の刑罰である。それは云うまでもなく、尊厳な人間存在の根元である生命そのものを永遠に奪い去るものだからである。」と判示するところである。

原審は人命の尊貴とその情理を軽視し、刑事裁判の本質にもとり刑訴四〇〇条但書の解釈を誤った違法な判決といわなければならない。

谷村唯一郎裁判官はどのように論じたか。

直ちに破棄自判してもその結果が被告人の基本的権利を害さない場合、例えば事実の認定に変わりがなくただ法令の適用を是正するために破棄自判する場合、或は刑の廃止または大赦があって原判決を破棄して免訴の言渡をする場合の如きは、一審に差戻したり、また自ら事実の取調べをしなければ自判ができないとすることは徒に無用の手続をくり返すことにすぎないから、そのような場合は直ちに破棄・自判をすることが訴訟経済であり、被告人に不利益を与えるものではないから刑訴法四〇〇条但書に適合する。

本件のような検察官の控訴により一審の無期懲役を死刑に変更するような場合においては、控訴審は控訴理由をありとして第一審に差し戻すか、自ら事実の取調べをした上でなければ自判することはできないと解すべきである。

小林俊三裁判官も次のような「少数意見」を展開している。

特に死刑についていえば、被告人の生命を断ちその自由を終局的に奪うもっとも厳しい刑罰であるから、他の刑相互の関係と比べるべきでもなく、無罪と有罪との関係と同じ又はそれ以上の価値を有するものと見るべきで、従って刑事の審判においては、きわめて深い考慮が払われなければならないのである。

次に刑事の審判は、いうまでもなく刑罰をその罪に応じて被告人に科する手続であるが、一般にその発展は、主として基本的人権の向上と相応じて丁寧慎重になって来たことがうかがわれ、この線に沿って確立した罪刑法定主義とともに、公開主義、直接口頭審理主義及び証拠裁判主義等の諸原則は、刑事裁判の不可欠の要素となったのであって、わが刑訴法もこれらの原則のいずれをも離れることを許されるものではない。

もし控訴審なるが故に少なくともなんら意見弁解をする機会も与えられず、無期懲役刑から死刑に変更することが是認されるとすれば、控訴審において被告人の防御権の基本的保障である前記諸原則が行われないで死刑に処せられる審判があることに帰し、その不当なることはいうをまたない。

ここまで読んでこられた読者は、最高裁判所の裁判官も良いことをいうではないかと感じているかもしれない。人を裁くためには、こうした深い配慮と人権感覚が本来は常に求められるのである。これから始まる裁判員制度でどれだけの裁判員が、とくに死刑を求刑されるような重大な事件で、このような見識と慎重さをもって裁判にあたるか、懸念されるところである。

次に、控訴理由のうち、上記第一〇の刑法一二五条以下の解釈と適用について、栗林、真野、島、藤田、谷村の五名の裁判官が同じ内容の「少数意見」を、以下のように展開している。

一二七条は一二五条の罪を犯し、よって汽車、電車、艦船の転覆、破壊等の結果を生ぜしめた場合、一二六条一、二項の例によって処断すべきことを規定したに止まり、さらに、これによって生じた致死の場合の結果的加重責任については、何ら規定するところのないものと解するを相当とする。

刑法各本条を通じて、結果犯を加重の刑をもって処罰すべきものとする場合は、必ずいかなる結果の発生を要件としていかなる刑に処するかを法文に明記されているのであって、これが規定の方法として他の処罰規定を準用する場合であっても、結果犯処罰の要件たるべき事項は、例外なく各条にこれを明記しているのである。このことは罪刑法定主義の原則の根本的要請に適うものであって、刑罰法規にかかる明記のない場合に不明確な規定を基礎として行為者の意識せざる行為の結果にまで、刑事責任を課せんとすることは罪刑法定主義の本義にもとるものと云わなければならない。

「罪刑法定主義」というのは、「いかなる行為が犯罪であるか、その犯罪に対していかなる刑罰が科せられるかをあらかじめ成文法によって定めることにより個人の権利・自由を保障しようとする原則」（新法律学辞典）をいう。原審が竹内に適用した法律は、まさに刑事裁判の根幹である「罪刑法定主義の原則の根本的要請」を無視し、「罪刑法定主義の本義」に違反しているというのが最高裁判所の五人の裁判官の「少数意見」である。

そうした厳しい法律論を展開した上で、「少数意見」は、次のように結論を示した。

本件について、原判決の判示するところをみるに被告人竹内景助は三鷹電車区車庫に入庫中の人の現在しない七両連結の電車を運転者なしで同駅一番線上を暴走させて電車の往来の危険を生ぜしめたというのであるが、その際の同被告人の犯意として原判決の確定するところは「軽率にも人の現在しない入庫中の電車を発進させ、運転者なしで、これを暴走させて電車区構内出口の一旦停止の標識がある地点で脱線させ、これにより電車の入、出庫を妨害しようと企てた」ものとするのであって、右暴走の結果として生じた電車の破壊および付近に居合わせた六名の致死については、当時被告人において、何らの認識もなく、これらの事故は「被告人の予想に反して」惹起したものであるとしているのである。すなわち、原判決の確定するところに従うかぎり本件六名の致死は、その本質は、被告人の過失致死以上に出でないものであることは明らかである。

かくのごとき案件に対し一二六条三項を適用すべきでないことは前叙のとおりであって、被告人に対しては一二七条一二六条一項による電車破壊罪と別に、過失致死罪（被告人に対し致死についての過失が認定せられるかぎり）の刑を以て処断すべきものと思料する。

この最高裁判所の少数意見を読んで、正木ひろし弁護士は溜飲を下げたと思われる。

◉検察側も竹内の冤罪を疑っていた?

反対派は論点では二派に分かれたが、栗山茂、真野毅、島保、藤田八郎、谷村唯一郎、小谷勝重、小林俊三の七名にのぼった。残念なことに、竹内景助は一五名のうち、わずか一人の違いで死刑判決確定したのである。

真野毅裁判官はよほど我慢がならなかったものと思われるが、多数意見が口頭弁論を開かず上告棄却したことは「暴挙」であると、判決翌日の朝日新聞の論壇に投稿した。

マスコミは、これをどう受け止めたか。死刑判決に対する危機意識は相変わらず薄弱であるが、三鷹事件が発生した直後や一審判決に対する報道と違い、この頃になるとだいぶ冷静になり問題点をよく理解するようになった。判決翌日の朝日新聞「天声人語」は次のように述べている。

顔ぶれとしては七人の裁判官が反対で、八対七のわずか一人の差で上告棄却となった。その原判決支持の八人のうち霜山、井上両裁判官はすでに退官し、後任の池田、垂水両裁判官は〝並び大名〟として法廷に列しているだけで、この判決に関与していない▼そういう意味からも、最高裁で口頭弁論を開いた方が納得いくのだが、去年の暮れの判決文を半年も金庫に蔵《しま》っておいて、そのまま言渡したのもおかしい。その判決も、法の適用や手続がちっとも「違法じゃない、違憲じゃない」というだけで、事件の実質には一歩半歩も立ち入らないのだから、食い足りない感じだ▼それをいうと新刑訴法の当否の問題になってくるが、あとは書面だけで紙上の裁きのみということでは、三審制度とはいえ実際には一審制にひとしいものである。

最高裁判所の七名の裁判官が、「少数意見」を力を込めて書いた根底には、控訴審の判断は余りにも安直であり、破棄差戻しをしていれば竹内が死刑になることもなく、また竹内の上申書など読んだ結果、新たな証拠調べをすることによって竹内の無実が明らかとなり、無罪判決になったかもしれないという思いがあったのではないかと考えられる。

それは竹内が支援してくれていた歴史学者の服部之総宛に出した一九五三（昭和二八）年五月九日付け手紙からも感じられる。上告直後の一九五二年四月に最高検察庁の松本武祐検事が小菅の東京拘置所に来て、「上告趣意書どおりなら無罪だ」と、次のように語ったと書いている。

なお、同じ内容を、竹内は後日、「再審理由補足書」（上）に、松本検事と竹内の受け答えの形で詳細に記述し、裁判所に提出している。

君の趣意書を読むと、益々君がやっていると思へなくて困った。……どうしてやったなんて言ったのかね？……上告趣意書のような事実を始めから主張していたら一審で無実になったのに……どうも困った事になった。法律的にはこのままでは原審通り決まってしまう恐れもあるし、だが世間中誰だって不思議に思って事実を疑うだろうね。……他の者が関係あるなら今の中に言いなさい、共犯ということになれば又何とか刑の方も減刑される理由ができるからね。（中略）

どうも法律を扱う仕事は辛いとつくづく考えることがあるよ。間違えば人殺しだからね事実上の。……無実の者が有罪を主張する例もときどきあるんで。僕も高松の検事正をしていたとき、死刑か無期かという事件で、そういうものが二件もあったからね、幸い無期で懲役に降りてぢきに真犯人が広島の方で捕まったからよかったけれどね。……誰も君が一人であの事件をやったとは思わないだろうが、真犯人が早く捕まるか、事故かハッキリするといいがね。……せめてこのままでも刑訴四百十一条にかかれば好いがね。原判決が著しく正義に反するときは破棄されるんだが、せめてそれに掛かれば好いがね……まあ希望を捨てずに最後まで頑張りなさい。

検事らしいいかにも無責任な言い方であるが、三鷹事件こそまさに司法犯罪というべき、冤罪事件であったことを権力側の関係者もある程度認識していたことが、このことからも理解できる。

六――三鷹事件最高裁判決後の新たな流れ

◉竹内の新たな決意と闘いの方向

竹内の妻である政は、最高裁の判決に対して記者団を前に、「きょうの判決は人権じゅうりんです。夫は無罪です。私はみなさんと一緒に最後まで闘います」（読売新聞六月二二日夕刊）と気丈に語ったというが、竹内本人は最高裁の判決を知ってどうしたか。

死刑判決の知らせが竹内の耳に入ったのは、その日の正午頃であった。その日、朝日新聞の記者が小菅の東京拘置所で竹内に会い、面談の内容を翌日、次のように伝えた。

問　判決をきいてどうか。
答　判事の裁定は間違いだ。私は絶対にやらん（激しい口調で）。
問　なぜこのような判決をうけたと思うか。
答　私の性格が強いからだ。弱虫ならこんなことにはならんかった。検事とあくまで闘い、事件を

問　自分一人で料理したからだ。
答　他の被告が無罪になったことをどう思う。
問　（あきらめたような声で）もう死刑がきまったのに今更騒いでもしょうがないですよ。
答　日共に対する考え方は。
問　個人的には色々あるが、日本の完全独立のために闘っている党のことは信頼している。
答

弁護団は一九五五（昭和三〇）年七月二日、最高裁判所大法廷に対して、上村進、青柳盛雄ら自由法曹団の弁護士ら二五名が代理人となって「最高裁の判決宣告を無効とし、原判決を破棄し事件を東京高裁に差戻せ」という判決訂正の申立てをした。「判決訂正の申立て」とは、刑訴法四一五条の規定に基き、判決内容に誤りがあると認められたときは判決宣告の一〇日以内に訂正の申立てをすることができるというもので、訂正判決か申立に対する棄却があるまで死刑の確定が延ばされる。

それに対して五ヶ月も経過した同じ年の一二月二四日、最高裁は「本件申立てを棄却する」という決定を下した。理由は「当裁判所は前記内容に誤りのあることを発見しないので主文のとおり決定する」という簡単なものであった。それにも真野裁判官は異例の少数意見を付している。

これによって竹内の死刑は確定し、法務大臣の命令によっていつでも執行される事態に立ち至った。あまりにも残酷なクリスマスプレゼントであった。

竹内は、それより前、一〇月一五日に妻に対し、次のような手紙を出していた（『春を待ついのち』の「愛する妻と子への手紙」の一節）。

昨今、体も衰弱し、気分もすぐれず、閉口している。外からの便りも、三日か四日に一度だからね。

不当不遇な目にあったが、この悲運を、自分だけが負わされていることの意味を考えると、つくづくいやになる。共産党員でない私が、共産党員のほころびを繕うているのだからね。そして有形無形な一切の、無関係の罪を背負わされた、裁判は結局強い者勝ちか。

とにかく、無罪勝利まであくまで頑張ろう。家庭の破壊、子供の不幸、自分がいれば家も建てたのに、と考えると、実に大きな被害だ。消防庁外事課の採用だって実に惜しい。（中略）死刑に当らぬのに死んではならないと思う、生きてなくてはならない。今の気持、本当の人間の気持ちになっていたら、まさか、検事調書のような自己犠牲と利他一心のウソ調書など造られなかったのだ。正義の為に、などという中学生地味た純な観念に捉われていたばかりに……。

追いつめられた心境と苦しみの中で、なおも「死んではならない」という竹内の思いはどうなったのか、次にみることとする。

ところで、三鷹事件の最高裁判決が後世に残した大きな成果がある。それは控訴審で無期懲役を死刑に変更する場合はもとより原審より重い刑に変更する場合には、必ず原審に差し戻すか、自判をする場合には弁論を開き証拠調べするようになったこと、さらに最高裁判所で上告を棄却して死刑を確定させる場合でも必ず弁論を開くように運用が変ったことである。

三鷹事件判決での「少数意見」が実務の上で取り入れられたのである。「多数意見」が間違っていたことを事実が示したことになる。竹内が弁護団とともに命を懸けて切り開いた人権擁護の闘いの大きな成果として、歴史的にもっと評価されていいのではないだろうか。

第八章
確定判決の不合理性と再審に向けた闘い

一　東京高裁への再審申立て

一九五六（昭和三一）年二月三日、竹内は東京高等裁判所に対して、再審を申し立てた。死刑判決が確定してから約二ヶ月後であった。その間に作成された竹内の「三鷹事件再審申立書」は、「一、無罪事実」「二、原判決の誤認」「三、原判決は憲法違反である」の三部から構成されている。「一、無罪事実」の冒頭で、竹内は次のように主張している。

私は昭和二十四年七月十四日、当時の国鉄第二次行政整理で馘首されたが、その馘首は理由を告げられなくても七月四日の第一次整理から見て、労働組合の活動的な者を第一の対象としている政治的な一種のパージであることが解っていたから、少しも個人的に狼狽したり憤懣は持っていなかった。

また政治的な整理ゆえ、米占領軍の政策から出たのでは、発令されたからには馘首反対闘争で撤回できるものでないことも充分承知していたから、原判決が認定するような「ストライキに立上がらせて馘首撤回しようと考え」たなどという子供地味た浮き上がった考えも当然持っていなかった。

竹内は、続けて次のように、自分の自負心と信念を書いている。

私は国鉄労働組合の組織労働者です。行政整理で馘首されたからといって急に悲観したり物をこわしたりするような反組合運動的なことを考えるものではない。電車事故などは最も反労組的、反闘争的な事柄である。そんな事を私がどうしてやりませうか。人は或いは個人的憤懣でやったと考えるかもしれない。原判決は検事が考え出して強制したそういうウソをそのまま認定している。(中略)現代の労働組合運動はそんな幼稚な単純なものではないし、私は断じてそのような破壊的性格を持つものでもない。第一、そんな行動に出る動機もない。馘首という事を楽な気持ちで受取っていた私は、生活の前途に充分自信と希望を持っていました。

「二、原判決の誤認」において、竹内は第一に事故発生当時、職員が利用する電車区内にある風呂にいた事実をあげ、第二に「原判決が認定するところの犯行の動機、目的というのは取調官平山検事、田中検事、神崎検事が押しつけたことで、全く夢想だにしない事実無根である」と主張した。

さらに竹内は「原判決の認定は、ウソを押しつけ脅迫して供述させた記録を、表面的に措信してしまって科学的調査を何一つやらず、また科学的判断を怠ったための誤認である」と主張した。そして、電車を発進させるために使ったとされる紐や針金などの問題点や、現場近くで目撃したとする証人について具体的に批判した。そして自分の主張を証明してくれる多数の証人の名前を挙げている。

竹内は、「上告理由補充書」(上)(下)でも詳細にその問題点を指摘し、その主張を裏付ける証人の上申書などを添えている。

最後の「三、原判決は憲法違反である」において竹内は、「たとえ上告審であろうと、真実究明、証明のために、新たに、初めて証拠調べを申出て願っているのに、形式を墨守して却下されたこと」は憲法三七条二項に違反し、さらに死刑判決は憲法三六条に反すると主張した。

◉再審請求を巡って

再審請求事件を審理する東京高裁は第一刑事部に係属し、最初は大塚今比古裁判長が担当した。二月一三日に青柳盛雄、小沢茂ら三人の弁護士と元三鷹事件の被告だった清水豊が大塚に対し、「裁判の重大性にかんがみ弁護団としても資料、証拠などを十分にそろえて万全を期したいので書類提出までに相当時間のかかることを了承されたい。この際、本人並びに弁護団の言い分は余すところなく聴いてもらいたい」旨、申し入れた。

それに対して、大塚裁判長は「私は三鷹事件についてはほとんど知らず全然白紙である。厖大な記録を目を通すだけでも大変なことだと考えている。私心なしに十分検討したいと考える。竹内本人から多数の証人があげられているが、立証事項その他について疎明書類を作って欲しい。時間のかかることはわかるが、余り遅れては困るのでよろしく努力してもらいたい」などと述べたという（五六年二月一五日付アカハタ）。

これが事実だとすると、再審請求に対して裁判所はかなり積極的に取り組もうとする姿勢であったということが分かる。その背景には、最高裁の判決に対する厳しい批判が社会的に広がりつつ事実があったものと思われる。

最高裁で八対七の僅差で竹内に死刑判決が言い渡されたことから、怒りが全国で燃え広がり、翌月の一九五五（昭和三〇）年七月から竹内の助命嘆願運動が始まった。その発起人には、国民的な人気のあった徳川無声や女優の山田五十鈴、それに政治家の浅沼稲次郎、片山哲、黒田寿雄、野坂参三、さらに作家の阿部知二、井伏鱒二、亀井勝一郎など各界から八〇名と、総評をはじめとする多数の全国単産労働組合が名を連ねた。

同年九月一二日には、総評、各単産、民主団体、文化人など広範な参加を得て、「三鷹事件対策委員会」が、発起人二〇〇名の賛同を得て設立され、その時点での署名は一八万を突破していた。翌五六年に竹内が再審を申し立てると、署名は再審の実現と助命嘆願の二本立てとなったが、支援の輪はさらに広がり、一二月に入ると、当時著名であった岩井章、上村環、亀井勝一郎、壺井栄、徳川無声、平林たい子の六名が発起人となり、主として有名人を対象とした署名運動も開始された。

文化人対象の署名活動に対して、自民党の鳩山一郎、河野一郎、大野伴睦らをはじめとする各党の国会議員八〇名と、十河信二ら歴代の国鉄総裁、元東大総長の南原繁、作家の谷崎潤一郎、石川達三、さらには最高裁判決で死刑維持に反対した真野毅、栗山茂両元判事、それに第一審で竹内に無期懲役を言渡した鈴木忠五元裁判長、三鷹事件の発生当時に東京地方検察庁八王子支部長であった大月和夫も署名している。当時の新聞はこうした動きを大々的に報じているが、このような広がりを見ると、竹内の死刑判決に納得できない人たちが数多く存在していたことが分かる。

◉「おいしいものから食べなさい」の反響

逆に、運動に大きな影響を与えたのが、竹内が「おいしいものから食べなさい」という題名で『文藝春秋』一九五七（昭和三二）年二月号に執筆した手記であった。文章は次のような書き出しで始まっている。

――おいしいものから食べなさい。冒頭から、まことにおかしなことを書きはじめたが、正月の料理だの、婚礼祝いの御馳走だの、要するに、日常茶飯の間において、人は御馳走が出たら、一番うまいものから順に食べて、まずいものはなるべく後に残しておくがいい、という至極当たり前のことなのである。ところが、こんな当然過ぎることを、私は齢三十過ぎになって、しかも死刑囚という汚名に呻吟する身になって、初めて理解したのだ。

奇妙な書き出しであるが、一般の読者に興味を持って読んでもらうために、自分の小さいときからの性癖を紹介し、死刑囚となった原因がそこにあるということを印象づけるねらいがあった。手記には検事の拷問的な取調べについても厳しく糾弾していたが、支援運動などに携わっているものにとって一番衝撃的であったのは、単独犯行であるといい続けることが他の共産党員の被告を救うためにも、また竹内自身のためでもあると弁護人から説得されたことが詳細に書かれ、さらに共産党を批判した部分であった。

その内容については、すでに引用して紹介したので省略するが、上告が退けられた後には、「竹内君、余り心配しなさんな。すぐには殺されないだろうからね…」と弁護人から言われ、「この一点非のうちどころのなき冷酷、非情な一言を聞いて、私ははじめて彼の陰謀に踊らされてきた自分の愚かさを悟ったのである」という思いを書き綴っている。そしておそらく編集部で付けたと思われる「共産党員の背徳」の項では、「想えば彼等に信頼、友情、人間愛などを期待した私は本当に馬鹿者であった。私は彼等を責めるより先に、自分の間抜けさを責めなければならないかも知れない」と記している。それが「おいしいものから食べなさい」という表題をつけた真意だというのだ。

二——再審開始を前に非業の獄死

◉運動の混乱を乗り越えて

竹内の手記をめぐって、面会にきた党員などと激しく言い合ったりしたことは第四章の冒頭において、加賀乙彦の記録で紹介した。

竹内は、「助命嘆願」という運動にも、最初から反対であった。自分は無実であり、再審裁判で無罪を勝ち取ろうとしているのに、罪を認めるような「恩赦」を申し立てるのは矛盾していると、当初は頑強に拒否した。筋を通そうとする竹内の気持ちからすれば当然であったが、当時、国民救援会東京都本部の事務局長であった飯沼勝男らは、死刑を執行されては取り返しがつかないと考え、万一のことを慮って必死に竹内を説得した。それに応じて竹内は、五八年一月八日、恩赦法による助命、減刑を中央更正保護審査会に出願した。

しかし、審査会は再審が申し立てられていることを理由に、同年七月、竹内の審査を中止すると発表し、救援活動をさらに強化する必要に迫られた。竹内の手記をめぐってさまざまな感想や意見が飛び交うなか、同年九月二〇日に、総評会館で「三鷹事件対策懇談会」が開かれ、次のような基本的見解が示された（飯沼勝男作成「三鷹事件の国民救援会活動年表」）。

——竹内について、いろいろな批判があり、弱さがあるが、戦後労働運動の最初の死刑確定者であり、死刑にした事実的根拠は矛盾に満ちている。その上、八対七の一票差死刑判決は、広汎な国民の非難を浴び、人権擁護運動史上前例を見ないと言われるほどの支持を得たのは、これは単に竹内一人の問題ではなく、国民の人権にとってのゆゆしい問題だからである。従って我々は、獄中にいる竹内の立場を理解するとともに、あれこれの小さな事柄に惑わされることなく、人権と民主主義のゆゆしい問題として、この運動を続ける。

時代は、翌一九五九（昭和三四）年三月二八日、安保改定阻止国民会議が結成され、八月五日には「松川事件無罪判決要求集中大行進」が東京に向かって全国各地から出発し、無罪となった三鷹事件の元被告たちも松川裁判闘争の勝利に全力をあげていた。八月一〇日、最高裁は仙台高裁の四名の死刑判決を含む一七名の有罪判決を維持するために田中耕太郎裁判長ら五名の裁判官は上告棄却を主張したが、七名の裁判官が原判決の破棄を主張し、仙台高裁への差し戻しを決定した。事件発生から一〇年の歳月を要したものの、全員無罪に向け確実な前進をとげつつあった。

三鷹事件と同じ年に起こった松川事件は、一九六一（昭和三六）年八月八日、仙台高裁での差戻審で被告全員の無罪判決が下され、最終的に一九六三（昭和三八）年に検察側の再上告が棄却され全員無罪が確定した。竹内は獄中でこれをどういう思いで聞いたであろうか。

◉再審開始に向けて大きく動き出す

一九六二（昭和三七）年一〇月一四日の救援会東京都本部の総会で、「判決後七年になる三鷹事件を中心に、今の状況は再審却下と同時にすぐに刑を執行しないとも限らないと考え、無実の人を一人も死刑にさせないよう活動しよう」との方針を決定した。そして一二月二七日には、新たに「三鷹事件対策協議会」を結成し、新年早々から全国的に百万人署名運動を進めることが確認された（前記の飯沼「年表」)。「三鷹事件対策協議会」の会則は第一条(目的)を次のように定めている。

三鷹事件対策協議会は民主主義と人権を守り、正義をつらぬく立場から、無実の竹内景助を救うために、減刑、助命と再審の運動を進め、再びこのような弾圧事件が起こされないようにすることを目的とする。

「無実の竹内」と明確に位置づけ、事業として、「事件の真相を広く地域、職場に宣伝し、現地調査研究会、後援会等を催し、国民運動に発展させる」ことや、「獄中の竹内氏や家族を励まし、救うため面会文通その他を行う」としている。

竹内本人は、一九五六(昭和三一)年六月二九日付と一九六三(昭和三八)年八月五日付で、「三鷹事件再審理由補充書」(上)(下)を手書きで作成し、裁判所に提出した。合わせて六〇万字近くに上るが、無実であることを、よくぞここまで書いたと感心させられるほど詳細かつ厖大に書き込まれた書面であるが、弁護団でもようやく公判記録の整理を行い、これを基に八月一七日から一九日にかけて合宿を行った。

竹内は、さらに一九六四(昭和三九)年一二月三日付「上申書」を裁判所に提出した。そこには「三鷹事件発生前後の頃の、私の無罪行動及び状況証明を裏付ける証人だけでも左の如くになります」として一五項目にわたって、七三名に上る証人の名前をあげている。その中には、「七月一五日夜、電車事故発生前から、電車区の風呂場にいたこと」として青木久義や丸山広弥などを、また「たやすく、物事の曖昧な責めを負い、嫌疑を釈明しようとしない竹内の愚図な性格について」として、小学校時代の二人の教師などの名前をあげている。

竹内は証人申請の第一五項目に「強制訊問して、起訴後に（即ち二三日以降）更に自供調書を作成した事実と、弁護人の面会に就いて干渉し説明を竹内に求めた回数等について、当時の取調官、平山検事、神崎検事を証人申請します。また、当時、竹内が拘禁されていた府中刑務所の担当看守、看守長等の証人申請もその通りです。それによって（今野弁護士が、みんなで無罪を主張したらダメだ、竹内一人と言ってゆけ、とすすめた考えを示す弁護人の手紙も事実ゆえ、含めて下さい）。当時の強制訊問の時間のいかに長かったかということと、竹内が置かれた立場も調べ確かめてほしいです」など、懸命に訴えている。

さらに、翌一九六五（昭和四〇）年一一月二日には、「樋口勝裁判長と裁判官各位」宛てに「上申書」を提出したが、その最後に次のように記した。

絶対に無実であります。私は、電車事故に関係していません。綿密なるお調べの上、再審開始の決定をお願いします。せめて、予備的審理、と云うか、下調べ的な証人調べ、検証等を開始決定下さることを期待します。検証にしても、せめて一度は、私も連れて行って見せてほしいものであります。お願い申し上げます。

樋口裁判長は東京高裁が竹内の再審申立てを受け付けてから四人目の裁判長であった。竹内は翌一九六六（昭和四一）年三月二三日にも上申書を提出しているが、その必死の訴えがようやく通じたのか、樋口裁判長は同年七月一五日、事件発生から実に一七年目の当日、弁護団と一緒に竹内の妻にも面会し、三鷹事件再審の予備審査を開始することを告げた。

八月一六日にこれを大きく報じた読売新聞は、裁判長が「先月十五日には竹内の妻まささん（五〇）

にも面会するなど積極的な態度をとり、七月から再審請求以来一〇年ぶりではじめて記録の検討に入った。裁判記録は五八冊、高さで約二メートルにも達する膨大なものだけに、担当の三裁判官はこの夏休みを返上、それぞれ記録を自宅に運んで目を通すことにした」ことを伝え、樋口裁判長の次のような談話を掲載した。

問題の多い事件だからといって、いつまでも放置しておくべきではない。そのため、夏休みをつぶしても検討を始めたわけだ。法律的にも問題がある事件だが、裁判所としては事実問題についてだけ調べるもので、竹内被告の無罪を立証する〝新証拠〟があるかどうかが、再審開始の決め手になる。

そして、一〇月一八日に救援会東京都本部が東京高裁に要請行動を行った際、「記録調べは終わったので、弁護・検察双方の意見を聞き、さらに竹内景助に会ってその主張を聞いて結論を出したい」と言明した。

これを阻止しようとしたのが東京高検の鈴木久学検事であった。鈴木は福島地検郡山支部長時代に松川事件裁判で被告人のアリバイを立証する上で決定的に重要な「諏訪メモ」を長い間隠し持っていたことで知られる。鈴木は樋口裁判長に準備のために「二ヶ月の猶予が欲しい」と引き延ばしを図り、抵抗した。それが、結局は竹内から再審の機会を奪い、そして命をも奪い去ることになる。

◉〝命令なき死刑執行〟

逮捕されてから一七年間堪えて、ようやく曙光が見えはじめた矢先、竹内景助が再審開始の決定を聞くことなく死亡したのは、翌一九六七（昭和四二）年一月一八日午前八時一〇分のことであった。享年四五歳、死因は脳腫瘍とされている。

東京拘置所が作成した竹内の「獄中診療記録」によれば、前年の一〇月二一日には「最近注意の集中が悪くなり、人と話をしていても夢の中の様な事が頭に浮かんで来る事がある。本で読んだ事や色々の事が夢か現実かわからない様にゴチャゴチャにわからなくなる」という竹内の訴えの後に、「特に問題はない」ということが記載されている。竹内が頭の変調を訴えたにもかかわらず、それを無視したのである。その後も記憶力の低下や、後頭部の激痛、嘔吐などを訴え、一二月一六日には、「頭痛を手術してもよいから何とか治してください」と言ったことも記録されている。

面会者から竹内の異変を知らされた竹内の妻政は、急遽、年末の一二月二九日、次女を連れて東京拘置所を訪れた。その時の様子を、「死にきれなかった夫」という表題で手記を遺している（「新評」六七年四月号）。そこには「長女と私の区別さえつかなくなってしまったのでしょうか。激痛をこらえながら、濁った頭で、それでも夫は『くやしいョ！！』といいました。四日に、また面会にきて欲しいともいいました。たとえ、濁った頭でも、口の利ける夫とのこれが最後になってしまいました。」と記載されている。

救援会の飯沼や森山、それに再審弁護団の鶴見祐策弁護士らが専門医と相談し、早急に適切な診断と治療をするよう求めたが、東京拘置所は「拘禁反応」だ「詐病」だと決めつけて、病舎に移すこともなく独居房に放置した。竹内の無実を信じて支援運動をしていたものは、拘置所のひどい対応を知り、竹内の死を〝命令のない死刑執行〟だとして、怒りをあらわにした。

竹内の死後、遺族が起こした国家賠償請求訴訟によって、手術など適切な診療を怠ったために病状を悪化させ死亡を招いたことが、明らかになった。竹内が容態の異変を訴えて以降、竹内の様子や竹内から聞いたことを、当時救援会の東京都本部事務局長であった飯沼が克明なメモをとり、「三鷹事件・竹内景助氏の獄死に至る闘争経過」に纏めたことが、国家賠償を勝ち取る大きな力になった。その記録を読むと、拘置所というところが、いかに非人間的で非情なところであるかがよく分かる。

一月一八日、竹内景助の遺体は、当時、東京新橋にあった「平和と労働会館」に運ばれ、同日夜と翌一九日夜、多数の人々が参加して通夜が営まれた。妻政は遺体にしがみついて号泣し、「死刑というレッテルを張られたままあの世に逝くのは悔しい」と、夫の無念を訴え、参列したものの涙をさそった。竹内の棺は組合の旗で包まれ、国鉄の制帽と点検ハンマーがその上に置かれた。

三月一日には、青山葬儀所で、「三鷹事件犠牲者・故竹内景助氏合同祭」が執り行われ、中央合唱団による「偉大な君よ眠れ」の斉唱のあと、「裁判と救援運動について」「病状の経過と解剖所見について」などの報告があり、続いて円覚寺管長朝比奈宗源老師の読経が流れる中、弔辞が紹介された。三鷹事件当時、国鉄労働組合副委員長で特別弁護人でもあった鈴木市蔵は、次のような弔文を読み上げた（鈴木市蔵『下山事件前後』）。

獄死した君にささげる。君を捕らえたものを忘れず、かならず君の無実を晴らすために今後も力をつくすことを誓う。
我々は君にわびる。われわれの力が弱く、君を救出することができず、死にいたらしめたことを。
労働者階級の団結と統一の旗のもとに力を合わせて、平和と解放の事業に邁進し、君の霊にむくいることを誓う。

東京高等裁判所第一刑事部は、六月七日、「この再審請求事件の手続きは、昭和四二年一月一八日再審請求人竹内景助の死亡により終了した」とする決定を下した。決定の最後は次の文章が添えられている。

しかし、本件は、事実上、これで終止符が打たれたものではない。今後他の請求権者の同一理由による新たな再審の請求を妨げるものでないことはもちろん、そのような請求があった場合に、死亡した再審請求人竹内および同人の弁護人らの作成提出した幾多の書類は、当然、裁判所のする取調べのための資料となることはいうまでもない。

ところが、竹内が死亡した後、妻の政や子供達も加わり三鷹事件についての運動は継続したが、なぜか死後再審の請求手続きは取られることなく、一九八四（昭和五九）年に政も亡くなってしまった。

◉遺族が起こした国賠訴訟で

竹内の妻と子供五人は、竹内の脳腫瘍を放置し死に至らせたことは拘置所の責任だとして、国を相手に損害賠償請求裁判を起こし、次のように訴えた。

亡景助は、昭和三十一年二月三鷹事件について東京高等裁判所に再審の請求をしたが、昭和四十一年十月には同裁判所から証人の住所を求められるところまで審理が進み、年来の主張が認められて無罪の判決が得られる可能性もあったのである。亡景助は、再審に望みを託して生きてきたといってよい獄中の日々であったが、その実現を間近に控えて非業の死を遂げたのである。日夜激痛と精神の錯乱にさいなまれ続けた亡景助の苦しみは想像を絶するものがあり、このような死は亡景助にとって悔いを千載に残す結果となった。

仮に、右再審請求事件が予期のとおり進展しない場合であっても、中央更生保護審査会には八〇万人もの人達が亡景助の減刑を嘆願していたのであり、また、恩赦による可能性も非常に大きかった。

以上のような時期に亡景助は前述の死を迎えたのであって、悲運ということであきらめ切れるものではない。


これに対して、東京地方裁判所の杉山克彦裁判長は次のように認定して、遺族に損害賠償を認めた。

遅くとも一二月二七日には、うっ血性乳頭の所見により亡景助の病状が容易に頭蓋内圧亢進症状と判断され得たのであるから、かかる事態に立ち至ったときには、先ず脳腫瘍などの疑いを抱き、早急に、これを否定しうるか否かの確定判断を尽くすべきであったものといわなければならない。このような手段を尽くさずに、漫然、拘禁反応との診断を維持したことに診断上の過誤があったことは明らかである。


国家賠償請求訴訟は国側が控訴せず確定した。

三鷹事件発生から二五周年に三鷹事件対策協議会が発行した「三鷹事件ニュース33号」には竹内の妻政が「たとえそれが困難な闘いであっても、再審をかちとり、夫が背負ったまま逝った、あの肩書きを取り除きたい。それがまた、いまの私に課せられた大事な任務なのかも知れない」と書いている。

国家賠償訴訟に勝訴したとはいえ、遺されたものの悲しみと苦しみは想像に余りある。無実を晴らそうと懸命になって頑張り続けた竹内の無念さを思うと、このまま三鷹事件を闇に葬り去ることはできない。

三鷹事件一八周年に八王子の富士見台霊園に建てられた墓碑には、「無實・竹内景助墓」と刻まれているが、葬儀での誓いはいまだ果たされていない。無実であることが公的に認められない以上、竹内景助もそして妻政も、今なお浮かばれない思いがしているに違いない。

三――確定判決の不合理性と新たな証拠の存在

以下、竹内が再審で主張・立証しようとしていたことを中心に、改めて確定判決の不合理性と新たな証拠に焦点をあて、竹内が無実であることを明らかにする。

1――犯行動機の不存在

◉馘首されて憤慨することも、ストに繋がる情勢もなかった

竹内景助に死刑をもたらした確定判決は、当時の状況に合わせ、竹内が「みなが立つならおれ一人でもストの状態を起こしてやる」などと発言したことなどを捉えて、三鷹事件を起こす動機があるとした。

しかしながら、竹内の供述調書以外、三鷹事件が発生した当日の一五日に、判決が指摘するような

ことを発言したという証拠はなく、また当時「ストライキに立ち上がらせ」るような状況にはなかった。竹内はこのことに関し、「三鷹事件　竹内景助の弁明」の中で、次のように書いている。

当時の三鷹電車区労働組合内にストをやろうなんて空気は全然なかったという事は、全ての証人が立証しております。ストは五人や十人で計画し実行しようとしても出来るものではない事は、之亦私の常識であります。ストライキは気分や宣伝や決議だけで為される程簡単なものでないという事は、六・九ストで三鷹電車区労働者みんなの体験でありました。一地区どころか、一電車区に於いてさえ誰もストライキなど考えていないとき、どうして一人でストの口火を切るなど、甚だしい妄想を抱くでありませうか。第一、電車事故などは最も反スト的な事柄である事は労働運動の常識であります。

裁判官達は、そうした常識すら持ち合わせていなかったか、あるいは三鷹事件を竹内の犯行とするために、証拠を無視して、上記のような動機を仕立てたものと言わざるをえない。

◉新たな証拠と証人の申請

「今日あたり立てば全国一斉に立てる」、「今日あたり何とかしなければならない」と言ったとする証拠が存在しないことは前述した。竹内はさらに自分が無実であることを立証するために、再審を申し立てた後、昭和三一年一一月一二日付で、表題は「口述書」「上申書」「聴取書」「供述書」などさまざまであるが、いずれも住所・氏名・押印のある一五名が作成した新たな証拠を、東京高裁第一刑事部宛に提出した。

竹内は、「再審理由補足書」（上）においてもその内容を全て明らかにしているが、その内の一人、佐々木辰雄の「口述書」を引用する。

私は昭和二十四年七月当時国鉄三鷹電車区の仕業検査掛をしておりました。現在も引き続いて検査掛として仕事をやっています。

三鷹事件の被告である竹内景助は第二次行政整理（昭和二十四年七月十四日）の際馘首されましたが、それまで私と同じ仕業検査掛でしたので仕事は同じでした。又、音楽の趣味でも付き合っていましたのでよく知っています。

昭和二十四年六月九日頃いわゆる国電ストが起こり三鷹電車区労働組合もこれに参加しましたが、その翌日ＧＨＱの労働課長の命令があったので、私達組合員は即時中止致しました。このような情勢の中で同年七月四日に始まる第一次、十四日の第二次整理の時の職場の空気は「もう一度ストをやるぞ」と云うような緊迫した状況ではありませんでした。

又そのような声は聞かれず、当時の組合の闘争方針は荒廃した国鉄の現状を皆に訴えるかずかずの宣伝と国鉄復興のために、馘首反対の世論を作ってゆくという地味な運動でした。そうゆう中で竹内君は第二次の行政整理にあい馘首の通告を受けたのですが、その時、私には彼が憤慨しているようには思われませんでした。

なお、六月の国電スト以来、私達の職場の中で断片的にも「モーターに水をかけろ」とか「油に砂を入れろ」「一旦停止で脱線させろ」とか或いは「電車をグランドへ突き落とせ」等の過激な言葉はありませんでした。又それに似たような言動を私は竹内君からも又他の職場の人達からも聞いたことはありません。

佐々木の「口述書」はさらに竹内は組合運動にあまり熱心でなく、労働組合のことより食糧不足のために買い出しなど生活に追われていたことなどを具体的に記述している。同じような「口述書」が職場の同僚だった者などによって一五通も作成され、新たに裁判所に提出されているのである。

◉動機に関するその他の事実

竹内は、一九四九（昭和二四）年七月一四日に国鉄を馘首を通告された際、区長に対し、退職金の額が他のものと較べて少ないのは間違いではないかと指摘し、その場では通告表の受託を拒否したが、翌日、解雇の通告書と一緒に増額された退職金を受け取った。竹内は就職活動として実際に七月一七日、一八日と三鷹職業安定所と立川職業安定所に行き、日比谷公園の中にあった消防庁外事課の採用試験に応募し、合格している。その採用通知も存在した。

竹内自身その辺りのことを「再審理由補足書」（上）では次のように書いている。

私は軍隊で患った胸膜炎も段々よくなり、戦災で無一物にされた打撃からも気分的に抜けて心身共に生活の自信があったので、よそのどんな就職試験に出てもパスする自信があったから通告されても狼狽《うろたえ》はしなかった。事実、通告受領後は、直ぐに立川市の職業安定所に行き、その紹介で千代田区日比谷公園内に在る消防庁外事課の採用試験を受け、学科、身体、口頭と三回通って七十五人受験中十四人合格し、私はその三番で合格して戸籍謄本など準備中であった。その採用通知状もあるが、それも国鉄に十一年余り勤めていた給料の倍に近い待遇を約束されていた（因みに国鉄で私は扶養家族六名を抱えて全収入月額八千二百円ばかりであった)。だから私は馘首されても、何らくよくよする原因がなく、却って前途洋々自分の実力が出せる仕事をやろうと希望に燃えていたほどです。

竹内は国鉄を馘首された後、生活のためにアイスキャンデーや納豆を売ることを思いつき、実際にそれを行っていたことは前にも述べたとおりである。竹内と同じ職場で働き、その後も国鉄で勤め続けた田口義一や荻島美信らは「口述書」で、竹内が「首切り后はナットウ売りやキャンデー売りをしておりまして、よく仕業詰所にも売りに来ましたので皆はよく買いました」などと書いている。判決が認定した三鷹事件についての竹内の犯行動機とは全く異なる状況にあったことは明らかである。

2——犯行直前の行動の不合理性

◉電車のホースを切断することの非現実性

一審判決は、竹内の自供調書に基づいて、「罪となる事実」の中で次のように認定した。

初め自宅を出るときは入庫中の電車の貫通制動管ホースを切断して入庫中の電車を動かすことができないようにしようと考え、ナイフを所持して車庫の七、八番線付近までできたが、余りにも多くの電車が入庫していたため、電車の貫通制動管ホースをことごとく切断することは容易でないことに気付き、この方法を思い止まることにし(以下略)

この認定については、最初に裁判官の理解の幼稚さと認識不足を指摘せざるをえない。そもそも「電車の貫通制動管ホース」とはどのようなものであるか。ブレーキを締め付ける高圧の空気を通すための厚く太い管である。ナイフで切断することはとても出来るものではない。また、逆にこれに工作するのであれば切断する必要はなく、空気が抜けるように一ヶ所に穴を開ければ済むのである。

竹内は、「再審理由補足書」(上)で、そのことについて次のように書いている。

私が本件に若しも関係しているならば、沢山の車両の制動管ホースを悉く切るのは容易でないなど考えるわけがありません。なぜなら、電車の貫通制動管は、たとえ十輛編成であっても、その中間のどこか一カ所かに漏気が生じると運転できないのですから、若しも本当にその気ならば「そのことごとく切断することは容易でないと思」うわけがないのです。

また、一審で引用された供述調書には、「これを切ったとしても、ストが終わって平常運転に戻ったときにゴム不足で困ることになると思いました」と述べたと書かれている。しかし、「ゴム不足」にはつながらないことから、竹内本人がそうしたことを考えること自体、非現実的ということになる。

さらに、判決には「ナイフを所持し」とあるが、ナイフは証拠として調べられておらず、どのような形状、切れ具合のナイフか全く明らかにされていない。竹内が事実無根のことを言っているから当然であるが、昭和二四年八月二二日供述調書には「鉛筆削り用のナイフ」と書かれ、神崎検事宛の同一〇月一四日付上申書には「鉛筆削りの為の小さな海軍ナイフ」となっている。検事はそれ以上、そのどちらかとも、犯行後それをどうしたということも追及せず、曖昧なままに放置している。そのようなもので「電車の貫通制動管ホース」が切断できないことが分かったことから、それ以上追及しなかったとしか考えられない。

検察官の主張を真に受けて、証拠を検討することもなく判決文にそのまま記載する裁判官のいいかげんさが、これ一つを見てもよく分かる。

しかも、竹内の職場は電車が入庫する三鷹電車区の構内であり、そこに毎日のように出勤し、自宅もその目と鼻の先にある。電車の入出庫の数は毎日ほとんど変わらず、同じ時間帯に大きく変動することはない。その竹内が、「車庫の七、八番線付近までできたが、余りにも多くの電車が入庫していたため、電車の貫通制動管ホースをことごとく切断することは容易でないことに気付き」などということは、全くありえない。そのことは、少し考えれば容易に理解できるはずである。

裁判官が供述調書を鵜呑みにして、思慮を回らせることなく、事実認定を安易に行う典型と言ってよいであろう。

◉構内には針金や紙紐は存在せず

判決は、竹内が犯行に使ったとされる針金と紐について「被告人は車止側を通って、一番線と二番線の前から一番線上にある先頭車の方へ行ったが、その途中、運転台のコントローラー・ハンドルを解錠するキイの代用にするため、付近に落ちていた先の曲がった針金一本を拾い上げ」「先頭車の前部に戻り、その傍らにあるごみ穴から一掴みに紙紐一本を拾い」、それを利用したと認定した。

検察庁は竹内が〝自白〟した直後の一九四九（昭和二四）年八月二二日に、磯山検事他二人が三鷹電車区構内を検証したとして次の内容の調書を作成し、裁判所に証拠として提出した。

発進地点付近、構内三七号電柱は車止から東約百四〇米、零番線と一番線の中間にあって、その地上約八米の頂点に照明灯が取りつけてある。付近一帯の地面は小石に覆われていて、所々に針金や紙屑が散乱している。右電柱の東側約一米前後地点に浅い凹地があって、ごみ、紙屑が集置されている。

これに対して、竹内は「再審理由補足書」（上）で次のように主張している。

私は運転を五年、検査を約四年ほどやっていましたが、凡そ電車区構内、修繕の方でも車両構内でもどこでも、構内に針金（ふつうに言う鉄の針金）が落ちているのを見たことは一度もありません。電車はモーターや回路線をもっていますが、いついかなる部分にもいわゆる針金を使っている所はありません。絶無です。その点からしても電車区構内に針金の断片が落ちていたり、どこか道具箱の隅にあったことは一度もみたことがないです。

そのことは、電車区に出入りして仕事をしているものであれば誰もが口を揃えて言うことである。竹内はそれを立証するために、さらに「再審理由補足書」（上）で、次のように書いている。

私の話になお疑念があるならば、三鷹電車区のみならず、中野でも池袋でも品川でも田町でも電車構内に不意に行って見て、針金の断片などが落ちているかどうか職権で探見して頂きたいです。そうすれば「付近で針金の断片一本を拾い」ということが、いかに事実無根の造りばなしであるかが、理解される筈です。第一、コントローラーのハンドルが、鍵以外の物で動くかどうかというようなことは、思考に閃いたこともないし、聞いたこともないのに、取調中のヒントから、強制されて生まれたことなのです。

「取調中のヒント」というのは、検事は事故車両の運転台から先の曲がった「釘」が発見されたため、それをカギの代わりにしたのではないかと追及したのに対して、竹内が抵抗し、代わりに「針金」を「拾った」と供述したことを言う。

◉新たな証拠の存在とそれを申請した事実

さらに構内には針金のようなものは落ちていないことや、ましてそれを夜間見つけることなど不可能であったことについて、昭和三一年一一月一二日付で、和田健一ほか六名が作成した住所・氏名・押印のある「口述書」を新たな証拠として、東京高裁第一刑事部宛に提出した。

和田健一の「上申書」を引用すると、次のとおりである。

私は昭和二十四年七月当時国鉄三鷹電車区の仕業検査掛として勤務しておりまして、竹内景助とは同じ職場でしたのでよく知っております。なお現在も引続いて仕事をしています。(中略)

構内での作業中針金などの断片は昼間でも私は見かけたことはありません。なお当時の午后九時(夏時間)と言えば、もう大分暗い時刻ですし、その時間頃も何度も構内で仕事をしたことがありますが、ランプで照らして歩いてもわかるってことはないと思いますし、私は作業中そのような針金を一度も見たことはありません。

ところが検察庁は、その後、どこからか二百数十本の古い針金を拾い集めてきて、先の曲がり具合についてこれかこれかと竹内に質したという。検察庁は必要となれば証拠を捏造することもあるということを示している。

なお、紙紐については、同じく三鷹電車区に勤務している田口義一ら一一名が「口述書」を提出した。そこには、「昭和二十四年七月当時三鷹電車区構内のゴミ捨て穴に紙紐が落ちているのを見たことがないこと。当時構内のゴミ穴の数、及びゴミといっても紙屑ではなく、車内の床の塵芥をすてる穴であること、ゴミは他で纏めて焼却していたこと」が記載されている。

3——実行行為の物理的な不可能性

◉針金でコントローラー・ハンドルを解錠した立証はない

判決は前述のとおり、竹内が電車を暴走させる際、運転台にあがって最初に「左手で針金をコントローラー・ハンドル側面の鍵穴に差込んで、これを開錠し」たと認定した。

そこで、それがはたして可能かどうかであるが、仮に近くに針金が落ちていたとして、コントローラー・ハンドル側面の鍵穴にそれを差込んで開錠することができなければならない。

それについて、検察官は竹内がその際使用したとされる針金をこれであるとして特定したものを証拠として提出しておらず、また針金でコントローラー・ハンドル側面の鍵穴に差込んで開錠することができることを証明する検証調書も裁判所に提出されていない。立証は竹内本人の供述調書だけである。

しかも運転台のコントローラー・ハンドルを解錠するキイはどれも同じで、運転士はもとより、構内作業で電車を動かす業務に従事していたものには二本ずつ支給されていた。仕事中はそれを所持していても、勤務が終わるとたいがいの者はそれを構内にある詰め所のロッカーにしまい、それほど貴重なものではないので、ロッカーのカギをかけるものも、当時はほとんどいなかった。

したがって、電車を発進させようとする者で、構内の事情を知っている者は、それを手に入れて利用することは容易であり、コントローラー・ハンドルを解錠することができるかどうか分からない針金などをわざわざ拾う必要はなかった。この点でも、検察官は竹内の虚偽の供述調書に惑わされて起訴し、確定判決もそれを鵜呑みにして事実としてはあり得ない判断を示したことになる。

ところで、竹内を逮捕して取り調べた当初は、検事たちは暴走した電車の運転席には頭の部分が曲がった釘が落ちていたとして、それを鍵穴に入れて解錠したのではないかと竹内を責めた。ところが竹内がそれを受け入れず、針金を拾いそれを使ったと言い出したことから、針金で解錠したことにされているにすぎない（本書一六九頁参照）。

それについて、竹内は「再審理由補充書」（上）で次のように述べている。

相被告の自白の存在に牽制されてウソ自白をしたとき、いろいろヒントを与えられた中から、針金なら或いはコントローラー・ハンドルが動くかもしれないと思い、釘ではダメだろうと想像して、それで針金を拾ってやったとでっち上げに協力していたのです。若し、私が電車の器機に疎くて押しつけられるままに運転台の中に落ちていたという曲がった釘でコントローラー・ハンドルを動かしたと調書されていたら判決は釘を拾ってやったとなったであろう。その釘でコントローラー・ハンドルが動いたら、いや針金と同じに二百数十本もの曲がった釘をどこからか拾い集めてきて、そ

の中の都合のよいものを使って検証したら、釘でやったとされたに違いないのです。

ところで、竹内は針金の太さについて、〝自白〟後、「曲がった針金」（八月二〇日）、「直径約三粍の太さのもので長さは約三〇糎」（八月二三日）と述べ、八月二六日の供述調書には、「私が拾ってコントローラー・ハンドルを動かす為、鍵を開けようとして使った針金の格好は図面に書いて見ましたから提出します」として、図を描いている。

その形状と太さで実際にコントローラー・ハンドルの鍵穴に入り、鍵を開けることができたのかどうか、検証したという証拠は存在しない。死刑判決を下すのにこのような杜撰な立証で済まされていることに愕然とせざるをえないが、これが確定判決としてそのまま維持されていいはずがない。

資料を基に六三型電車のコントローラー・ハンドルの鍵穴を再現し、上記の針金で解錠が可能かどうか検証し、それが不可能であれば、それだけで竹内の無実は明らかである。

◉鍵穴には「鍵」が差込まれたまま

ところで本書の第二章で紹介したが、毎日新聞は一九四九（昭和二四）年七月二三日の紙面において、「コントローラーの鍵発見」という見出しの中で、「捜査当局では運転席にあった古くぎと、紙ひものほかに更にコントローラーのカギ穴に始動用のカギが差込まれたまま残っていたのを、二十一日国警科学捜査研究所へ送り捜査を開始した」と報じている（本書五〇頁参照）。

そうだとすればコントローラーの鍵を針金で開錠したという判決は、そもそも実態とは全くかけ離れた犯罪事実を認定したことになる。

そのことを司法関係者がだれも問題にせず、これを報じた毎日新聞はじめマスコミが指摘しなかったことは不思議でならない。

◉紙紐の結び目の不自然性

判決は、竹内が電車を発進させるために次に「ハンドルが戻らないように、左手掌でこれを抑えながら、右手で紙紐をハンドルの握りと、パイロット・ランプ（運転手知らせ燈）のコントローラー寄りにある回路電線に掛け、その中間で一回結び、これを反対側の紐に掛け、紐の両端を二回ほど廻して結」んだと認定し、暴走した電車のコントローラー・ハンドルを固定した証拠物として、運転室に落ちていた三片に切断された紙紐をあげている。

しかし竹内は供述調書の中で、紙紐ではなく自分が拾って使ったのは麻紐であると、再三供述していることは前述したとおりである。そのこと自体、確定判決の合理性を疑わせるものであるが、竹内の供述との矛盾が一見して明らかなのは、証拠物である紙紐の一片の端にコイル巻きが存在することである。コイル巻きというのは結び方の一種で、裁判所に提出された事故電車の運転台で見つかったとされる紙紐と「コイル巻き」というのは本書一〇六頁の写真のとおりである。

仮に竹内が、紙紐を麻紐と間違えたということであったとしても、これが犯行を裏付ける証拠物というのであれば、そのコイル巻きを自分で作ったか、少なくとも元々コイル巻きがされていた紙紐を使用したという供述がなければならない。

ところが供述調書には竹内がコイル巻きに気がついたという記載は全くない。しかも上記の確定判決を読めば分かるように、「紐の両端を二回ほど廻して結び」とされている。コイル巻きなどできるはずはないのである。

裁判所はどの供述調書を見ても竹内がコイル巻きをしたという記述がないために、犯罪事実として

「紐の両端を二回ほど廻して結び」としか記載できなかったものと思われる。客観的に存在する証拠物と供述との矛盾を無視することは証拠法則として許されないことは当然である。そのことは同時に竹内が本件犯行に関与していない明白な証左でもある。

竹内はなおも再審を開始するよう裁判官の理解を得るために、「再審理由補足書」（上）の中で、取調の際、「私は、何十遍もくりかえし知っている限りの結び方をやってみろといわれて、いろいろ空想したけれど、結局はふつう帯をむすぶ（こまむすび）か、それをほどき易くする（八重むすび）しか知らないので、検事も諦めて、それからコイル巻きにぐるぐる廻して結んだのだろうと強制してでっちあげたのです」と主張し、自分の知っている「こまむすび」と「八重むすび」を、図に書いて説明している。

さらに、竹内は「再審理由補足書」（上）で、「国鉄電車のモーター配線や回路線には、コイル巻き結びしなくてはならない部分があるのかどうか、私は話に聞いたこともないので気がつかないし、又、そういう結び方は知らないのです。私には到底まねのできない特殊な結び方です。この点だけでも調べられれば、証拠とされた供述調書が虚構のものであることが解ってもらえましょうから、検討をお願いします」と記載している。

竹内は、昭和三一年一一月一二日付で、和田健一ほか六名が作成した住所・氏名・押印のある「口述書」を新たな証拠として、東京高裁第一刑事部宛に提出したことは前述したが、そこには、「竹内は昭和二十三年から仕業検査委員となったが、検査の出でないので、紐の特殊な結び方は知らないこと」が明記されている。

しかも重要なことは、竹内が主張するように、「こま結びは、幾ら引っ張られても圧力を受けても他の部分で切れても、結び目はますます固くむすばれるだけですから、こまむすびが残る筈」である。

結び目がほどけて、さらに二カ所で切断されていることは物理的にありえない。
この点に関して、第一審四二回公判において、西山誠二郎が次のように証言している。

私は国警の鑑識課員として本件について紙紐の鑑定を致しました。
この紙紐三片は、写真及び依頼されたときの話により、事故電車の運転台におちていたとか有ったとかいうものであることを知りました。之を拡大鏡にかけて詳細に分析し、繊維の写真まで調べた結果、この紙紐三片は同一のものが、引っ張られているときに第三の力が加わって切れたものと考えられます。ということは、刃物で切ったのではなく、しばってあるのを強い外力で切断されたために千切れたものと推測されます。
また、この紙紐の特殊なコイル巻きむすびは、斯うして或る二点間をむすんだ場合、二点間に力が加わって、うまく引っ張られると自然にむすび目が抜けるので、これは特殊な職業の人にしかできない結び方です。これが結び目から抜けないで他の部分二カ所で切れているのは、しばってある二点間の外から、急激な圧力がかかったためと判断されます。

そして、西山鑑定人は次のような興味のあることを証言した。

この紙紐はだいぶボロボロなものですが、分析検査の結果、材料や質はわかりましたから出所を探してみましたが、何処から出たのか市販のものにあるかどうかと思い、宮沢紙店他三軒ほど、都内の紙専門店を探してみましたが同質のものは見当たりませんでした。

同質の紙が、都内の紙専門店を三軒も探しても見つからなかったというのはどういうことであろうか。よほど特殊な紙か、日本では販売していないものではないかと想像される。そこで思い出されるのは、三鷹事件が発生した直後に警視庁から各新聞社に配られ、読売新聞が大きく掲載した「運転席のコントローラー・ハンドルを紐で結んだ」写真（本書四八頁）の印画紙のことである。

その材質が日本で販売されていたものでないことは、当時、元読売の記者によって突き止められたが、本件で証拠物として採用された紙紐はどこで製造・使用されていたものなのか、コイル巻きをすることができる「特殊な職業の人」というのはどういうものか、それ以上、追及されていない。むしろ、紙紐の末端のコイル巻の存在自体が、犯人が別人であることの証拠になるはずのものである。

◉紙紐は〝自白〟のようには一人では結べない

ところで、原判決が認定した本件電車の発進方法は、竹内の九月五日付供述調書に次のような記載があることに基づいている。

左の掌でそのハンドルが戻らないようにおさえ、右手で紐をハンドルの首に掛けた上、運転手知らせ灯のコントローラー寄りの回路電線に、その紐を通し、一回結びましたが、ハンドルが戻ってしまいました。そこで再びやり直し、一たんこのハンドルの首と回路電線との中間で一回結びとした上、紐の両端を二回ほどまわして結びました。

注意して読まないと、このような方法でコントローラー・ハンドルを固定することもできるかと思いがちであるが、実際にはそうしたやり方で紐を結び、コントローラー・ハンドルを固定することは

物理的に不可能である。

すなわち、紐を結ぶという作業は、言うまでもないことであるが、両手の指を使わなくては出来ない。片方の手の指だけでは紐は結べないことは直ぐに分かることである。ところが、確定判決の認定では、左手は掌でハンドルが戻らないように抑えていなければならず、指は自由に動かすことは不可能である。そうであるとすると、左手掌でハンドルを抑えた状態では、「右手で紙紐をハンドルの握りと、パイロット・ランプ（運転手知らせ燈）のコントローラー寄りにある回路電線とに掛け」ることまでは出来ても、その後、右手だけで「その中間で一回結び」をすることは、物理的に不可能である。なぜなら確定判決が認定しているように、「ハンドルから手を離すと、ハンドルは少し戻った」状態となるために、紐を結ぶ前に左手掌をハンドルから離すことは出来ないからである。

なぜそのような物理的に不可能なことを竹内が供述したかというと、事故直後に読売新聞と毎日新聞が掲載したハンドルを紐で結んだという写真とイラストをヒントに、検察官が竹内を誘導し、その誘導に応じて竹内が適当に想像して話したからである。そのことは第五章の取調状況でみたとおりであるが、その供述調書に書かれた内容を裁判官が検討することもなく、鵜呑みにしたものが確定判決の内容に他ならない。

判決のような方法で電車を発進させることは物理的に不可能なことは、これからも明らかである。

◉紙紐でハンドルを固定することはできるのか

判決が認定した方法ではコントローラー・ハンドルを固定することができない以上、さらに確定判決の問題点を指摘する必要もないと考えるが、判決の杜撰さを顕すものとして、そもそも紙紐のようなもので縛ることによって、コントローラー・ハンドルを固定することができるかどうかという問題

◉コントローラーハンドルを紙紐により制縛した図（検証調書より）

がある。

紙紐については、前述したように、当時、国家警察鑑識課の西山誠二郎が鑑定を行っている。その証言や鑑定書を見ても、暴走した運転台から発見されたという三片の紙紐がもとは一体であったことを証明してはいるが、紙紐の強度については何も触れられていない。

またコントローラーは、二ノッチ、三ノッチと進めるに従って速度が上がるようになるが、何かのはずみで手を離すと、元にもどるように設計されている。自動車のアクセルが踏み込んだ足を離すとエンジンの回転数が下がり減速するのと同じ原理である。

そのために、コントローラーを二ノッチなり三ノッチの位置に固定するには一定の力を要する。その元に戻ろうとする力については、西山鑑定書は全く触れておらず、それを記載した証拠は他にもない。また紙の強度、すなわち引っ張る力に紙紐がどれだけ堪えられるかについての測定結果も、どこにも見あたらない。

したがって、証拠物である紙紐を使って二重に回してハンドルを縛っても、コントローラーを固定することができたかどうかについては、立証されていないのである。竹内は取調べの際、紙紐では切れてしまうから自分が拾って使ったのは麻紐であると再三供述しているが、判決はそれを無視し、しかも何の根拠も示すことなく、紙紐で固定したと認定しているのである。これまた杜撰きわまる判決と言わざるをえない。

六三型電車のコントローラーの元に戻る力は設計図その他で数値が得られる。紙紐の現物が保管・管理されていれば、その双方を科学的に調べることによって、竹内が指摘していたとおり、確定判決の認定した犯行行為によって電車を発進させることが不可能であることを立証できるはずで、その検証はそれほど困難ではないと考える。

◉〝自白〟どおりの手順では電車は発車しない

ところで裁判では、一九四九（昭和二四）年九月二七日に、公判でも立会検事となった川口光太郎らが電車課員らとともに実地検証を行った際、「起動実験」も行っている。その結果は検証調書に纏められ、証拠として提出されている。

検証の目的は、「本件事故電車の前頭車両（モハ六三〇一九）運転台に於いて、先に発見押収した紙紐と同質の紙紐を以て、主幹制御器ハンドルの握りと運転士知らせ灯の電源とを結びつけてハンドルを全ノッチ位置に固定させた上、前頭車のパンタグラフ一個を上昇させ、四モハ、二サハ、一クハの七輌編成の電車を起動させ、事故電車走行距離六六九米を疾走させることが可能か否かを実験するに在る」と記載されている。

実験で使用された紙紐が、事故車両から発見された「紙紐」と「同質」であったとの記載は正確性に問題があるが、その「起動実験」の結果はどうであったか。検証調書には、まず「無制動状態からの起動」として、次のように記載されている。

前記連結車両各車両の肘コック並びに元溜タンク、補助タンク、付加タンクの各コックを開いて、圧縮空気を完全に排出し無制動状態とした上、各コックを閉鎖し主幹制御器ハンドルを鍵で解錠し、紙紐を以て右ハンドルの握りと運転士知らせ灯回路とを前記（一）の（3）の方法で結び付け、切替スイッチを後位置、扉（戸閉）連動スイッチを非連動位置にした後、パンタグラフ一個を上昇させたところ、一分十五秒にして起動発進したので直ちにハンドルをオフ位置に戻した結果、惰性により約二米前進したのみで停車した。

難しい専門用語が並んでいるが、「肘コック並びに元溜タンク、補助タンク、付加タンク」は、「無制動状態」（ブレーキが掛かっていない状態）にするために、そのコックを開けば「圧縮空気を完全に排出」することができるというだけで、一つひとつ問題にする必要はない。「主幹制御器」というのはこれまでコントローラーと呼んでいたものである。

問題は、「切替スイッチを後位置、扉（戸閉）連動スイッチを非連動位置にした後、パンタグラフ一個を上昇させたところ、一分十五秒にして起動発進した」という部分である。

国鉄に採用され運転士として働き、一九六四年から三鷹電車区に所属し、一九七四年までそこで勤めていた落合雄三は、竹内の〝自白〟したような方法では電車は動かないことを突き止め、それを「三鷹事件研究報告・その一」として纏めている。

落合によると上記の発車実験は、「異常時の取り扱い」で、通常はこのような状態で発進させることはありえないという。落合の研究は専門的であるが、その内容を平易に紹介すると以下のようになる。

まず、「切換スイッチ」は運転席に設けられ、六三型電車では「後」「中」「切」の位置がある。電車を車庫等に収容した場合は、最前部、最後部車両とも「切換スイッチ」は「後」位置とするのが「定位」（通常の決められたやり方）である。

また「戸閉連動スイッチ」は運転室内のスイッチ盤にあり、「連動」「非連動」の二つの位置があるが、異常時以外は、「連動」にしておくのが「定位」である。

そして、通常、電車を発進させるには、まずパンタグラフを上げた後、各器機、スイッチ類が「定位」であることを確認する出庫点検を行う。最後部の運転室の「切換スイッチ」は必ず「後」であることを確認する。

そして運転士が「切換スイッチ」を「切」の位置にすることによって、主幹制御器へ電源が送られることになる。その後、運転士は主幹制御器をキーで解錠してハンドルを右に回すことにより、「一ノッチ、二ノッチ、三ノッチ」と順次、投入することが出来るようになり、電車は前進することになる。

しかし、「戸閉連動スイッチ」が連動のままであれば、最後部車両の車掌が「車掌スイッチ」を「閉扉」にしないと、主幹制御器の電源が切れて電車は発進しない。車両のドアが開いたまま発進すると乗客が車外に転落するなどの恐れがあるので、停車したままにする必要があるからである。

構内で、客が乗っていない電車を扉を開いたまま発車することはあるが、その場合には、「戸閉連動スイッチ」を「非連動」に切り換えることで動かすことが出来る。

また、「切替スイッチ」は「後」でも電車を発進させることは出来る。しかし、その場合には「戸閉連動スイッチ」を必ず「非連動」にしておく必要がある。電車の入れ替えなど構内作業をする場合に、多くやられる方法だという。

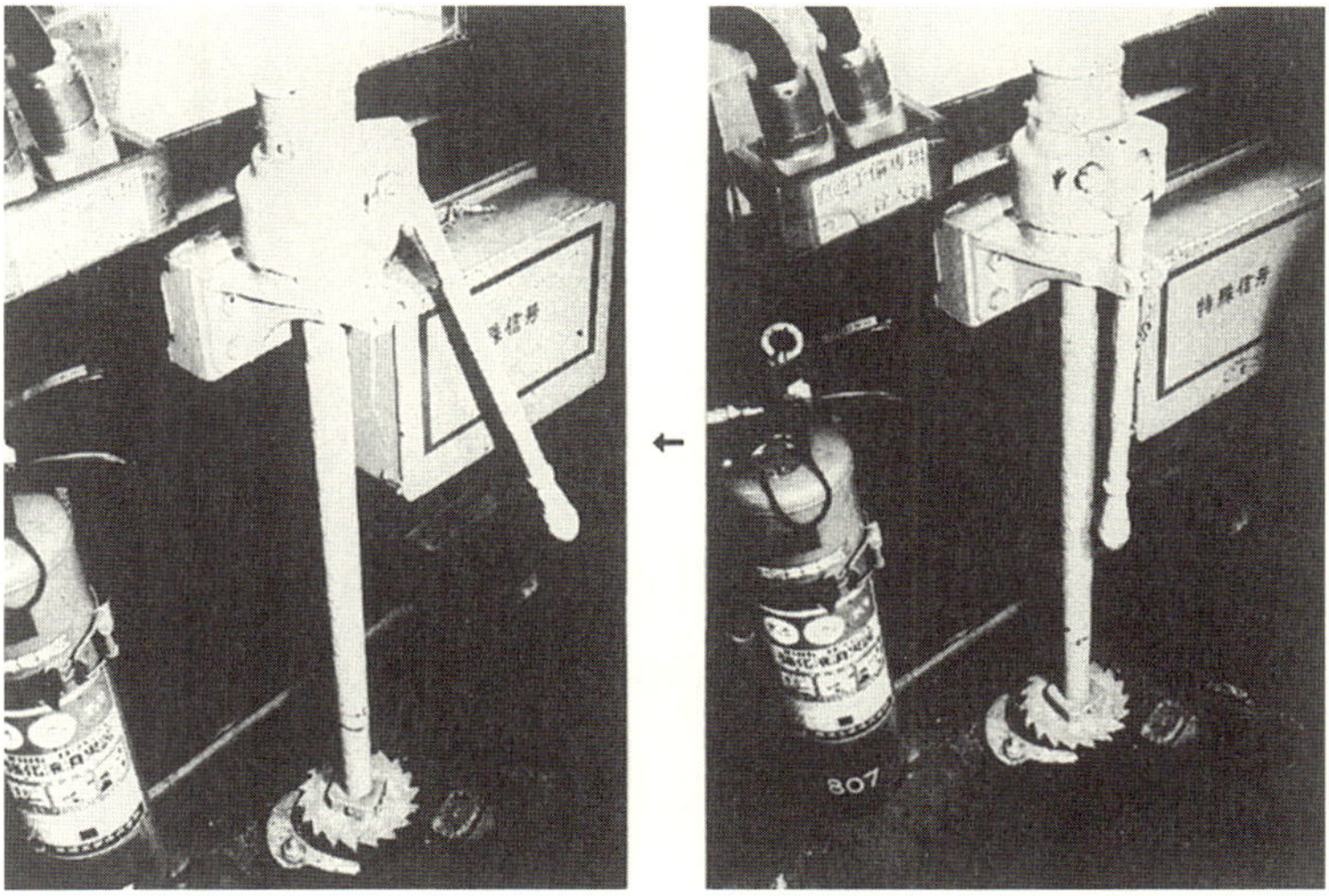

◉当時と同型の手ブレーキ（バーを持ち上げて右に廻すとツメを噛んだギアが回り、ブレーキがかかる。

検察側が行った現場検証での起動実験は、まさにこの方法をとったことになる。

しかし、その場合には、最前車両の「切替スイッチ」を「後」にしてあったのだから、「戸閉連動スイッチ」を「非連動」にする必要がある。ところが、確定判決の犯罪事実にはそのような行為は全く認定されていないばかりか、竹内の供述調書のどこをみても、そのようなことを行ったという記載は存在しない。犯行に関与していない以上当然であるが無実を立証する上でも重要な事実といえよう。

◉最後尾の運転席の手ブレーキで電車は動かない

さらに、圧縮空気ブレーキは時間が経つとともに空気が抜けてしまうので、電車を車庫に停車する際は、自然発車を防止するために、最後部の運転席にある「手ブレーキ」を締めておくことが義務付けられている。自動車でいうと、「サイドブレーキ」である。床に近いところにある歯車状のストッパーを外すことによって緩めることが出来る。

従って、電車を発進させるためには、まず最後尾の運転室の「手ブレーキ」を緩める必要がある。ところが、確定判決は「手ブレーキ」のことはまったく触れられておらず、竹内の供述調書のどこにもそのことは記載されていない。

最後尾の運転室の「手ブレーキ」を緩める必要があった以上、本件暴走車を発進させるにあたって、何者かがこれを行ったはずであり、判決が認定するように竹内が一人でできないことは明らかである。このような初歩的なことが問題とされず、三鷹事件が竹内の単独犯行であるとして、死刑判決まで下されたことは、むしろ不思議と言わざるをえない。

なお、最後に技術的なことだが、極めて初歩的な点として、コントローラーの鍵の仕組みに触れておく。ハンドルはコントローラーの鍵を差込んだままで動かすようになっており、ハンドルを動かし電車が発進した後でその鍵を抜くことはできない。そのことは、事故直後の新聞報道でも明記されていることは、本書五一頁でも紹介したとおりである。

竹内の供述では電車から降りる際に鍵穴に差込んだ針金を抜き取って構内に捨てたことになっているが、そのようなことはそもそも物理的に出来ないはずのものである。そのような供述調書がどうして作成されたかというと、本件暴走車両の運転室には針金が落ちていなかったために、それと辻褄を合わせる必要からそのような虚偽の供述を作らざるをえなかったからである。

竹内供述の物理的な不可能性と判決の不合理性は、これによっても明らかである。

以上、確定判決はさまざまな客観的・物理的な点で、不合理性、非現実性が明らかなことから、これをそのまま維持することは国家として許されないはずである。これほど判決の誤りが明らかになった以上、竹内の死刑判決を取消し、無罪を一日も早く宣告することが、司法としての義務といってよい。

四――目撃証言の内容とその不合理性

◉坂本の供述とその問題点

判決は竹内の犯行を認定する証拠として、現場を立ち去ろうとしていたところを目撃したという坂本安男の証言をあげている。竹内が三鷹事件に関与しているとする唯一の重要証人であり、一審判決はその内容を次のとおりまとめて判決文で摘示した。

私は三鷹電車区技工です。昭和二十四年七月十五日午后八時十八分三鷹駅止まりの電車に乗って神田へ遊びに行って帰ってきましたが、その電車が三鷹駅に着いてから私は先頭車の客室に乗りますと、電車は構内六番線の駅寄りに着きました。私は電車から降りて電車区の修繕場を通り、風呂場の前へ行ったとき停電しました。私は暗い中を通ってゆくと、竹内被告が正門前の道をムサシ境の方から家の方へゆくのに出会いました。そのとき私と竹内被告の距離は五米ぐらいあったように思います。私が六番線から正門前に行くのに三分ほどかかりました。当時竹内被告は急ぎ足でありました。私の方から「おす」と声をかけたら竹内被告は頭をチョッと下げたように思います。そして同人は真っすぐに歩いていきました。(昭和二五年二月二七日の第二三回公判)

竹内は坂本の証言について、「再審理由補足書」(上)で次のように批判している。

先ず、私は今こそハッキリ述べますが、坂本安男君は当時三鷹電車区技工だというのはウソで、彼は定員法の前に自分から鉄道をやめて神田の方へ行って別な仕事を探していたのです。それから又、電車区で雑務手をやっていて、入ってから一年か一年半でやめていった坂本君と私は一度も口をきいたことのない間柄なので、坂本が私に向かって「おす」などと挨拶することは有りません。

当時、国鉄電車区の職階は、上から助役、指導運転手、主務検査掛、検査掛、運転士、技術掛、技工長、電車掛、整備世話掛、検車手、技工、車両手、雑務手の順で、私は検査掛であり、坂本君はお茶汲みの雑務を長くやっていたという印象しかなく、職場も違うし年期と言え職階と言え全然違うので口をきき合ったことも一度もないです。

竹内と坂本が会ったときの距離と照度について次のようなやり取りがなされたが、はたして夜道で五メートルも離れていて、右から左に横切っていく人物が識別できるかどうか、極めて疑問である。

問　それで、あなたと竹内君の距離は、どのくらいだったのですか。
答　だいたい五米ぐらいあったのじゃないかと思います。
問　正門のそばに街燈がありますが、その燈でみたわけですか。
答　よく覚えていません。

その後で、判決文に記載された、竹内が実際には一番ありえないとする質問と答えが次のように続く。

問　声をかけましたか。

答　挨拶したのです。
問　なんといって。
答　オス、といって、おじぎをして。
問　証人のほうからですか。
答　そうです。
問　それから竹内君はどうしました。
答　頭をちょっと下げたような気もしますけれど、よく記憶がありません。真すぐ歩いておりました。

◉最初から予断を持ったのか

相手が竹内でなくても、同じような挨拶はありうるであろう。「頭をちょっと下げたような気もしますけれど、よく記憶がありません」というのも曖昧な目撃証言であるが、むしろ目上の竹内に対して「オス」ということはありえないと言うべきである。また、坂本が竹内に会ったとする場所は、武蔵境から三鷹駅に通じる道路で、当時から人通りが多く、時間帯からしても相当の人が付近を歩いていたと考えられることから、人違いである可能性も高い。

しかもさらに奇妙なことは、坂本は検事の期待に応えるような感じで、その日に近所の盆踊りに寄った後、事故現場を見に行き、家に帰って次のような話をしたと答えた。

問　家に帰ったのは何時頃なんですか。
答　一一時半頃だと思います。
問　一一時半頃ですか、それからですね、家の誰かと話をしたことがありますか。

答　寝てから話したのです。
問　どういうような話ですか。
答　叔父さんに、ただ、竹内君にあったので、まさか、と話しあったのです。
問　あなたが駅の前に行って、事故を見たときに、どういう事故だと思ったのですか、誰かがやったとか、どういうように考えました。
答　そう思いました。
問　誰かがやったのじゃないか、ということを感じたのですか。
答　そうです。
問　それで寝てから、竹内君と停電のときに正門で会って、どうも変だという、そういう意味で話したのですか。
答　そうです。

これは実に出来すぎた話と言わざるをえない。坂本の叔父というのは坂本久次郎という三鷹電車区の運転手だと尋問の中で答えている。当日の夜に人為的な事故であり、しかもそれを知り合いの竹内が引き起こしたものだと話し合ったというが、坂本は同じ尋問の中で、翌日、組合事務所に行ったときに竹内に会ったことについて、検事の質問に次のように証言した。

問　そのときに、なにか竹内君に変わったことを気がつかなかったですか。
答　気をつけてみなかったのです。
問　たいして感じなかったのですか。それからどうしました。

答　長椅子に一人でグウグウ寝ていたのです。
問　いつ。
答　しばらく話をしてそれから。
問　それから。
答　竹内君がまさかやらないと思っておりました。平気な顔で話をしたから、それからしばらくたってから椅子に寝ておりました。それで変だなと思ったのです。
問　朝からですか。
答　朝から椅子でグウグウ寝るから変だなあと思ったのです。（笑声）

まさに、「語るに落ちた」というのはこういうことを言うのであろう。聞いている被告人も傍聴人も、あまりにもバカバカしい話で笑うしかなかったのではないかと思われるが、竹内には笑い事では済まなかった。この坂本証言で竹内は犯人とされ、最後は死刑を宣告されるのである。

死刑判決後、竹内は必死になってこの坂本証言の矛盾や虚偽性を指摘せざるをえなかったが、自分は腺病質で外で寝ることはできないし、長椅子で寝たことなど一度もないことを強調し、ましてや事件の翌日、組合事務所は事件のことで組合員や新聞記者でごった返しており、そんなことはありえないと訴えている。

裁判で目撃証言が信用性を有するためにはいろいろの要件が必要とされるが、三鷹事件での坂本証人の証言ほどいい加減で不合理な証言も珍しいのではないか。坂本証言が竹内の〝自白〟の補強証拠にはならないことはもとより、「お前を現場で見たという者がいる」と言って竹内を〝自白〟に追い込んだ捜査当局の違法性と、上記のような証言を信用できるとして有罪判決の決め手とした裁判所の判断の誤りは明白といえよう。
なお、この関係で、事件当時、三鷹電車区の検査掛で、その後、仕業検査掛であった荻島美信は、加藤政夫の事情聴取に対して次のように答え、両名の住所、氏名、押印のある「聴取書」を裁判所に提出している。

問　あなたは坂本安男を知っておりますか。
答　あまりこまかく知っておりませんが、時々電車区の風呂場で顔を合わせる程度です。
なお、昭和二十四年八月頃、新聞で電車区の正門前で竹内景助に会ったという記事が出ておりましたので、その時坂本に関心を持ちました。
問　あなたが坂本安男と会った時の状況を聞かせて下さい。
答　日付はわかりませんが、夕方私が風呂の帰り（坂本安男と一緒に風呂を出た）に坂本に、「新聞に出ていたけれど本当か」というようなことを聞いたら、その時、坂本安男は「竹内に正門前で会ったというように実は警察に言わされたんだ。そしてあんまりうるさいから田舎へ帰っている」というようなことを云っておりました。
問　その時あなたはどういう気がしましたか。
答　その当時は別にそれ程関心はもっておりません。
問　あなたは警察で呼ばれた時の取調べはどうでしたか。
答　名前は忘れましたが、ある一人の警察官に取調べられた時は「お前は犯人だ…」と云うようなことを云われました。

坂本安男の目撃証言が「警察に言わされた」ものであることはこれで明白になったと考える。

五――その他の客観的に存在した事実と確定判決の矛盾

以上で、確定判決および原判決の矛盾と不合理性については十分に理解されたと考えるが、さらに客観的事実と判決の齟齬がいくつかあり、それが竹内の無罪を立証することにもなるので、そのことを指摘しておく。

◉発見されたブレーキハンドルや指紋は

第二章で紹介したように、事故直後の七月一九日、朝日新聞は近くの主婦が、三鷹電車区付近の中央線本線北側のサツマイモ畑にエアーブレーキのハンドル（ニギリに木のおおいのないもの）が突き刺さっているのを発見」したことを報じ、その畑から発見されたハンドルの写真を載せた。それを受けて合同捜査本部は、「発見されたハンドルはこの事件に関連があると考えている」と発表した。さらに同紙は二一日、「国警都本部鑑識課で指紋をとったところ、発見者田中直一さん夫婦のものでも、紛失まで使っていた某係員のものでもない二個の指紋を検出した」と報じている。

ところが、このエアーブレーキのハンドルもそこから検出された指紋も、竹内の無実を証明する有力な手掛かりとなったはずであるが、三鷹事件の判決では全く取り上げられていない。

また、指紋については、事故直後、マスコミは運転席やパンタグラフを降ろす紐からも指紋が検出されたという報道をしていたが、それもその後は、問題とされないまま終わっている。マスコミの誤報でないとしたら、捜査機関がそうした重要な証拠を隠匿したまま、三鷹事件が竹内の単独犯行とされ死刑判決が確定したということになる。

◉目撃情報との不一致

すでに紹介したように、事故直後には、暴走する電車から飛下りた人物がいたことや、車内を走っているものが目撃されており、新聞にも大きく報じられた。

当時、それによって事故は国鉄職員の関与で起こされたものであるという強い印象を与え、元国鉄職員の大量逮捕を国民が納得する下地となった。ところが、暴走する車内を走ったり、飛び下りた人物は誰なのかは追及されていない。三鷹事件が竹内の犯行でないことは、この事実だけでも十分に明らかである。

◉後尾車両の前照灯とパンタグラフの問題

事故直後の報道で、陸橋の近くの信号所で勤務していた職員が、目前で暴走していく電車のパンタグラフが二度スパークしたことや、最後尾の車両の前照灯が点灯していた事実を目撃していることを報じている。パンタグラフは先頭車両と二両目の車両の二ヶ所が上げられ、脱線転覆後は先頭車両のそれは破壊され、二両目のものが上がった状態で残されていた。

これについては法廷での証言もあるが、パンタグラフが二度にわたってスパークしたということは、二両目のパンタグラフも紐を引いて上げてあったということになる。竹内がそのような作業をしたという供述はどこにもないし、そもそも電車の車両が通りぬけれるようになったのは、桜木町事件に学んでのことである。このことは三鷹事件が竹内の単独犯行でないことの証左として、極めて重要である。

また、当時の電車は、最後尾の車両の運転席で操作をしない限り、最後尾の前照灯が点灯することはない構造になっていたことから、最後尾の前照灯が点灯していたという事実は、複数のものが関与していたことを意味しており、竹内による単独犯行はありえないことになる。

六――長男による新たな再審請求

◉竹内の死を乗り越えて

プロローグの終わりに少し触れたが、本書の初版本を贈呈した後、竹内景助の長男健一郎氏から、父親の無実を明らかにするために死後再審を請求したいという希望を受け、弁護団を結成した。弁護団には再審請求事件を多く手掛けている野嶋真人弁護士を主任弁護人に、それぞれ知識経験が豊かな米倉勉、中村忠史、佃克彦弁護士に加わってもらい、それまでの裁判記録を精査するとともに新証拠を検索し、二〇一一（平成二三）年一一月一〇日、東京高等裁判所刑事部に再審請求書を提出した。弁護団には後日、中野大仁弁護士が加わった。

再審請求の理由として、はじめに本書の二七八頁で紹介した一九六七（昭和四二）年六月七日の樋口勝裁判長の決定書の末尾に記載された文章を引用するとともに、「本再審請求は、請求人である直系の親族によるものであるが、第一次再審請求の際に提出された新証拠に加え、これとは別に竹内について無罪を言い渡すべき明らかな証拠を新たに発見した」「これらを確定判決中の関係証拠と総合評価すれば、確定判決の有罪認定に合理的な疑いが生じることは明らかであることを、以下詳述する」として、Ａ４判で一〇〇頁を超える書面にまとめた。

その内容は膨大であり、本書でこれまで論及した問題点と重複するので詳細は避けるが、最初に再審請求書の「目次」を掲げると以下のとおりである。

第一章　確定判決の証拠構造と新証拠
　第一　事件の概要と経過
　第二　確定判決の証拠構造
　第三　新証拠による旧証拠の弾劾――第二車両のパンタグラフの上昇
　第四　新証拠による旧証拠の弾劾――目撃証言
第二章　新旧全証拠の総合的再評価
　第一　自白及び供述変遷の経緯並びに自白の任意性の不存在
　第二　組合の情況と犯行動機の不存在
　第三　実行行為の不合理性
　　一　針金によるコントローラーハンドルの開錠
　　二　紐によるコントローラーの固定
　　三　最後尾車両の前照灯
　第四　アリバイの存在
　第五　真犯人が他に存在することを窺わせる事実
第三章　結語

◉再審請求と同時に提出した新証拠

確定した有罪事件について再審を請求するためには、刑事訴訟法四三五条六項で、「明らかな証拠を新たに発見したとき」とされている。つまり、再審を開始すべき証拠の「新規性」と「明白性」が要件とされている。

弁護団では再審請求にあたって、担当裁判官らが開始決定を出しやすくするために、三鷹事件は確定判決が認定しているような、一人で電車を発車させることができないことを新たな証拠で証明することに重点を置くことにした。

そこで、本件電車が暴走中、構内にある合図所でこれを目撃した合図手が、パンタグラフが目の前で二度、スパークしたという法廷での証言に基づいて、電車を暴走させた犯人は、第一車両のパンタグラフだけでなく、第二車両のパンタグラフも上昇させていたことを最初に立証することとし、電気工学が専門で、日本鉄道技術協会や日本鉄道電気技術協会などに所属し、『電気回路の基礎』『最新電気鉄道工学』などの著書や多数の研究論文を発表してきた曽根悟東京大学名誉教授・工学院大学特任教授に鑑定を依頼した。

曽根教授は、記録を綿密に検討し、最初に暴走した六三型電車は第一車両の運転室内における操作だけで第一車両と第二車両のパンタグラフを上昇させることはできないこと、事故後に撮影されていた第二パンタグラフの摺板体（パンプレート）の破損状況を厳密に検証した結果、第二車両のパンタグラフは何かと衝突して上がったものではなく、暴走させた者が発車時点で第二車両の運転席に乗り込んでパンタグラフを上昇させたこと、本件電車を暴走させた犯人は電車を速やかに加速させることを目的として第一車両だけでなく第二車両のパンタグラフも上昇させたと考えられることを記載した「三鷹事件鑑定書」を作成した。

そこで、弁護団ではそれを、新証拠一として、他の二八点の証拠と一緒に提出した。

その中には、本件の唯一の情況証拠である坂本安男の目撃状況について、現場の明るさや間隔などから人物を識別できないとする主張とともに、本書の三〇八頁で詳しく紹介した、竹内が三鷹電車区の正門前を自宅の方に向かって歩いているのを見たと証言した坂本安男に、国鉄職員が聞き質したところ、「竹内に正門前で会ったというように、実は警察から言わされたんだ。そしてあまりうるさいから田舎に帰る」というようなことを言っていたと記載された聴取書を改めて新証拠として提出した。

◉自白の任意性・信用性の欠如と動機の不存在

自白については、竹内の七回にもわたる供述の変遷やその時々の心理状況などを本書でもすでに取り上げたが、任意性・信用性が存在しない証拠として、竹内が検察官から「否認をしても無駄であるばかりか死刑になる可能性を示唆して威迫され、自白を強要された」という事実だけでなく、弁護人であった正木ひろし弁護士が、「三鷹事件のロボットたち」という表題で、「一介の労働者竹内が一夜の思いつきでやった軽はずみの犯罪が、天下の大問題となってしまった」などという内容を、一審判決直前に発行された月刊『文藝春秋』に掲載したこと、竹内に対して控訴審判決の三日前に、「私の予想」として、「原審差戻、第二回目事実審理によって恐らくやはり単独確定。十五年以下、未決が入るので十年~十二年くらいのになると考えます」と書き記したハガキを証拠として提出した。

検察官だけでなく、弁護人までがどうしてこのような間違った判断をして竹内に単独犯行の自白を維持するように説得したかについては、さまざまな理由が考えられるが、いずれにしても竹内の自白には信用性はもとより任意性が存在しないことは明らかで、自白が唯一の直接証拠である本件では、それだけでも再審開始決定がなされても当然である。

さらに、確定判決がストライキに繋がると考えて電車を暴走させたとする竹内の犯行動機について、国鉄労働組合で活動していた何人かが、「当時の国労三鷹分会の状況は、GHQのスト中止命令後、緊迫した状況ではなくなり、電車を脱線させるというような過激な発言は、竹内を含む職場の人達から聞いたことがない」と、いずれも手書きで記載された当時の口述書を何通か証拠として提出した。中には、「被告人は普段組合活動には熱心ではなかった」とか「解雇された後の被告人は無関心で、馘首されてもそれほど憤激している様子はなく、七月一五日(事件発生当日)にも、過激な言葉を聞いたことはありません」などと、当時の手書きの口述書に記載された竹内の言動からも、犯行動機が存在しないことを立証した。

◉実行行為の不自然・不合理性

確定判決は、竹内が構内に落ちていた針金でコントローラー・ハンドルを開錠し、紙紐でコントローラーを固定して電車を発進させたと認定している。しかしながら、先が曲がった鉄製の針金などが電車区構内に落ちていことは通常ありえないばかりか、暗闇の中を歩きながら構内でコントローラーハンドルを開錠するのに適した針金を見つけたり、相当の力で反動するコントローラーを抑えて固定する紙紐を手にすることなど、常識的に考えてもありえない。しかも、竹内の自白では、たまたまそれらを構内で見つけたから、本件を実行したというが、それらが構内に落ちていなかったら、どうしたのか。竹内の自白が作られたものであることは、それだけでも明白であると言っても過言でない。

新たに証拠として提出した国鉄職員だった者の口述書には、「当時、私は構内で仕事中又は構内を歩いた時(仕事が主に構内でやる仕事です)針金など見かけたことはありません」と明記されている。本書の五〇頁で紹介したが、毎日新聞は「捜査当局では運転席にあった古くぎと、紙ひものほかにさらにコントローラーのカギ穴に始動用のカギが差し込まれたまま残っていたのを、二十一日国警科学捜査研究所へ送り検査を開始した」などと報じたが、その結果は不明のままとされている。

なお、現場で発見された紙紐は、三片にちぎれ、その一つの末端にコイル巻きが残されていたが、竹内は自白の中でも、自分が使ったのは麻紐だったことに固執し、しかもコイル巻きは自分ではできないと強く主張した。ところが、それらは全く無視され、それでも竹内の実行行為についての自白は真実であると認定されている。再審請求ではその認定の杜撰さについても指摘した。

◉複数犯人による犯行

再審請求において強調した確定判決の事実認定の間違いとして、さらに三鷹事件は一人では実行できないことを、客観的事実に基づいて論証した。

暴走した電車は七両編成であったが、交番検査を終えた後、構内に停留させる際に、最後尾の運転席の前照灯は切り位置にし、手ブレーキも緊締すること、走行中にドアが開かないように先頭車両と最後尾車両の戸閉連動スイッチを「連動」にしておくことが規定で定められ、当該車両を最後に停留させた運転手もそうしたと証言した。

手ブレーキについては、弁護人は「運転取り扱い心得」などの当時の規定を証拠として提出し、最後に本件車両を構内に停留させた際、手ブレーキを緊締させたことは間違いないと主張した。

ところが、暴走した電車は、戸閉連動スイッチが「非連動」になっており、また最後尾車両の手ブレーキが緩解され、前照灯が点灯したことは証拠上明らかで、一両目でそのような操作をすることは電気的・物理的に不可能なことから、三鷹事件には真犯人が複数存在し、竹内を単独犯だとする確定判決は間違っていることを主張・立証した。

◉アリバイについての主張の変更とその証拠

ところで、確定判決はそのことも認めなかったが、従来、竹内は本件電車に乗り込んで暴走させたという時間には構内の風呂に入っていて、電気が消えて暗い中で同僚だった者たちと話をしていたという竹内の主張と、それを裏付ける何人もの口述書などが残されていたことから、本書の初版本ではそれをかなり詳しく紹介し、再審請求の初期の段階でも、それを竹内のアリバイだとして主張・立証した。

ところが、竹内が停電の中、構内の風呂で何人かと話していたことは事実であるが、東京地裁の第四六回公判で証言した妻の政は、「竹内は私の布団の横で本を読んで居りました」「私は赤ん坊に乳をのませ乍ら寝ていました」「証人はそれから竹内がどうしたか知らなかったのか」「竹内が停電になってから風呂に行って来ると言って出かけたのは知って居ります」と明確に述べており、さらに、今度の再審請求の弁護団からの証拠開示請求によって、検察側から「三鷹事件停電状況図解」が提示された。それを見ると九時二三分の後、一七秒停電、一〇秒通電、一九秒停電の後、九時五六分から一〇時五分の間の九分間停電したことが明記されている。

竹内本人も、これも新たに開示された逮捕直後の八月一日付調書では、「夕食後、新聞や雑誌を読んで居りますと電灯が二回位消えました。その消えた期間は一分から二分くらいですが、時間は判きりして居りません。私は本も見つかれましたから、子供を先に寝かせる積りで布団をひき電車区の風呂へいく途中運転事務室の傍らにある掲示板を見ていると叉電気が消えました。私はその足で風呂に行き入浴しているときに電気がつきましたがその間は五六分くらいと思います」と供述していることが分かった。

「三鷹事件停電状況図解」で明らかになった事実に照らし、電車が発車し暴走する時間に入浴していたというのは実態にそぐわないことと、妻政の法廷証言や竹内本人の初期供述の信用性が高いことから、弁護団では電車が発車し暴走した時間には竹内は自宅にいたことに間違いないと判断し、むしろそのことによって竹内のアリバイが完全に成立すると主張を変えた。

◉再審請求後の経過

二〇一一（平成二三）年一一月の再審請求以来、二〇一九（平成三一）年まで二六回に及ぶ、裁判官、検察官、弁護人による打合せ期日を重ね、担当裁判官も複数回交代した。

この間、弁護人が求めた証拠開示について、裁判所から検察官に対し、複数回にわたって証拠開示を求める勧告がなされ、検察官から相当数の証拠が開示された。検察官は、弁護人の主張・立証に対して証拠を添えて徹底的に反論した。例えばパンタグラフについては、発車時は先頭車両だけで、二両目のパンタグラフは飛来してきた物が当たって上がったと主張し、また、最後尾車両の前照灯については、事件当日、構内に停留させた運転手が前照灯のスイッチを「入位置」にした可能性があるなどと主張した。

なお、現場付近で竹内を目撃したという供述については、弁護人はその信用性について日本大学の心理学専門の厳島行雄教授に依頼して再現実験を行い、目撃条件が悪いため顔を識別できないという内容の鑑定書を新証拠として提出した。実験を実施した時点では、現場の電灯のワット数や電灯の高さが不明だったため、とりあえず電灯は一〇〇ワット、伝統の高さは一・八メートルに設定して実施された。ところが、その後、当局が作成したと思われる「昭和二十四年七月十五日当夜照明状況　三鷹電車区構内外灯配電図」の存在が分かり、それによると坂本が竹内を見たとされる構内に出入りする正門に設置された外灯は六〇ワットで、五メートルの高さであったことが判明した。

その図面には、その個所に「外灯照明範囲」として丸が描かれているが、実験時よりさらに条件が悪く、その下を五メートル離れて横切る人物の顔が識別できる可能性はほとんどありえないことが明らかになった。

弁護人はそれも含めて、再審請求理由補足意見書を一三回にわたって提出し、証拠も全部で六五通提出した。検察官もそれに対抗して一三通の意見書を提出し、それを裏付ける証拠として七九通を提出した。二〇一七（平成二九）年一二月には後藤眞理子裁判長に交代し、七年が経過したこともあり、双方に纏めの書面を提出することを求め、弁護人が求めた証人尋問は実施しないとの判断を示した。

その後も、双方で書面のやり取りがあり、三者による打ち合わせも行われたが、二〇一八（平成三〇）年一二月二七日に最後の「再審請求理由補充意見書」を提出した。

七——棄却決定の問題点と異議申立ての理由

東京高等裁判所第四刑事部（後藤眞理子裁判長、金子大作、福島直之裁判官）は、二〇一九（令和元）年七月三一日、竹内景助に対する電車転覆致死被告事件について、東京高等裁判所が昭和二六年三月三〇日に言渡した有罪の確定判決に対し、請求人から再審の請求があったので、当裁判所は、請求人及び検察官の意見を聞いた上、次のとおり決定する」として、主文「本件再審請求を棄却する」という決定を下した。

弁護団は、再審開始決定が出されることを確信していたことから、棄却決定が下されたことに驚くとともに、その理由を検討すると、一言でいうならば、「最初に結論ありき」の内容で全く納得できず、請求人の竹内健一郎氏の意向も受けて、直ちに異議申立てをすることを決した。

本書でもすでに紹介したが、竹内は三鷹事件について、逮捕から一九日間は厳しい取調べにもかかわらず否認し続け、二〇日目に単独犯行の自白、起訴後に共同犯行の自白、一審では単独犯行の自白、否認、単独犯行の自白と変遷し、死刑判決を下された以降は否認と、合計七回にもわたって供述を変遷させている。

司法研修所が編集した『自白の信用性——被告人と犯行との結び付きが争われた事例を中心として』(法曹会、一九九一年)には、無罪事例が四一件取り上げられているが、そこで検討課題とされている、①自白の時期、②自白の変遷の有無、③客観的事実との整合性、④内容自体の合理性、⑤供述内容に体験性があり、具体的かつ詳細であること、⑥秘密の暴露あるいは秘密の暴露に準じるような裏付け証拠が存在することなどについて検討を加えることを重視している。

竹内が自白した時期および七転八倒ともいえる自白の変遷に少しでも配慮すれば、それだけで自白の信用性に重大な問題があるばかりか、任意性に欠けることが理解できたはずである。ところが、再審請求棄却決定の理由を見ると、それが全くなされていない。三鷹事件の確定判決は、竹内の自白がいわば唯一の直接証拠で、竹内と事件を結び付ける物証はなく、状況証拠として坂本安男の目撃供述があるだけである。竹内の自白の時期や変遷等を問題にしなかったことに、棄却決定の基本的な、最大の問題があると言わざるをえない。

◉棄却決定がまとめた弁護人・検察官の主張

棄却決定は、理由の冒頭に「本件再審請求の趣旨及び理由等」として、最初に、別紙一記載のとおりだとして、弁護人が提出した再審請求書や再審請求理由補充意見書等を一覧表にまとめたものを末尾に掲示し、続けて決定は、「弁護人の主張は、要するに、確定判決では、本件事件が竹内の単独犯行によるものであると認定されたが、新たに発見した別紙二記載の各証拠によれば、本件電車について、①㋐犯人は三鷹電車区車庫一番線上にある本件電車の第二車両のパンタグラフを発車の段階で上昇させたこと、㋑犯人は、本件電車の最後尾である第七車両の手ブレーキを緩解したこと、㋒犯人は、第七車両の前照灯を点灯させたこと、㋓犯人は、第七車両の扉（戸閉）連動スイッチを非連動にしたことが明らかになり、その結果、犯人は複数いて、第一車両、第二車両及び第七車両に侵入して操作を行ったことが明らかとなったから、本件電車の発進方法に関する竹内の単独犯行である旨の自白供述の根幹部分が否定され、その結果、③上記㋐ないし㋓以外の本件電車の発車方法に関する竹内の単独犯行の自白供述の信用性も否定され、変遷を繰り返した竹内の供述については任意性及び信用性もないことが判明し、また、③竹内を目撃したとの坂本安男の公判供述が信用できず、また、④被告人にアリバイが成立する等が明らかになったから、竹内が犯人でないことが判明したとして、竹内に対して無罪を言い渡すべき明らかな証拠を新たに発見したから、刑訴法四三五条六号により再審の開始を求める、というものである。」とまとめた。

決定は、次に「検察官の意見」という項をたて、「検察官の意見は、別紙三記載の各書面記載のとおりであり、検察官は、本件再審請求審において、別紙四記載の各証拠を提出した。その意見は、要するに、本件再審請求には、新規性及び明白性を有する『新証拠』は存在せず、請求には理由がないことが明らかであるから、本件再審請求は棄却されるべきである、というものである。」とまとめた。

そのうえで、決定は、「第二　本件再審請求に至る経緯及び確定判決の判断等」として、「一　本件再審請求に至る経緯等」「確定判決が認定した犯罪事実及び判断の概要等」を記載している。

以上については、別表も含めて、特に指摘する間違いはない。問題は次の「第三　当裁判所の判断」である。

◉第二車両のパンタグラフについて

決定は、本件事故調査報告書を作成した者が、第二車両のパンタグラフが上がっている原因として、おそらく走っている途中、階段に激突等した衝撃によって、その弾みにクラッチが外れて上がったものと思うと証言していることなどを重視し、弁護人らが提出した曽根鑑定書の科学的知見を理解せず、第二車両のパンタグラフの破損、変形が軽微であることなどを理由に再審請求を棄却した。

しかし、パンタグラフが折り畳まれた状態であったとしても、第二車両の屋根、パンタグラフ付近に大きな飛来物、衝突、落下物があったとすれば、パンタグラフの枠組みが変形するのであって、第二車両のパンタグラフの変形が軽微であることは、第二車両のパンタグラフ付近に大きな物体の衝突、落下等がなかったことを示しており、決定が指摘する点は、証拠に基づかない推測に過ぎないものである。

むしろ、第二車両のパンタグラフの船板に下から上方向の衝撃が加わっていて、進行方向と逆方向の衝撃よりも、下から上方向の衝撃の方がずっと大きく、これはパンタグラフが上昇していたときに、船板に下方向から上方向に衝撃力が加わったことを示していること、第二車両のパンタグラフの枠組みに変形がないことは、パンタグラフが上昇していた段階で船板に衝撃が加えられた事実を明らかにしていることは、科学的知見に基づく経験則というべきである。

したがって証拠に基づかない推測に基づいて判断するのではなく、科学的知見に基づく経験則に従って判断すれば、本件電車発車時にパンタグラフが上昇していたと認められるべきことは明らかである。

さらに、事件発生当時、三鷹駅の信号係として勤務して、信号所の二階にいて本件電車が走行してくるのを上から目撃した氏井辰五郎は、第七回公判において、「パンタグラフは上がっているように見えた。目の前に架線のセクションがあるのでそれによってスパークした。前の方で二回、大きく続いてスパークしたのを覚えています」と証言などからしても、構内を走行中に第二車両のパンタグラフが上がっていたことは間違いなく、決定の判断の誤りは明らかである。

◉前照灯について

棄却決定は、本件電車の七両目の前照灯が暴走中に点灯していたことを認めながら、弁護人が提出した富田の意見を軽視し、「本件電車の前照灯スイッチについては、交番検査終了時の状態のまま入換運転し、そのまま何の操作もせずに降車したという可能性を否定できない」などと、可能性を根拠に、七両目に真犯人がそれを操作した事実を否定した。

事件当時は戦後で電力供給が欠乏していた時期であり、前照灯の方が室内灯よりも消費電力がずっと多く、昼間に前照灯を切る必要はむしろ大きかったことを看過し、「昼間は運転室室内灯を点灯させるために前照灯を切る必要性もない」と断ずる（決定書二五頁）。その上で、「交番検査終了時に、第一車両の前照灯スイッチは「切位置」に、第七車両の前照灯スイッチは「入位置」になっていたとしても、格別不自然なことではない」などと、実態を無視した判断を示して再審請求を退けた。

◉手ブレーキについて

弁護人は、本件事故当時の電車は主な制動機が空気圧ブレーキであり、わずかな時間で制動力を喪失するという特性があるため、構内で停留するときも転動防止のために手ブレーキを緊締する必要があることから、国鉄内の規程類が手ブレーキの緊締を義務付け、電車の転動防止措置を徹底していたという運用の実態を明らかにした。

ところが、決定はそのような運用の実態をまったく理解せず、国鉄内の規程類を形式的に解釈し、本件事故当時、三鷹電車区構内に留置されていた本件電車について手ブレーキは緊締されていなかったと認定した。

また決定は、国鉄職員が第七車両の手ブレーキが緊締されていたか否かに言及していないことに言及し、さらに規定が存在していたにもかかわらず、「本件電車は、側線に留置した場合であって、前記一〇一条と同様の取扱いが必要となる場合には当たらない。」と結論づけ、本件電車の構造や機能、乗客の安全の確保を前提として定められた規程類の趣旨や運用の実態を逸脱する誤りを犯した。

◉扉（戸閉連動）スイッチについて

弁護人が主張したとおり、決定は本件検証時には第一車両及び第七車両の扉（戸閉）連動スイッチが非連動位置にあったことは明らかであり、本件事故時にもその位置にあったと考えられると認定した。

本件電車は交番検査が終了し、「運転整備の状態」、すなわち、「翌朝に本線運転を行える状態」で三鷹電車区構内の一番線に留置されていたのであれば、扉（戸閉）連動スイッチは連動位置、切換スイッチは後位置であったはずである。なぜなら、電車は、乗客の安全を確保し、車両のすべての扉が閉まっている状態でなければ、起動できない構造になっている。

ところが決定は、運転取扱心得及び同細則に扉（戸閉）連動スイッチの定位に関する規定が見当たらないこと、入庫後の各種スイッチ類を置く位置を定める昭和四〇年五月付け東京鉄道管理局作成の

「動力車乗務員執務標準（電車）」にも扉（戸閉）連動スイッチについての定めがないことを理由に、扉（戸閉）連動スイッチの定位が連動位置であるという弁護人の主張は、本線で電車を運行する場合を想定したものといわざるを得ず、電車区に留置された本件電車の戸閉連動スイッチには必ずしも当てはまるものではないとの判断を示した。

そして、判決は、第一車両を操作して本件電車を三鷹駅方向に向けて発進させ、その後脱線させようとした事件としてみた場合、その最後部の第七車両において、弁護人指摘のような操作をすることの意味や必要性は不明であって、弁護人の主張はこのような観点からも疑問があるという。

しかし、本件車両を暴走させた真犯人は複数であり、第二車両と第七車両にも乗降した犯人が存在したことが明らかなことから、犯人が電車を発進させる前に非連動の位置にする必要があったと考えるのが相当である。

◉コントローラー・ハンドルについて

決定は、竹内が本件の実行行為時の行動について、犯行現場付近で拾った針金を差し込んで開錠し、同様に現場付近のごみ穴で拾った紙紐を用いてコントローラー・ハンドルを三ノッチの位置で固定することは、いずれも困難であったとはいえないから、確定判決等の判断に合理的な疑問を抱かせるものではないと指摘する。

しかし、犯行態様に関する自白の合理性についての判断は、それが実行可能であったかどうか、困難であったかどうかという物理的な可能性の判断ではない。

コントローラー・ハンドルを開錠するために用いる針金を、現場の付近で探して見つけることは、不可能ではないかもしれないが、暗い中、適切な針金がすぐに見つかるという保証はなく、見つけられないで終わる可能性も大きいことは明らかである。

紙紐についても同様に、あるいは一層不合理な選択である。日常的に清掃がなされている電車区内で、コントローラー・ハンドルを緊縛して固定するに適切な長さと強度を備えた紙紐を探しても、見つかる保証はなく、見つけられないで終わる可能性が大きい。

さらに、復元力によって定位置に戻ろうとするハンドルを手で押さえつけながら、三ノッチの位置で止まるように加減しながら、紙紐を結んで固定するなどという手作業は、手間と時間を要し、何度もやり直さなければならない可能性が大きい。

コントローラー・ハンドルの構造や仕組みを熟知している竹内が、そのような当然の思慮もなく漫然と現場に赴き、途中のごみ穴で麻紐を拾ったなどという供述は、非常に不自然である。

このように、確定審が認定した竹内の実行行為は、いずれも不確実で、かつ手間がかかる面倒な方法を選択しているにもかかわらず、決定は、「困難とは言えない」という論旨を重ねて合理化しており、著しく経験則に違反する。このような判断は、犯罪実行行為としての行動に対する評価として、根本的に誤っていることは明らかである。

◉犯行動機について

弁護人は、当時の国鉄労働組合の役員らの口述書等一三通を新証拠として提出して、当時の労働組合は、確定判決が判示した、整理解雇に対抗するためにストライキを敢行し、さらには電車事故を起こして、これを契機にストライキに突入する口火にしようと考えるような状況にはなかったことを証明した。

すなわち、本件当時の三鷹電車区等の労働組合は、六月一〇日の一番電車からストを行ったところ、午後になってＧＨＱからスト中止命令が出され、闘争委員会がスト中止を指令して終了したこと、組合内には、闘争委員幹部の懲戒免職処分による動揺や、闘争には勝ち目がないという見方が広がり、闘争的な情勢は沈静化していた。むしろ、宣伝活動の強化と組合内部の団結強化が主な活動になり、組合の方針としては国鉄の状況を訴え、馘首反対の世論を作っていくという地味な運動が中心になっていた。すでに、緊迫した情勢にはなかったのである。

ところが棄却決定は、これらの新証拠は「モーターに水をかけろ」等の過激な言動や、竹内の組合活動の様子等を否定したものにすぎず、確定審が想定済みの内容だとして、確定判決等の認定に合理的な疑いを生じさせるものではないとした。

再審請求で提出した多数の新証拠は、明確に当時の労働組合に戦闘的・過激な言動がなかったことを証明しており、むしろ労働組合全体の状況が、ストの実行という状況から沈静化し、地味な運動方針に収束していたことを如実に示している。かかる空気の中で、一人竹内だけが、無人電車を暴走させてストを断行させる突破口にしようなどという荒唐無稽な動機を抱いて、かかる犯行に及ぶということは、動機として突飛であり、非現実的なものであることは明白で、棄却決定の認定は、こうした実態を無理に否定しようとしたものであり、経験則に反する不合理なことは明らかである。

◉坂本の公判供述の信用性について

棄却決定は、厳島鑑定における再現実験について、①歩く人物の背中側からのみ光を当てるなど光の当たり方等について、三鷹電車区正門前の状況、坂本の目撃時の状況と異なり、条件が大きく違う、②厳島鑑定の第二実験において、被験者に対し、先入観等を抱かせないようにすべく、写真帳の中に目撃した人物がいるかもしれないしいないかもしれないという教示をせず、「目撃した人物を探して選ぶように」と教示する条件を採用していて問題であるとし、結論として厳島鑑定は坂本公判供述の信用性に合理的な疑いを抱かせるほどの証明力はないとの判断を示した。

決定は、事件当時の証拠に基づき、三鷹電車区正門前の状況及び坂本の目撃時の状況について、照明状況図によれば三鷹電車区正門前の電灯の照明範囲に正門前路上が含まれていること、正門のところに外灯があって「この照明により付近一体は明るい」とされていること、坂本の検察官調書に「外灯の光ではっきり顔が見え竹内だと分かった」と記載されていることを前提として厳島鑑定の再現実験について、「条件が大きく違う」とした。

しかしそもそもこの照明状況図の言う「照明範囲」なるものは、図面上に極めて大雑把にただ丸をつけただけの代物であり、照明範囲内の部分が具体的にどの程度の照度であったのかを示しているわけではない。この「照明範囲」なる記載部分は結局、その照明範囲の内であろうと外であろうと、目撃対象人物を識別できるほどの明るさであったかどうかなどは全く分からない。図面を作成した者の主観・直感に基づいてただ丸がつけられただけのものであり、正門前の照明状況についての科学的・客観的な記録とは到底言えないものなのである。

事件当時の三鷹電車区正門前の外灯の電球は、「照明状況図」では六〇ワットだったのに対し、厳島鑑定の再現実験に用いられた電灯の電球は一〇〇ワットであった。また、三鷹電車区正門前の外灯は、地上五メートルの高さに設置されていたのに対し、厳島鑑定の再現実験の電灯は高さ一・八四メートルの高さに設置されており、厳島鑑定の設定条件のほうが、より明るい、より光源が近い条件だったのである。

決定は、厳島鑑定の再現実験における光源のワット数や光源の高さに全く触れないで厳島鑑定の証明力を否定しているのであり、かかる判断は間違っていることは言うまでもない。このように決定は、厳島教授の行った実験の科学性・客観性を無視し、検証調書における主観的・直感的な記載のほうを採用していることから、科学的に間違っており、経験則に違反するものであると言わざるをえない。

さらに決定は、厳島鑑定において、「目撃した人物を探して選ぶように」と教示した点を取り上げて問題視し、鑑定結果の証明力を否定するが、「目撃した人物を探して選ぶように」という教示をすることは、写真帳の中に正解があることを暗示することであり、目撃者がより正解に達しやすくなる可能性はあっても、誤答を誘導する可能性は全くない。それにも拘わらず第二実験での正解率は低かったのであり、厳島鑑定はかかる正解率の低さを問題にしているのである。つまり、正解率が高くなる可能性はあっても低くなる可能性はないのであり、そのような教示の存在をもって、正解率の低さを問題とする厳島鑑定意見の証明力を否定した決定の判断は経験則に違反している。

なお、決定は厳島の聴取書の証明力を検討する文脈において、坂本の知人らが供述調書等を挙げ、それらの調書に、坂本が本件事件直後から近親者等に対し竹内と三鷹電車区正門前路上で会ったことを話していた旨の記載があることに触れているが、これは単に、坂本が、当初から誤った認識を周囲に語っていたに過ぎないと判断するのが相当である。

新証拠である厳島鑑定の再現実験の結果及び旧証拠を総合評価すれば、事件当夜に竹内を見たという坂本の公判供述の信用性が低いことは明らかであり、厳島鑑定の再現実験の結果の証明力を否定する決定には、論理則及び経験則違反があると言うべきである。

◉アリバイについて

弁護人の証拠開示請求によって提出された「三鷹事件停電状況図解」により、本件当夜における三鷹駅ないし電車区周辺の停電状況について、その正確な状況が明らかになった。

ところが、決定は同図解の内容は、確定審第一審における「配電関係証言」と整合し、確定審第一審判決はこれらの証言を根拠として、最初の停電の直前である午後九時二三分頃に本件事件が発生したと認定しているから、図解は確定審第一審段階の関係者の供述に沿うものにとどまると判示し、その実質的な新規性を否定した。

しかし、竹内の自宅がある官舎付近と共同浴場がある電車区内の一角において、いつどのような停電が発生したかについて、こうした多様な供述の存在により、かえって確定し得ない状況にあったことが、確定審及び第一次再審における未解明の課題だったのである。それは、本件の申立段階においても変わらず、どの停電が事故発生時を示しているのか確定できず、そのため、竹内が共同浴場にいた時に発生した停電が事故発生時を示しているという推論を可能にし、竹内が浴場に出かける前に自宅で経験した停電こそが事故発生時であることを、確信を持って主張できない要因になった。

しかし、図解の開示により、配電関係者証言と食い違う部分が排除され、竹内の自宅及び共同浴場周辺においては、浴場に出かける前に自宅で経験した停電こそが事故発生時を示すことが明らかになったことから、「三鷹事件停電状況図解」は本件におけるアリバイ事実を示す上での前提となる事実について、新規性のある重要な証拠である。

突然の身柄拘束によって外界と遮断され、情報がない中で、自分の記憶のみに基づいて供述している初期供述は、取調べによる強制が混入しにくい。また、アリバイに関する事実について、竹内が作為的な供述をしようにも、停電に関する具体的な事実を知らなければ、語りようがない。

竹内の初期供述と妻である政の同時期における供述が一致していることは、その証明力を相互に補強し合う関係にある。突然に逮捕された竹内夫婦の間で、作為的に意思疎通がなされたはずがなく、また竹内にとって何が有利な事実であるかの知識も持ち得ない政にとっては、作為的に供述を一致させることが出来ないと考えるのが相当である。

このような重要な意味を持つ時期における供述が、新証拠によって多数補完されたことは、確定審における証拠関係の評価とは、大きな差異をもたらすものと言える。

ところが、決定はこれらの証拠は、アリバイ供述の信用性判断を見直すような証拠とはいえないとした。

◉棄却決定の間違いを正すための異議申立て

以上のとおり、棄却決定は、竹内が七回も供述を変遷させ、秘密の暴露など自白の信用性を担保する事実が存在せず、基本的に脆弱なものであることを無視し、さらに自白と客観的事実との矛盾として、第二車両のパンタグラフが発車時に上がっていたことや、犯人は第七車両で前照灯のスイッチを「入位置」にして、手ブレーキを寛解し、戸閉め連動スイッチを非連動にしていることについて、完全な証明ができていないことや、反対仮説が成り立つ可能性があることを理由に排斥しており、論理則違反、科学的知見に基づく経験則違反、鉄道員なら当然に知っている経験則違反が多々含まれている。

さらに棄却決定は、坂本の目撃供述についても、その信用性を肯定しているが、厳島鑑定で行われた目撃実験等の結果に基づけば坂本供述の信用性が否定されるべきは明らかであり、この点についても科学的知見に基づく経験則違反がある。

この他にも棄却決定にはさまざまな問題があるが、新旧全証拠を総合的に評価すれば、確定判決の罪となるべき事実の認定について合理的な疑いがあることが明らかなことから、それを正すために、弁護人は詳細な申立理由を付して、二〇一九（令和元）年八月五日付で、「再審棄却決定を取り消し、再審を開始する」との決定を求めて、東京高裁に異議を申し立てた。

八――再審開始と竹内の無罪獲得に向けて

三鷹事件については、七〇年前も新聞が大きく取り上げ、裁判についても様々な報道がなされたが、この度の再審請求事件について注目を集め、たとえば竹内景助の出身が信州ということもあって、信濃毎日新聞は、決定が出される前に、大きな紙面を使って六回にわたり連載するなど、マスコミ各社が大きく報道した。三鷹事件と死刑判決を受けた竹内景助の冤罪について、それだけ社会的関心が高いと理解してよいであろう。

冤罪事件で多くの書物を出している鎌田慧は、棄却決定前に「サンデー毎日」で、また決定後に「週刊金曜日」で問題点を厳しく指摘し、月刊誌「創」は決定の前後の九月号と一〇月号で大きく取り上げた。そうした状況の中、小学校入学の年に父親が逮捕されて以降、父親の無実を信じながら、まさに冤罪被害者として辛い人生を余儀なくされてきた請求人の竹内景助の長男は、兄弟たちからの意向を受けて、一時はマスコミに出ることをためらっていたが、徐々に正直な思いを語るようになった。

ＮＨＫは棄却決定の後、ＥＴＶ特集で「三鷹事件　７０年後の問い～死刑囚・竹内景助と裁判～父は再審請求中に獄死　無実を信じる長男の告白」という番組を一時間にわたって放映したが、その中で、棄却決定にめげることなく、さらに前向きに取り組みたいと長男が述べていたのが、印象的であった。

エピローグ——早急に無罪判決を

一九五六（昭和三一）年二月三日に再審を申し立てた竹内は、文字通り懸命の努力を重ねたが、思いをかなえることができないまま、一九六七（昭和四二）年一月一八日、獄死した。逮捕されてから一八年、四五歳の生涯であった。

本人の無念さを思うと、本書を読まれただれもが、やり切れない思いと哀切の念を禁じえないのではないだろうか。ところが、事件発生から七〇年、竹内が亡くなってから五二年目を迎えた今日、一部の人たちを除き、三鷹事件は人々の記憶から忘れ去られているといってよいであろう。

私が三鷹事件に改めて関心をもったのは、朝日新聞に載った「三鷹事件を風化させてはならない」という記事がたまたま眼にとまり、事件発生から五九年目の小さな集まりに参加したのが、きっかけであった。それは事件を風化させないために、三鷹駅前に記念碑の設置を目指して運動を進めている会が呼びかけた集まりで、当日は、本文でも紹介した事故現場に居合わせた堀越作治氏が講演をされた。

それを機会に、私自身、もう少し三鷹事件のことを詳しく知りたいと思い、三鷹近辺や中央線沿線の本屋を探したが、どこにも関連する書籍は置いてなかった。ようやく三鷹中央図書館で見つけたのが、小松良郎『新版　三鷹事件』（三一書房）、清水豊『三鷹事件を書き遺す　冤罪の構造』（西田書店）、それと片島紀男『三鷹事件　1949年夏に何が起きたか』（NHK出版）の三冊であった。版元に在庫を問い合わせたが、そのいずれもが絶版ということであった。

図書館で、早速、これらを読んでみると、思っていた以上に複雑・怪奇な事件で、法律的にも問題が大きく、残された課題や疑問が数多くあることが分かった。その疑問を解こうと、インターネットで検索したり、神保町の古本街を回ったりしたが、それ以外の書籍は見当たらない。同じ年に起こった下山、松川事件に関してはたくさんの書籍があるのに、三鷹事件に関する著作が少ないのはなぜだろうというのが最初の疑問であった。

次に、時間の経過による関係者の死亡や資料の散逸が心配された。前記の会合で手に入れた冊子で都下のある大学図書館が裁判記録を保管していることが紹介されていることに気づき、そこを訪ねたところ、場所が手狭なためすべて労働組合に渡したので、そこで保管しているのではないかということであった。正直なところ少し心配しながら、早速に訪ねたのが全日本鉄道労働組合総連合会の資料室であった。

そこに三鷹事件の資料は、裁判記録を含め、ほぼ完全な形で残され、保管されていた。この間、膨大な資料を集め、保存等に苦労された多数の関係者のことを思い、感動した。特に国鉄に親子二代で運転士として勤めていた落合雄三氏が、「竹内は事件とは関係ない、無実だ」と父親が言っていたことを思い出し、退職後、三年半もかけ、資料を整理したり、読みにくい裁判記録を解読しながらワープロで打ち込んだばかりか、竹内の〝自白〟どおりであれば、電車はそもそも発車しないことを、長い経験と技術的な探求によって突き止め、研究報告として纏めておられることを知り、頭が下がる思いがした。

なお、「三鷹事件」裁判関係資料集は、本書の初版が出版された翌年に、不二出版によってDVDに収録され、「収録資料目録」とともに、松村高夫慶應義塾大学名誉教授と落合雄三氏による詳細な解説を付して発行された。現在、資料自体は「三鷹事件関係資料を保存する会」が管理し、東京都品川区にある目黒さつきビル一階の一般財団法人日本鉄道福祉事業協会・労働資料館で閲覧することができる。

また、本書の補訂版が刊行された後、梁田政方氏が『三鷹事件の真実にせまる』（光陽出版社）を発行し、大石進氏が『弁護士　布施辰治』（西田書店）の最終章「最後の大舞台　三鷹事件」の中で竹内との書簡のやりとりなどを詳細に紹介している。

一方、この間、三鷹事件で逮捕・起訴された当事者をはじめ、関係者が次々と他界されていることが分かった。早くから三鷹事件に注目し研究してこられた東京都立商科短期大学教授であった小松良郎氏は前記の本を残したが、今はこの世におられない。竹内の闘いを支え社会に広げた平井潔氏や、竹内の支援運動にも努められた森山四郎氏も他界され、被告人の中で一番若かった清水豊氏は、その経験を本に纏められたものの、すでに三鷹事件の話をできる状態にはなかった。三鷹事件で弁護にあたった弁護士も、ほとんどがこの世に存在しない。

そしてNHKのチーフ・ディレクターとして多数の関係者にインタビューを行い、ETV特集「知られざる三鷹事件」「再検証・謎の三鷹事件」などを制作し、さらにその後、大部な力作を書かれた片島紀男氏も、突然に亡くなられてしまった。

私は保管されていた膨大な事件記録を読むうちに、こんな理由で死刑判決が下されるようなことがあっていいのかと、唖然とさせられるとともに、激しい憤りに襲われた。

竹内は三鷹事件とは何ら関係ないのに死刑を宣告され、獄死したことが、このままでは忘れさられてしまう。誰かが竹内の裁判の間違いを裁判記録に基づいて明らかにし、無実であることを証明しなければ、三鷹事件は完全に風化してしまい、真相が闇に葬られてしまう。そうした思いが、本書の執筆を思い立たせた動機であった。

それと、三鷹事件を調べるうちに、当時の検察の姿勢や裁判所の問題が、基本的に今日まで引き継がれていること、またマスコミの扇情的で捜査寄りの事件報道の恐ろしさも当時とほとんど変わっていないことを改めて考えさせられた。三鷹事件を教訓にして、それを少しでも正すことが出来ないかと考えたことも、執筆の背景にある。

三鷹事件の場合、竹内の〝自白〟の真意を見抜けず、その弁護が不十分であり間違っていたことについても教訓として学ぶ必要がある。裁判員制度導入の議論の中で、司法関係者がこれまでの刑事裁判や冤罪について全く反省することなく、マスコミも何人殺したら死刑が相当かとか、被害者側の気持ちや立場をどれだけ配慮するか、といったことに力点を置いた報道をしていることに、不安を感じずにはいられない。

幸いなことに、本書の初版を受取った竹内の長男である健一郎氏が私の話を聞き、遺族による再審請求に立ち上がってくれた。その時の状況について、同人は最近のマスコミ取材に対し、少しずつ思い出しながら、朴訥な言い方で、次のようなことを語っている。

妻（光子）は結婚前から竹内景助の救援活動に参加しており、光子とは運動の中心で活動していた森山四郎さんから紹介されて結婚した。結婚後、自分は妻にいつも励まされ、子供こそできなかったが、おかげであまり落ち込んだり、さみしい思いをすることなく過ごせた。裁判記録などは全く遺族に渡されていなかった。妻は真実を知りたいとあちこちに問い合わせたが、入手することができなかった。無実を明らかにするために、自分たちは再審請求をしたいと長いこと待っていたが、ことをしてくれる弁護士が初めて尋ねて来たのは、妻が末期がんで声も出せない状態になってからで、一番喜んだのは妻だったと思う。その妻はその時はすでにベットで寝たきり状態であったが、高見澤弁護士の話を聞いた後、安心したのか、再審裁判を願いながら、直ぐに（二〇〇九（平成二一）年一一月五日）死亡してしまった。

死後再審の請求人となった健一郎氏も、しばらくして左の肺に繊維癌がみつかり、手術で摘出したものの、現在も治療を続けているというのが実態である。

その健一郎氏は、しわがれ声ではあるが、次のようなことを力強く言ってくれるのも、頼もしい限りである。

自分たちは、父親の家族思いの性格や、国鉄を辞めさせられても家族のためにすぐに納豆やキャンデーを売って収入を得るとともに、再就職先の試験を受けて合格したことなどから、最初から三鷹事件など起こすはずはないと信じていた。自分は、現在、妻と同じ肺がんにやられ、手術で取ってもらったが、痛みがあるなど、いろいろと苦しい思いをしているが、妻の熱い思いも胸に、裁判で父親の無罪が認められるまで、何としても頑張りたい。

こうした健一郎氏の言葉を聞くと、改めて心が引き締まるとともに、一刻も早くに無罪を勝ち取るために、さらに努力しなければならないと決意を新たにしているところである。

なお、三鷹事件についてはこれまで長い間、特に現場近くの労働者と多くの市民によって運動が続けられてきたが、現在は「竹内さんは無実だ！　三鷹事件再審を支援する会」と、「三鷹事件の真相を究明し、語り継ぐ会」が、一般市民向けに分かりやすいチラシを作るとともに、毎年、竹内が獄死した一月一八日と事件発生の七月一五日前後に大きな市民集会を開催し、東日本旅客鉄道労働組合員の多くが八王子の富士見台霊園に建てられている「三鷹事件　無實・竹内景助墓」や、三鷹の禅林寺の「三鷹事件遺難犠牲者慰霊塔」を参拝するなどの活動を続けている。また大阪では「三鷹事件・竹内景助さんの再審無罪を実現する大阪の会」が結成され、弁護団からの報告集会が毎年持たれている。

三鷹事件に限らず、わが国の司法は、死刑判決を含めて誤判を繰り返し、冤罪事件が後を絶たない。現在、主だった再審請求事件だけでも一七件を数え（「法と民主主義」二〇一九年二・三月号の特集「再審開始に向けた闘い――冤罪をただすために」を参照）、いずれの冤罪被害者も、文字通り必死の思いで再審開始を求めて闘っている。しかも、裁判所がその請求を理解して再審開始決定をしても、検察側は必ずといってよいほど異議を申し立て、さらに冤罪被害者に苦難を強いているのが実態である。

しかも、二〇一九年六月二五日付けで最高裁は鹿児島県の大崎事件で、第三次再審請求について一、二審とも再審請求を認めたのに、検察の異議を認めて、それを取り消す決定を下した。これに対しては、中央・地方紙ともほとんどの新聞が、社説などで最高裁の決定を厳しく批判しているが、確定判決に固執する裁判所と検察庁の、まさに一体とも言えるこのような官僚司法制度の理不尽さには、怒りを禁じえない。

日本のそうした人権を蔑ろにした冤罪司法に対して、六年ほど前の二〇一三年から「なくせ冤罪！　市民評議会」が運動を展開してきたが、さらに二〇一九年五月には、①再審における証拠開示決定の新設、②検察官の不服申立ての禁止などを内容とする再審法の制定を目指して、新たに「再審法改正をめざす市民の会」が設立された。

また、日本弁護士連合会でもこれまで冤罪の防止と救済に対して取り組んできたが、二〇一九年一〇月に徳島で開催される人権擁護大会で、「えん罪被害救済に向けて～今こそ再審法の改正を」というシンポジウムを予定している（「法と民主主義」二〇一九年六月号掲載の「司法をめぐる動き」を参照）。

東京高裁のこの度の再審請求棄却決定に対して、長いこと精力的に支援関係を行ってきた前記の支援団体は、即座に「一九四九年三鷹事件の再審請求棄却の不当決定に抗議する」との声明を発し、日本国民救援会中央本部なども厳しい内容の抗議声明を、さらに第二東京弁護士会は適切な会長声明を、そして「三鷹事件・竹内景助さんの再審無罪を実現する大阪の会」は、請求人に対して激励の文書を寄せるとともに、「不当決定を許さない　こころを一つにして闘い続けます」などと書かれた「大阪の会ニュース」を発行した。

それにしても、これほどの明白な冤罪事件で再審開始決定が出されないのはなぜなのか。日本民主法律家協会が発行する「法と民主主義」二〇一九年二・三月合併号は、「再審開始に向けた闘い――冤罪をただすために」を特集したが、再審法の制定とともに、確定判決にとらわれ、真実を見極めようとしない日本の司法の脆弱性を根本的に変える必要がある。私は映画「日独裁判官物語」の制作に関わったが、同じ官僚司法制度でも、市民感覚豊かなドイツの裁判官との違いを痛感せざるをえない。

三鷹事件は占領下に起きた松川事件と同じ謀略事件であり、竹内景助に対する死刑判決に対して再審を開始することは、戦後史に大きな影響をもたらすと考えて躊躇したのではないかという意見もあり、それが「最初に結論ありき」の棄却決定を出させたのではないかとも言われているが、そうだとしたら嘆かずにいられない。

異議申立ては、東京高裁第五刑事部に係属することになったが、竹内景助など三鷹事件の被害者のためだけでなく、日本の司法の健全さを示すために、早急に再審を開始する決定を出されることを期待したい。

最後に、三鷹事件で死亡された犠牲者の皆さんをはじめ、竹内本人とその救援のために尽力されながら思い半ばで亡くなられた方々のご冥福を心からお祈りしたい。それと、これまで貴重な資料をしっかりと保管し、受け継いでこられた全日本鉄道労働組合総連合会の資料室の皆さんに、お世話になったことを深く感謝を申し上げたい。また三鷹事件弁護団の団長であった布施辰治氏の孫で、日本評論社相談役の大石進氏には、資料面での協力と内容について有益なアドバイスをいただき、また本書の初版の出版を急いだことなど、編集面でも大変にお世話をおかけした。さらに、同社代表取締役の串崎浩氏には、本書の増補改訂を快く引き受けていただいた。両氏に感謝申し上げる。

て、「三鷹事件」再審のための予備調査を開始したことを伝える。三鷹事件再審請求の署名、80万人に達する。

10月18日　樋口裁判長が、弁護団に「双方から意見を聞き、竹内にも直接会って結論を出したい」と伝える。ところが検察側が「2ヶ月の猶予を欲しい」と申し入れ、手続が延ばされる。

10月21日　この頃から、記憶障害や集中力が低下し、頭痛、嘔吐などが現れ、日増しに症状が悪化。拘置側は、「詐病」などとして必要な診察や適切な治療を施さずに放置。

12月29日　竹内が、意識が混濁した状態の中、東京拘置所を訪れた妻政に対し、「くやしいョ！」と訴える。

1967（昭和42）年

1月13日　午後1時に竹内が倒れ、その後、危篤状態に陥る。午後10時45分自発呼吸停止。家族らが見守る中、なおも生き続ける。

1月18日　午前8時10分、竹内景助死去、享年45歳。死因は「脳腫瘍」。行政解剖の後、東京港区にあった「平和と労働会館」5階の国民救援会で、2日にわたって通夜。

3月1日　青山葬儀所で、120団体による「三鷹事件犠牲者・故竹内景助合同祭」、300名が会葬。

3月16日　郷里の松代町の明徳寺で合同葬。

6月7日　東京高裁第1刑事部（樋口勝裁判長）が、「再審請求手続は竹内の死亡により終了」と決定。決定文の最後に重要な付記。

6月10日　弁護団、東京高裁決定に異議申立（翌年4月19日却下）。

9月27日　八王子の富士見霊園に竹内の墓碑が落成し、納骨式。

1968（昭和43）年

1月18日　竹内の妻政と5人の遺児が、国家賠償請求を提起。

4月30日　弁護団、最高裁に再審審理を求めて特別抗告（11月却下）。

1984（昭和59）年

3月29日　竹内の妻政逝去、72歳。

2011（平成23）年

11月30日　第二次再審請求（竹内死後44年目）。

2019（令和1）年

7月31日　東京高裁第4刑事部（後藤眞理子裁判長）で再審請求棄却決定。

8月5日　東京高裁へ異議申立書提出。

12月11日　竹内の弁護人正木ひろしが「控訴趣意書」を提出（一審判決どおり単独犯行を認め、適用条文について批判）。
12月18日　控訴審第１回公判（谷中薫裁判長）。

1951（昭和26）年

３月30日　控訴審判決　一審の無期懲役を破棄して竹内に死刑判決。
４月１日　竹内、最高裁に上告。
10月31日　布施辰治弁護人ら、「上告趣意書」を提出。
その後、竹内が多数回にわたって「上申書」を提出。

1953（昭和28）年

９月13日　布施辰治弁護人、逝去。

1954（昭和29）年

12月22日　最高裁、法廷で判決言渡しをできないまま、延期。

1955（昭和30）年

６月22日　最高裁、竹内の上告を８：７で棄却。竹内以外は全員無罪。
７月２日　弁護団、最高裁に判決訂正申立て。
12月24日　最高裁、判決訂正申立てを却下。竹内の死刑判決確定。

1956（昭和31）年

２月３日　竹内、東京高等裁判所に再審を申立てる。
５月１日　竹内景助著・平井潔編『春をまついのち』出版。

1957（昭和32）年

２月　竹内、文藝春秋に「おいしいものから食べなさい」発表。

1958（昭和33）年

11月２日　竹内、東京高裁に「三鷹事件再審理由補足書」（上）提出。

1961（昭和36）年

８月８日　松川事件、差戻審で仙台高裁が全被告人に無罪判決。

1963（昭和38）年

８月５日　竹内、東京高裁に「三鷹事件再審理由補足書」（下）を提出。
９月12日　最高裁松川事件検察側再上告を棄却。全員の無罪確定。

1964（昭和39）年

３月29日　国民救援会の本部が放火され、多数の裁判資料などを焼失。
12月３日　竹内、東京高裁に「上申書」（一）を提出。

1965（昭和40）年

７月15日　16周年決起集会で、徳川夢声ら竹内の救援を訴える。
11月２日　竹内、東京高裁に「上申書」（二）を提出。

1966（昭和41）年

７月15日　東京高裁第１刑事部の樋口勝裁判長が竹内の妻政らに面会し

その場で逮捕される。

7 月22日　竹内、消防庁の採用試験を受け、28 日付けの合格通知が 8 月 3 日に届く。この頃、アイスキャンデーを自転車で売り歩く。

8 月 1 日　早朝、自宅に戻る途中、警察官に武蔵野支所に連行される。同日、電車転覆致死容疑により、伊藤正信、横谷武男、外山勝将、宮原直行、田代勇、清水豊ら共産党員で三鷹電車区分会組合員の 6 名とともに、留置される。

8 月 4 日　竹内、八王子刑務所に身柄を移される。

8 月 9 日　伊藤、共同犯行の“自白”を始める。

8 月15日　横谷、共同犯行を“自白”。

8 月17日　松川事件発生。

8 月20日　竹内、府中刑務所に移監され、夜、単独犯行を“自白”。

8 月23日　竹内ら 7 名を電車転覆致死罪で起訴。以後、引き続き喜屋武由放、先崎邦彦を電車転覆致死容疑で逮捕・起訴、石川政信、金忠権を偽証罪で逮捕・起訴。

10月14日　竹内、共同犯行を認める神崎検事宛「上申書」を提出。

11月 4日　三鷹事件第 1 回公判（鈴木忠五裁判長）

11月11日　鍛治弁護士宛「上申書」（共同犯行）を提出。

11月15日　栗林主任弁護人宛「第二の手記」を提出。

11月17日　丁野弁護人宛「手記」を提出（単独犯行）。

11月21日　第 3 回公判。竹内、罪状認否で単独犯行と陳述。

1950（昭和 25）年

1 月23日　第 13 回公判。竹内に対する第 1 回分離公判。

1 月27日　第 14 回公判。竹内に対する第 2 回分離公判。

2 月22日　第 22 回公判で竹内、無罪を主張。

2 月27日　第 23 回公判で証人坂本安男が現場で竹内を見たと証言。

5 月26日　第 46 回公判で妻政が竹内のアリバイを証言。

6 月12日　第 50 回公判の最終陳述で竹内、「単独犯行」を主張。

6 月30日　第 54 回公判で竹内、飯田、喜屋武に死刑、その他に懲役刑を求刑。

8 月11日　第一審判決　竹内に対して無期懲役を宣告。共同謀議・共同犯行は「空中楼閣」だとして他の被告人に対しては無罪を言い渡す。東京地検は即日、控訴を決定。

8 月15日　竹内、東京高裁に控訴を申し立てる。

12月 6日　松川事件で福島地裁、5 人に死刑、5 人に無期懲役など全員に有罪判決。

❖三鷹事件／竹内景助関係 年表

1921（大正 10）年

２月 １日　長野県埴科郡豊栄村に父千代太郎・母よ志の次男として出生。

1935（昭和 10）年

３月　豊栄村尋常高等小学校卒業、京都の私立学校を中退し、東京へ。

1938（昭和 13）年

11月 １日　東京鉄道局池袋電車区車両手となる。

1940（昭和 15）年

４月24日　池袋電車区運転士を拝命。

11月10日　後藤政と結婚、1948 年までに３男２女をもうける。

1941（昭和 16）年

10月頃　三鷹電車区に運転士として転勤。

1945（昭和 20）年

５月25日　東京大空襲で家を焼かれ、政の実家に同居。

６月頃　三鷹電車区官舎へ入居。

1946（昭和 21）年

３月　肋膜炎を治すため検査掛となり、後に検査仕様掛。

1949（昭和 24）年

６月 １日　行政機関職員定員法（「定員法」）施行。

６月 ９日　国労神奈川車掌区分会、乗務拒否闘争に突入。夜、「人民電車」走る。
三鷹電車区分会（飯田七三執行委員長）もストライキ突入を決議。

６月11日　午後、ＧＨＱがスト中止命令。三鷹電車区分会は飯田執行委員長ら 12 名が解雇。

６月23日　国労中央委員会を熱海で開催。26 日未明、定員法に対して「ストを含む実力行使を行う」ことを決議。

７月 １日　国鉄当局､「定員法」による第一次人員整理（9万5000名）を発表。

７月 ４日　三鷹電車区で 50 名に解雇通告。

７月 ５日　下山国鉄総裁、轢死体で発見。

７月12日　国鉄当局、第二次人員整理（6 万 3000 名）を発表。

７月14日　三鷹電車区で 27 名に解雇通告。竹内も通告を受ける。

７月15日　午前中塚越区長と団体交渉。竹内、退職金の額について調査を申し入れる。同夜、三鷹駅前の高相方２階で共産党関係の会議。
夜９時（夏時間）23 分、三鷹事件発生。

７月16日　竹内、解雇の辞令と退職金を受け取る。飯田七三、山本久一に逮捕状。

７月17日　国警武蔵野支所に対する抗議行動に竹内も参加。飯田、山本が

❖高見澤昭治（たかみざわ・しょうじ）

弁護士／東京クローバー法律事務所
1942年東京で生まれ、信州で育つ。早稲田大学法学部大学院修士課程修了。

日本評論社に入社し、法学セミナーの編集などを担当。1972年司法試験に合格。

最高裁で20年ぶりといわれた破棄自判無罪を贓物故買事件で、さらに現住建造物放火事件で無罪を勝ち取るなど刑事事件も多く手がけ、再審請求事件では名張毒ぶどう酒事件に参加。三鷹事件再審請求の弁護団長。

この間、豊田商事事件国家賠償請求訴訟やハンセン病違憲国家賠償請求事件、原爆症認定申請集団訴訟、それに赤ちゃんの急死事件など、国や自治体、病院などを相手にした事件、さらには預貯金過誤払被害事件で多くの銀行などの金融機関を被告に、多数の弁護士と弁護団を組んで困難な事件に取り組む。

日本評論社に在籍中、『別冊法学セミナー　基本法コンメンタール』を発案し、発行に携わる。なお、団体活動としては青年法律家協会弁護士学者合同部会、日本民主法律家協会の役員を歴任。映画「日独裁判官物語」の制作に関わる。

主な著書に、『ドキュメント 現代訴訟』『ハンセン病問題 これまでとこれから』『市民としての裁判官』『自由のない日本の裁判官』『預金者保護法ハンドブック』（いずれも共著、日本評論社）など。

無実《むじつ》の死刑囚《しけいしゅう》［増補改訂版］
三鷹事件《みたかじけん》 竹内景助《たけうちけいすけ》

2009年7月15日　初版発行
2010年9月1日　補訂版発行
2019年10月5日　増補改訂版第1刷発行

著　者　**高見澤昭治**

発行所　株式会社 日本評論社
〒170-8474
東京都豊島区南大塚3-12-4
電話03（3987）8621【販売】
振替00100-3-16

印　刷　平文社
製　本　難波製本

ISBN 978-4-535-52415-6

表紙写真：三鷹事件関係資料を保存する会より
装丁：百駱駝工房